항공서비스직무 중심의

진로탐구

항공서비스직무 중심의

진로탐구

윤원호

이 책은 2부, 10Chapter로 구성되어 있다.

1부 [진로탐구]에서는 진로란 무엇이며 진로결정에 이르는 여정을 탐구한다.
시간관리의 의미와 효율적인 시간관리 방법을 배우고
자기이해와 자기분석을 시도한 다음 자신의 직업적성을 측정해본다.
4차 산업혁명과 미래 직업 세계에 대해 알아보고
직업가치관과 인간관계의 중요성을 익힌다.

2부 [직무탐구]에서는 직무탐구를 어떻게 해야 하는지 항공서비스 중심으로 모색한다.
고객서비스와 항공운송서비스의 개념을 정립한 다음
직업의 세계를 탐색하고
항공운송사업과 관련된 직무와 기업에 대해 분석하고 이해한다.
취업에 필요한 역량을 어떻게 개발하고 표현해야 하는지를 익히고
고용계약의 의미를 이해하고 우리나라 노동 관련법에 대하여 알아본다.

이 책은 진로를 결정하고 취업역량을 발전시킬 수 있는 안내서이며 워크북이다.
본문 중간에 주요 개념에 대한 자신의 생각과 의견을 묻는 질문들이 나오고
Chapter 끝부분에 핵심이해를 정리하는 문제가 있으니
신중한 자세로 진솔한 답을 구해보자.
나중에 그 답변들을 종합하면 자신의 진로와 직무에 대한 분명한 길을 볼 수 있다.

2019년 9월

윤원호

진로를 고민하는 나에게,

입학 오리엔테이션을 들으려고 교정에 들어오며 가슴 설레던 날이 불과 지난달 어느 때쯤인 것만 같은데 벌써 졸업앨범 사진을 찍어야 하다니!

무슨 옷을 입을까? 고민에 앞서 당황스럽기만 하다. 키 큰 나무들 사이로 스며드는 햇살에 춤추듯 흩날리는 꽃잎에 취해 녹음 속 오솔길을 걷다가 황량하고 메마른 사막의 한 가운데로 내동댕이쳐진 느낌이다. 그동안 무슨 일이 있었지? 고풍스러운 건물을 배경으로 우아한 자태를 과시하는 벚나무가 먼 나라의 동화처럼 점점 아련해진다.

고1 때부터 마음먹은 전공학과였지만 최근엔 과연 잘 선택하였는지 의심이 들기 시작했다. 내 적성에 맞는지도 지금은 확신이 서지 않는다. 내 적성이 어떤 건지도 잘 모르겠다. 그러다 자신도 모르게 나는 누구인가? 라는 뜬금없는 고민에도 빠진다.

그래! 도대체 나는 누구며 산다는 것은 무엇인가? 나는 무엇을 잘하고 어떤 즐거움을 가지고 있는가? 고민의 끝은 늘 '내세울 게 별로 없어!'다. 특별히 잘하는 것도 없고 며칠씩 밤을 지새울 정도로 꽂혀있는 것도 없다.

여행을 좋아하지만 누구처럼 배낭 하나 메고 동유럽 전역을 헤맨 적도 없고 기껏해야 가족여행 두어 번에 어학연수를 다녀왔을 뿐이다. 나름 미식가를 자처하며 식당과 카페에 갈 때마다 칭찬하고 비판하며 사진도 줄곧 찍어대었지만 먹방 유튜버는커녕 변변한 블로그 하나 만들지 못했다.

고등학교 땐 대학에 들어가면 이곳저곳으로 여행하고 많은 사람들을 만나고 주위에 작으나마 바람직한 영향을 미칠 수 있으면서 적당히 돈도 벌수 있는 그런 직업에 도전할 수 있는 능력을 키우리라 생각했다. 입시공부에 학교와 집밖에 몰랐던 고교생활을 마치고 막상 대학에서는 아르바이트와 외국어공부에 시간을 뺏겨 학과공부 따라가기도 바빠 제대로 여행을 다니지도 못했는데 이제 곧 졸업이라니!

돌이켜보면 나름대로 계획을 세워 공부하고 사회경험도 쌓으며 열심히 살아온 것 같은데 지금 아무 준비도 되어있지 않은 자신이 한심스럽기 그지없다.

일학년 한 학기만 마치고 적성에 맞지 않는다며 반수 끝에 자연계열로 편입한 친구가 부럽고 질투 난다. 그때 나도 그만두고 같이 갔어야 했나?
2학년 때 휴학하고 캐나다로 훌쩍 떠나 아예 그곳에서 눌러앉은 친구도 지금 어디서 무얼 하는지는 모르겠으나 그냥 부럽다. 그들의 단칼 같은 결단력과 인생진로를 과감히 선택하는 용기가 그저 부러울 따름이며 그럴수록 후회가 밀려와 가슴이 쓰릴 지경이다.

졸업 후에 호주유학을 계획 중인 동기생의 여유도 부럽고 지난주에 모 대기업에 지원하여 합격통지만 기다린다는 복학생 선배는 부럽다 못해 미울 지경이다. 아! 내 주위엔 모두 내가 부러워할 사람만 있는 걸까?

노란 꽃잎들이 푸르게 변해가는 개나리들 사이로 붉은 영산홍이 새색시처럼 얼굴을 드러낸 화단 너머에 낯익은 학우들이 라일락 꽃향기를 맡으며 깔깔대고 있다. 그들 뒤편으로 눈송이처럼 떨어지는 벚꽃잎들을 맞으며 도도하고 매혹적인 자태를 뽐내는 분홍빛 진달래가 내 눈길을 잡아끈다. 그 은은한 향기가 코끝을 스치고 온몸으로 스며드는 것만 같다. 그 환각적 향기에 이끌려서인지 아니면 학우들의 소리물결에 합류하고 싶어서인지 나도 모르게 자리에서 일어나 어느새 교실 밖으로 나간다.

나는 천천히 가는 사람입니다.
그러나 뒤로는 가지 않습니다.

– 에이브러햄 링컨

1부
진로

1부
진로

Life is a CHOICE between BIRTH and DEATH

by : Jean-Paul Sartre

In life, you will face circumstances
You'll never know if you still have the chances
You better decide wisely on your choices
You'll never know if anyone can still hear your voices

Learn from your mistakes
Heal from your aches
Your life will never be at stake
Because God will overtake for your sake

Chapter 1
진로준비

학습목표

1. 진로와 진로준비도에 대해 이해한다.
2. 진로준비도 검사를 실시하고 자신의 진로준비도 수준을 파악한다.
3. 진로준비도를 강화할 수 있는 방법들을 모색한다.

진로

의미

내가 선택하는 길

삶은 우리가 태어나는 순간부터 수많은 선택으로 이어지는 길이다. 먹고 배우고 친구를 사귀고 일하고 사랑하는 모든 것들이 선택의 길 위에 있다. 길이 없으면 길을 만들고 길이 막히면 돌아갈 수는 있겠으나 삶의 길에서는 마음에 들지 않는 옷을 반품하듯이 선택을 반납하고 처음으로 되돌리기가 쉽지 않다. 선택은 어렵지만 방황은 더 힘들고 고통스러운 일이 될 수 있다.

진로進路란 진학이든 취업이든 미래의 업(業)과 관련된 길을 찾아가는 과정이다. 졸업을 앞둔 우리들 앞에는 두 가지 길이 있다. 스스로 선택하는 길, 그리고 선택당하는 길이다. 어떤 길이 성공으로 가는 평탄대로인지는 알 수 없지만 자신이 선택한 길이 아니면 길을 가되 자꾸만 뒤돌아보고 더 헤맬 수밖에 없음은 분명하다. 스스로 선택하지 않으면 어디로 가는지도 모르는 길에 남겨지거나 그런 길조차 찾지 못할 수도 있다. 어떤 길을 선택하든, 어떤 길에 선택당하든 인생에 완전한 길은 어디에도 없다. 그러니 또 하나의 귀중한 선택의 길 앞에 선 지금이야말로 훗날 길 위에서 방황하게 되는 선택을 하느니 스스로 길을 선택하는 방법을 익히고, 그 선택을 굳세게 밀고 갈 수 있는 믿음을 가지는 자세가 필요한 시점이다.

삶의 방향

사람은 일을 함으로서 삶을 유지하고 가치 있는 일을 통해 삶의 질을 높이려고 한다. 우리가 태어나는 순간부터 평생에 걸쳐 가정과 학교와 사회에서 배우고 익히는 공부도 자기

삶의 질을 높이기 위함이다. 공부를 통하여 자신에게 잠재된 능력을 발견하고 그 능력을 발전시켜 자신의 성질에 맞으며 자신이 잘할 수 있는 일을 찾으려 한다. 가치 있는 일은 개인으로 하여금 스스로 성취동기를 가지게 하고 도전정신을 자극한다. 잠재능력을 끄집어내고 역량을 발휘하게 하여 기대한 결과를 만든다. 그런 일을 할 수 있는 조건이 갖춰진 일터가 좋은 일자리가 아니겠는가? 따라서 자신이 가치 있다고 생각하는 일과 그런 일을 할 수 있는 일자리를 찾아가는 삶의 방향이 곧 진로다.

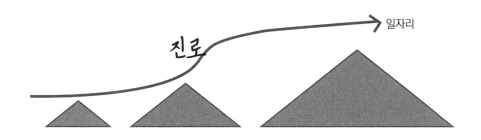

"졸업생 여러분! 여러분은 드디어 해냈습니다. 그리고 망했습니다."
– 로버트 드니로(Robert De Niro). 2015년 뉴욕 티슈 예술대학 졸업식 연설에서

진로준비도

자기 주도적 진로개발

진로탐색은 자신의 가치에 어떤 일이 맞는지, 또 그런 일을 찾기 위해서 어떤 조건과 능력이 필요한지를 이해하는 과정이다. 그러기 위해서는 우선 자신이 그러한 조건과 능력을 현시점에서 어느 정도 갖추고 있는가를 스스로 알아야 하고 자신과 유사한 탐색을 하는 집단 속에서 비교하여 자신의 위치가 어디쯤에 있는지 확인해볼 필요가 있다. 이렇게 확인된 결과의 수준이 진로준비도이다. 무릇 모든 배움이 그렇듯이 스스로 깨우치고 힘써서 얻는 앎이 진정 가치 있는 결과를 만드는 법이다. 즉, 진로준비도 확인은 진로를 탐색하기 위해 자신의 조건과 능력이 어느 정도 갖춰진 상태인지를 스스로 깨닫게 함으로서 자기

주도적 진로개발을 돕는 데 주목적이 있다.

진로를 이미 결정했다고 생각하는 학생들에게도 진로준비도를 확인해보는 작업은 의미가 있다. 진로를 빨리 결정한다고 반드시 좋다고 할 수 없고 남들보다 조금 늦게 정한다고 가치가 덜하지 않다. 통념상의 결혼적령기가 지났다고 해서 사랑하지도 않고 미래 비전도 결핍된 사람과 선택당하듯이 결혼해서는 곤란하지 않은가? 미래는 자신이 지금 생각하는 진로가 장차 어떻게 변화할지 누구도 확신할 수 없는 세상이다. 진로준비도를 스스로 진단해보는 작업은 자신이 생각하고 있거나 결정한 진로가 자신의 가치관에 맞는지, 자신의 조건과 능력에 부합하는지, 아니면 막연한 기대에 의해 결정되었는지, 보다 객관적 근거를 가지고 한 번 더 비교할 수 있는 기회를 제공한다.

진로준비도 검사

대학생 및 취업을 준비하는 청년층 구직자를 대상으로 특화된 고용노동부 운영 워크넷에서 직업심리검사의 대학생 진로준비도검사를 기준으로 자신의 진로준비도를 측정하고 평가해보자. 워크넷의 대학생 진로준비도 검사는 20분 제한시간에 지필검사로 이루어지며, 이를 통해 자신의 진로성숙도와 진로탐색행동, 진로의사결정과 취업준비행동의 수준을 파악하여 취업준비와 관련된 전반적 진로발달 특성을 측정하는 데 도움을 준다.

진로준비도 검사는 2부[1부 진로발달수준과 2부 취업준비행동]로 이루어져 있다. 검사를 할 때에는 반드시 1부 검사를 마친 후 2부로 넘어가야 하며, 한 문항도 빠짐없이 체크하되 깊게 생각하지 말고 진솔하게 체크한다.

워크넷 외의 진로, 직무, 직업 탐구 관련 유용한 사이트	
■ 커리어넷. 교육부	■ https://www.career.go.kr/
■ 한국직업능력개발원	■ http://www.krivet.re.kr/
■ 한국직업능력교육원	■ http://www.ktechedu.com/
■ 큐넷. 산업인력공단	■ http://www.q-net.or.kr/
■ 창업포털	■ http://www.k-startup.go.kr/

진로준비도 검사 결과

학년-반		학번		이름	

진로준비도검사 결과지 2매 (1. 진로발달수준결과 종합, 2. 취업준비행동결과 종합)

 아래 기재된 워크넷 사이트로 접속하여 회원가입 후 절차에 따라 진로준비도검사를 해 본다.

진로준비도 검사 사이트 접속 방법

	→	→	→	→	
워크넷	직업심리검사	직업심리검사 실시	성인대상심리 검사	대학생진로준비도검사
워크넷 사이트 주소 : http://www.work.go.kr/seekWantedMain.do					

진로준비도

측정 기준

하위척도		요인	내용
진로발달수준이해하기	진로성숙도	계획성	자신의 진로방향과 직업결정을 위한 사전준비와 계획의 정도
		독립성	자신의 진로에 대한 탐색, 준비, 선택을 스스로 하고 있는 지의 정도
		자기지식 (자기이해)	자신의 능력, 흥미, 성격, 가치관 등의 개인특성에 대해 이해하고 있는 정도
	진로탐색행동	진로활동경험	자신의 특성 및 직업정보의 탐색을 위한 다양한 활동경험의 정도
		자기이해 노력	자신의 적성, 흥미, 성격 등의 자기이해를 위한 다양한 활동경험의 정도
		진로수업 경험	자신에게 보다 적합한 진로분야를 알아보기 위한 관련수업의 수강경험정도
		사회적지지지원	진로탐색 시 주변의 지지 지원의 정도
	진로의사결정		자신과 직업에 대한 정보를 바탕으로 한 진로의사결정의 수준

하위척도	요인	내용
취업준비행동이해하기	적극적 직업탐색	직업탐색 및 선택을 위한 보다 직접적이고 확실한 준비행동(이력서보내기, 인터뷰)의 수준
	예비적 직업탐색	직업과 관련된 정보를 모으고 직업탐색의 단계를 계획하는 과정 중에서 잠정적 가능성(전공지식, 공통직무능력)을 준비하는 행동 정도
	공식적 직업탐색	공식적인 정보소스(신문, 잡지, TV, 인터넷, 각종 설명회나 박람회 등)를 통한 취업준비 행동의 정도
	비공식적 직업탐색	비공식적인 정보소스(친구, 가족, 선후배 등)을 통한 취업준비행동의 정보
	취업준비노력	취업준비와 탐색의 과정에 적용된 상대적인 노력의 정도
	취업준비강도	취업준비를 위해 사용된 시간과 노력의 상대적인 강도

[출처 : 워크넷. 자료재구성]

검사결과 해석

검사결과 이해

구분			내용
진로성숙도	계획성	H	자신의 진로방향과 직업결정을 위한 사전준비를 잘 하고 있으며, 계획 또한 잘 세우고 있음
		L	계획성 향상을 위해 다양한 취업준비 프로그램에 참여하거나 취업진로상담 전문가와 상담이 도움
	독립성	H	자신의 진로에 대한 탐색, 준비, 선택을 타인에게 의지하기보다는 스스로 하고 있음
		L	부모님이나 주변 사람들에게 의지하는 것을 의미. 진로문제에 있어서 책임을 미루는 원인이 무엇인지 살펴볼 필요가 있음
	자신지식 (자기이해)	H	자신의 능력, 흥미, 성격, 가치관 등의 개인특성을 잘 파악하고 있음
		L	자신에 대한 객관적이고 올바른 이해를 위해 다양한 심리검사를 받아볼 필요가 있음
진로탐색행동	진로활동 경험	H	자신의 특성과 직업세계 정보탐색을 위해 다양한 활동을 경험하고 있음
		L	취업 및 진로와 관련된 기관방문 및 행사참여 등 적극 활동할 필요가 있음
	자기이해 노력	H	자신의 적성과 흥미, 성격 등 자기이해를 위한 활동에 대한 경험이 많음
		L	다양한 심리검사를 받아보거나 자신의 특성에 대해 잘 알고 있는 사람들과의 대화 등을 통해 자신의 장단점을 파악할 필요가 있음
	진로수업 경험	H	자기이해와 진로분야 탐색을 위해 관련 수업의 수강경험이 상대적으로 많음
		L	자신의 특성과 진로분야에 대한 이해향상을 위해 관련 수업 참여 필요
	사회적 지지자 지원	H	전공 관련 분야 및 다양한 진로분야에 대해 알아보기 위해 주변의 지지자(가족, 교수님, 선배들, 친구)들을 통한 진로탐색활동의 정도가 높음
		L	부모님, 교수님, 관련분야에 진출한 선배, 친구들과 대화를 통해 관련 정보를 얻거나 상담하는 방법 시도할 필요가 있음
진로의사결정		H	자신의 특성과 진로분야에 대한 이해와 확인, 진로선택에 대한 확신이 있으며 그 결정에 대해 편안함을 느끼는 편
		L	진로의사결정을 하는 데 있어서 자기 자신, 직업세계에 대한 추가적인 정보를 얻을 때까지 결정의 과정을 연기하는 편. 의사결정을 연기하고 있는 원인이 무엇인지 살펴볼 필요가 있음

구분		내용
적극적 직업탐색	H	취업을 위한 실제적이고 집중적인 직업탐색 행동들(이력서를 보내거나 인터뷰를 하는 것 등)을 잘 하고 있음
	L	이력서를 작성하여 관련 기관에 보내거나 인터뷰를 하는 등의 활동을 통해 보다 직업탐색을 적극 해 나갈 필요
예비적 직업탐색	H	직업탐색 정보를 모으고 직업탐색 단계를 계획하는 데 있어서 잠재적인 가능성을 향상시키기 위한 준비를 잘 하고 있음
	L	진출하려는 분야의 지식습득을 위한 노력(학점관리, 학원수강 등), 전공지식 이외의 공통으로 필요한 직무능력(컴퓨터 활용능력, 문서작성 등) 향상을 위한 활동 필요
공식적 직업탐색	H	취업준비와 관련하여 공식적인 정보의 소스(신문, 잡지, TV, 인터넷, 각종 설명회나 박람회 등)를 통한 직업탐색을 잘 하고 있음
	L	신문, 잡지, TV, 인터넷, 각종 설명회나 박람회 등의 공식적 정보를 통한 직업정보 수집에도 주의를 기울여야 함
비공식적 직업탐색	H	취업준비를 위해 비공식적인 정보소스(친구, 가족, 선후배 등)에 대한 탐색수준이 높은 편
	L	취업을 위해 친구, 가족, 선후배, 취업한 주변지인 등과의 교류를 통해서도 정보를 수집할 수 있도록 노력
취업준비 노력	H	취업준비와 탐색의 과정에 많은 노력을 기울이고 계시고 있음
	L	관심분야에 대한 직업정보 수집 및 정보검색, 관련기관 방문 등의 구체적인 활동수준을 높이도록 노력
취업준비 강도	H	직업탐색에 사용된 시간과 노력의 정도가 상대적으로 높은 편
	L	취업준비를 위해서 시간과 노력을 좀 더 기울여야 함

[출처 : 워크넷. 자료재구성]

검사점수 의미

표준점수	40점 이하	41점 ~ 60점	61점 이상
점수의미	대체로 낮은 점수	중간 점수	대체로 높은 점수
표시	L Low		H High

진로준비도 강화 방법

진로준비도를 구성하고 있는 각 하위요인별로 진로준비수준을 향상시킬 수 있는 구체적 실천방법을 알아보자.

항목별 실천방법

진로준비도	방향	실천방법
계획성 독립성	계획세우기	■ 시간관리 계획표 만들기 　– 중장기 계획 : 대학생활 / 학년 / 학기 　– 단기 계획 : 방학 / 주간 / 일일
자기지식 자기이해노력	자기이해하기	■ 취미, 특기 발굴하고 활용하기 ■ 스트레스 관리하기 ■ 인적네트워크 만들기
진로수업 경험	전문성 키우기	■ 전공 및 교양과목 학점 올리기 ■ 프로젝트 참여하기 ■ 창업센터 방문 탐색하기 ■ 전공 관련 대학(원) 진학 고려하기
적극적 직업탐색 예비적 직업탐색 공식적 직업탐색 비공식적 직업탐색	직업(직장)탐색하기	■ 이력서 작성하기 ■ 자소서 작성하기 ■ 취업 외부강의 듣기 ■ 관심분야 취업/진로 책 읽기 ■ 취업 박람회 참석하기 ■ 관심 기업 본사(영업장) 방문하기 ■ 관심 산업/기업 SNS 가입하고 글쓰기 ■ 관심 기업 상품 이용/이해/체험/피드백하기 ■ 신문(잡지) 읽기 ■ 취업/창업 동아리 활동하기 ■ 관심 분야 인턴/아르바이트 등 직무 경험하기
진로의사결정	진로 결정하기	■ 전공적합성 판단하기 ■ 역량 진단하기 ■ 역량 개발하기

[출처 : 워크넷. 자료재구성]

위 표의 실천방법들 중에서 자신이 하고 있거나, 또는 단기간 내에 실천할 계획이 있는 것(들)을 다음 페이지의 표 '나의 실천방법'란에 쓰고 그에 대한 '구체적 실천방안'을 적어보라.

실천방법 자가평가표

진로준비도	나의 실천방법	구체적 실천 방안
계획성 독립성		
자기지식 자기이해노력		
진로수업 경험		
적극적 직업탐색 예비적 직업탐색 공식적 직업탐색 비공식적 직업탐색		
진로의사결정		

[출처 : 워크넷. 자료재구성]

Review - 진로준비

1. 진로란 무엇인가? 그 의미에 대해 간략히 논하라.

2. 진로를 생각하는 학생으로서 '가치 있는 일 또는 일자리'란 무엇이라 생각하는가?

3. 진로준비도를 검사하는 목적은 무엇인지 간략히 설명하라.

4. 진로탐색행동에는 어떤 것들이 있는지 적고 그 의미를 간략히 설명하라.

5. 진로준비도 강화 실천방법 중에 적극적 직업탐색을 강화시키는 종류를 아는 대로 써보라.

intentionally blank page for your note

Chapter 2

시간관리

학습목표

1. 시간관리의 의미와 시간관리가 진로에 미치는 중요성을 이해할 수 있다.
2. 미래 목표를 세우고 목표달성을 위한 일의 우선순위를 판단할 수 있다.
3. 장·단기적 시간관리계획표를 효과적으로 작성할 수 있다.

"사람은 할 수 있는 것을 성취하는 게 아니라 할 수 있다고 '믿는 것'을 성취한다."

– 애덤 잭슨(Adam Jackson)

아래 물음에 먼저 답을 해보라.

▷ 매일 아침마다 지갑 속에 현금 10만 원이 들어온다면? 어떻게 쓸 건지 아래에 적어본다.

나는 ....

....

.... 데 사용한다.

▶ 이 돈은 그날 쓰지 않으면 사라지며 날마다 지급되는 금액이 줄어든다면 어떻게 쓸 것인지 적어보라.

나는 ....

....

.... 데 사용한다.

시간이란?

시간에 대한 정의

다음 질문에 대해 잠시 생각해보기로 하자.

> ① 시간(時間, Time)이란 무엇인가?
> ② 나의 한 시간은 얼마의 가치가 있을까?
> ③ 사람은 나이를 먹을수록 시간이 왜 더 빨리 지나간다고 느끼는가?

시간을 이해하기 위해 인류는 끊임없는 연구를 해왔다. 별과 달이 같은 자리에 돌아오는 주기를 발견하여 일 년과 한 달의 개념을 만들고, 매일 뜨는 해를 기준으로 하루를 정한 다음 밤과 낮을 구분하여 스물네 시간으로 나눈 후 분초로 쪼개어 사용하고 있다. 우주로 위성을 쏘아 올리는 지금은 시간을 아토초°까지 세분하여 활용한다. 그러나 시간의 단위를 발견해 나갈 뿐 시간의 의미를 이해하기란 여전히 어렵다. 우리는 숨 쉬고 밥 먹듯 평생을 시간 속에서 시간과 함께 살아가고 있으나 정작 시간에 대해 안다고 말할 수 있는 사람은 그리 많지 않다. 성인(聖人)의 반열에 오른 아우구스티누스Aurelius Augustinus Hipponensis조차 시간이란 "아무도 묻지 않더라도 내가 아는 것이다. 그러나 내가 설명하고자 한다면 나는 알지 못한다."라고 했다고 한다. 그렇지만 시간에 대한 위인들의 통찰을 잠시 살펴보고 생각하는 '시간'을 가짐으로 우리가 다루고자 하는 시간관리(Time Management)를 이해하는 데 도움을 구해보자.

> ○ 시간 단위의 하나 : 빛이 단지 30cm를 갈 때 걸리는 시간을 1나노초라고 하며, 아토초는 1나노초의 10억분의 1이다.

분야	통찰	의미와 해석
철학	영혼이 없다면 시간도 없다. [아리스토텔레스]	'시간'을 인식하는 영혼[을 소유한 인간, 즉 나 자신]이 의미 있다. 아리스토텔레스는 또한 '지금[카이로스]'의 중요성을 강조하였다.
과학	시간은 동시에 공존하지 않은 여러 사건들의 순서다. [라이프니츠Gottfried Wilhelm Leibniz]	시간이란 실체가 없다. 시간은 같은 공간에 존재하지 않는 사건들 간의 질서라는 추상적이고 상대적인 개념을 주장하였다.
문학	미래를 믿지 마라. 과거는 묻어라. 살아있는 현재에 활동하라. [롱펠로우Henry Wadsworth Longfellow]	'지금' 시간의 중요성을 말한다. 시간의 중심은 현재에 있다는 개념과 맥락이 같다.
사회	인생은 시간으로 이루어져 있다. [벤자민 프랭클린Benjamin Franklin]	시간은 인생의 재료이니 그 재료(시간)를 낭비하지 말라. 시간을 관리하면 인생을 관리할 수 있다. 우리가 배우고자 하는 시간의 의미에 가깝다.
사전(事典)적 정의	과거로부터 현재를 거쳐 미래로 이어지며 일어나는 사건들의 연속체 [웹스터] 일정한 때에서 다른 때까지의 사이 [네이버 국어사전]	

시간에 대한 착각

시간은 어김없이 흐른다. 우리가 먹거나 자거나 달릴 때도 시간은 예외 없이 흘러간다. 시간을 피하거나 시간을 잡을 수도 없으며 시간 뒤에 숨을 수도 없다. 이 글을 읽고 있는 지금 이 순간에도 시간은 지하철역 플랫폼에 흰 먼지를 일으키며 달려가는 급행열차처럼 우리 눈앞에서 지나가고 있다. 지나간 열차는 다음 열차를 기다리면 되지만 지나간 열차와 함께 가버린 시간은 기억으로만 남을 뿐 기다려도 돌아오지 않는다. 그런데 곰곰이 돌이켜보면 남게 될 기억이 즐거운 추억이 될지 고통스러운 후회가 될지를 선택할 기회가 그 당시에 있었음을 깨달을 수 있다. 그러나 우리는 보통 그런 기회가 자신에게도 주어졌음을 후회 속에서 비로소 알게 된다. 왜 그럴까? 인간은 같은 실수를 반복하는 어리석은 존재여서?

이는 시간에 대한 착각 때문이다. 시간은 공기나 부모님의 사랑처럼 보이지도 않고 무한하다고 여긴다. 즉, 시간은 언제나 존재하고 다음에 쓸 수 있으며 언젠가는 지금보다 더 나아진다는 막연한 착각을 하기 쉽다. 이러한 착각은 살아갈 날이 이미 살아온 날보다 훨씬 많은 청소년 시절에 특히 많이 나타난다. 사람은 젊을수록 시간이 상대적으로 더디게 가는 것°처럼 느끼기 때문이기도 하지만 시간관리에 대한 이해부족에 따른 현상이기도 하다.

　분명히 기억하자. 시간에는 '무심히 흐르는 시간' 단 하나의 종류만 있을 뿐, '다음에 남는 시간'이나 '시간이 남을 때' 따윈 없음을.

> ○ 사람의 뇌는 나이가 듦에 따라 도파민dopamine 분비가 줄어들어 신경회로의 진동속도가 느려지기 때문이라는 연구결과가 있다.

자신이 겪은 시간에 대한 착각 사례

아래 왼쪽의 시간에 대한 착각형태를 참고하여 자신이 겪은 시간에 대한 착각 사례를 하나 생각해서 적어보라.

착각 형태	나의 사례
다음에 하지 뭐! 그때쯤엔 잘할 수 있을 거야! 그건 시간 남을 때 하면 돼! 그때 이렇게 할 걸! 다시 돌아갈 수 있다면,	

시간은 말해주지 않아, 내가 말했지
시간만이 우리가 치를 대가를 안다고.

– W.H 오든(Wystan Hugh Auden)

누구일까요?

참 힘든 날이네요.
아니 오늘뿐 아니라 최근엔 이런 날들이 자주 있는 것 같습니다.
그럼에도 당신은 언제나 내 곁에 있지요.
그동안 솔직히 당신이 내 곁에 있는지도 모를 때가 많았습니다.
당신은 언제나 나에게 선물을 주었죠. 물론 지금도 그렇지만,
비가 오나 눈이 오나 흐리거나 맑은 날이나
어김없이 선물을 배달해주죠.
선물을 주면서 당신은 어떤 보상도 대가도 바라지 않으며
선물을 어떻게 하라는 말도 없지요.
나는 당신의 선물이 때로는 버겁고
때로는 아쉽고 때로는 부족하여 투정을 부린 적도 많았지만
한 번도 당신의 선물을 고맙다고 여겼던 적은 없었습니다.
선물을 전부 혹은 일부를 잃어버리거나 도둑이 들어 훔쳐가더라도
크게 신경 쓰지 않았고
심지어 그런 짓을 알면서 애써 외면하기도 하였습니다.
말이 나온 김에 고백하건대 스스로 당신의 선물을 버린 적도 있지요.
당신이 내게 주었던 선물 중에 기억에 특별히 남는 것도 있지만
정말이지 잊어버렸으면 하는 것도 있습니다.
어떤 선물들은
아! 너무나 소중해서 영원히 간직하고 싶은 것도 있지요.
어떤 것들은 너무 함부로 다루어
오늘 당신이 이런 선물을 주는구나! 라는 생각도 듭니다.
이제부터 당신에게서 받는 선물을 고마운 마음으로 받고 소중하게 여기고
나 자신을 위해 쓰고 남들을 위해서도 사용하려고 합니다.
그러면 당신은 나에게 크나큰 선물이 될 것입니다.
"당신"은 누구일까요? 또 그(그녀)의 선물은 무엇일까요?

☞ 답은 이 Chapter의 끝 부문에 있다. 답을 보기 전에 한 번 더 생각해 보라.

시간에 대한 이해

시간이란 다음과 같이 세 개의 개념으로 정리할 수 있다. 이 개념들이 의미하는 바에 대해 3~4명씩 조를 이뤄 토론해보고 자신의 주장 또는 의견을 적어라.

쟁점	정말 그런가? (반드시 그렇지는 않은가?) 왜? – 나의 주장(의견)
시간은 모든 일에 필수불가결한 요소다.	
시간은 누구에게나 주어지는 단 하나의 평등조건이다.	
시간은 저장할 수 없고 되돌릴 수 없다.	

앞서 첫 질문에서 눈치챘겠지만 매일 당신의 지갑엔 10만 원이 아닌 86,400원이 들어온다. 단지 그 단위가 '원'이 아닌 '초'이며, 우리가 원하든 그렇지 않든 자동으로 들어오기에 고개만 들면 볼 수 있는 밤하늘의 별이나 부르기만 하면 달려오는 부모님의 사랑처럼 그것의 소중함을 잊어버리고 살고 있을 뿐이다. 그러나 빛나던 별빛은 시간이 지나면(나이가 들면) 그 찬란함을 잃어가고, 언제나 그 자리에 있을 것만 같던 부모님의 사랑도 사라진다. 시간을 받는 순간부터 제대로 쓰지 않으면 시간 역시 차츰 줄어들다 어느새 더 이상 남아있지 않음을 발견한다. 시간이란 매일 아침 황금을 물고° 오지만 우리가 머뭇거리는 사이 날아가 버리고, 어느 날 아침부터 더 이상 찾아오지 않는 새와 같다. 그러니 "백 년도 잠깐인데 어찌 배우지 아니하고, 일생이 얼마나 되는데 수행하지 않고 놀기만 할 것인가?"°

> ° "이른 아침은 입에 황금을 물고 있다." - 벤자민 프랭클린
> ° "忽至百年 云何不學, 一生幾何 不修放逸" - 「발심수행장 發心修行章」, 원효대사

나이를 먹을수록 시간이 빨리 흐른다고 느낀다. 빨리 가는 말은 붙잡기도 어렵고 올라타기는 더 어렵다. 자신의 말이 더 멀리 달아나기 전에 잡아타야 하지 않겠는가?

나는 누구일까요?

나는 누구일까요?

나는 당신의 영원한 동반자입니다.

또한 당신의 가장 훌륭한 조력자일 뿐 아니라 가장 무거운 짐이 되기도 합니다.

나는 전적으로 당신이 하는 대로 그저 따라갑니다.

그렇지만 당신 행동의 90%가 나에 의해 좌우됩니다.

나는 당신의 행동을 빠르고 정확하게 좌지우지합니다.

나에겐 그것이 매우 쉬운 일입니다.

당신이 어떻게 행동하는지 몇 번 보고 나면 나는 자동적으로 그 일을 해냅니다.

나는 위대한 사람들의 하인일 뿐 아니라 실패한 모든 이들의 주인이기도 합니다.

나는 인공지능 기계처럼 정밀하지만 그렇다고 해서 기계는 아닙니다.

나를 당신의 이익을 위해 이용할 수도 있고, 당신의 실패를 위해 사용할 수도 있습니다.

그것은 나와는 아무런 상관이 없습니다.

나를 착취하십시오.

나를 훈련시키십시오.

그리고 나를 확실하게 당신의 것으로 만든다면

나는 당신의 발 앞에 이 세상을 가져다줄 것입니다.

만일 당신이 가볍게 여긴다면, 난 당신을 파멸의 길로 이끌 것입니다.

내가 누군지 아시겠습니까?

나는 (_____)입니다.

[저자 미상. 「시도하지 않으면 아무 것도 할 수 없다」 지그 지글러에서 발췌]

시간관리 필요성

자아실현을 위한 도구

자기관리 도구

매슬로Abraham Maslow는 인간이 하위욕구생리적 욕구, 안전 욕구를 충족한 다음 사회적 욕구, 존경의 욕구, 자아실현의 욕구를 차례로 추구한다는 유명한 욕구단계이론을 주장하였다. 자아실현 욕구는 개인이 가지는 최상위의 욕구로서 하위의 "모든 욕구가 충족되더라도 자신에게 적합한 일을 하고 있지 않는 한 새로운 불만족과 불안감을 느낄 것"동기와 성격, 매슬로이라며 자아실현의 의미를 강조하였다. 매슬로는 욕구를 밑에서 위로 단계별로 그린 것을 욕구피라미드라고 불렀는데 "막상 죽기 전에 그는 욕구 피라미드를 뒤집었어야 옳았다고 말했다고 한다."「마켓 3.0」 필립 코틀러Philip Kotler 인간은 자아실현 욕구가 생리적 욕구 못지않게 자연스러우며 오히려 더 중요하다고 생각했던 걸까? 그러나 자아실현욕구는 생리적 욕구처럼 자연스레 충족되지는 않는다. 철저한 자기관리와 부단한 노력이 요구된다. 이런 자기관리와 노력을 수행하는 데 필요한 도구가 바로 시간관리이다.

목표달성 조건

현대 경영학의 아버지라 불리는 피터 드러커Peter F. Drucker는 목표를 달성하는 사람과 그렇지 않은 사람은 시간관리에서 차이가 난다고 하며, 효율적인 시간관리를 위해 "시간기록 → 시간관리 → 시간통합"의 3단계 방법을 제시하였다. 시간관리는 첫째, 내가 이 일을 하지 않으면 어떤 상황이 벌어질까? 둘째, 내가 하는 일 가운데 다른 사람이 최소한 나만큼 할 수 있는 일은 무엇일까? 셋째, 내가 하는 일 가운데 다른 사람의 시간을 낭비해온 일은 없는가? 하는 세 가지 질문에 스스로 비추어 보고 목표에 집중할 수 있는 심플함이 중요하다고 하였다.「프로페셔널의 조건」 우리에게 개인에게 있어 시간관리의 핵심은 위의 첫째 질문에 대한 인식이다. 즉, '내가 지금 이 일을 하지 않으면 향후 나에게 어떤 상황이 벌어질까?'를 고민한 후 그 상황을 명확히 인식할 수 있다면 자신의 시간관리는 절반은 성공이다.

지금 자신이 해야 할 일 중에 하나를 찾아서 질문해보고 답해보라.

질문	나에게 일어날 상황
지금 내가 (_____ _____)을/를 하지 않으면 나중에 나에게 어떤 상황이 벌어질까?	언제 : 일어날 상황(일) :

산(山)아, 나는 자라나서 네 정상에 설 것이다.

"산이 거기 있어 오른다."라는 말은 인류 최초로 에베레스트를 등반한 에드먼드 힐러리Sir Edmund P. Hillary가 왜 산에 가는가? 라는 기자들의 질문에 답한 말이다. 그는 1940년 에베레스트 첫 도전에서 실패하고 나서 "산아, 너는 자라나지 못하지만, 나는 자란다. 나의 기술도, 나의 힘도, 나의 경험도, 나의 장비도 자란다. 그리고 나는 다시 돌아와서 기어이 네 정상에 설 것이다."라고 말했다. 결국 그는 다시 돌아왔고 1953년 세르파 노르가이와 함께 세계에서 처음으로 에베레스트 등정에 성공한다.

힐러리(왼쪽)와 텐징 노르가이(세르파)

[이미지 출처 : wikipedia]

진로 방향성 안내

시간은 주관적 자원

"뜨거운 난로 위의 손을 올리면 1분이 1시간처럼 느껴지지만 미인과 함께 있는 1시간은 1분처럼 여겨진다." 아인슈타인이 상대성이론을 설명하면서 든 비유로, 심리적 시간은 매우 주관적인 자원임을 의미한다. 싫어하는 일을 위해 보내는 시간은 시간관리가 아니라 시간소비일 뿐이다. 역사교사가 목표인 학생이 한문 공부하기가 싫다면 진로방향을 다시 고민해야 한다. 이 학생에게 한문시간은 고려 무신의 난을 배우는 수업보다 두 배는 더 디고, 한문공부의 시간관리는 좋은 결과를 낼 수 없다. 한문이해력이 부족하면 학생들에게 사료(史料)의 개념을 이해시키는데 무리가 따르고, 가르치는 일이 즐거울 수 없다. 분명한 목표를 가지고 있고 지금 해야 할 일을 하지 않았을 때 어떤 상황이 일어날지에 대한 인식이 명확하더라도 자신이 진정으로 원하지 않는 일에 대한 시간관리는 성공하기 어렵다. 반면에 1시간이 1분처럼 느껴지는 일을 찾는다면 진로방향은 정해진 것과 다름없다.

진로방향설정의 시작

자신의 목표가 무엇인지 알지 못하거나 목표가 보이지 않더라도 진로방향을 정할 수 있는 방법이 없지는 않다. 무엇이든 하고 싶은 것을 우선 시작한다. 시작은 행동을 일으키고 행동은 시간관리의 필요를 만든다. 시간관리가 자연스레 따라오게 된다. 하고 싶은 것이 없다면 잘하는 것부터 해본다. 잘 하는 것이 없으면 할 수 있는 것부터 찾아야 한다. 시작하면 길이 보이고 길을 가다 보면 목표가 나타난다. 산의 정상이 보이지 않는다고 정상이 없지는 않다. 산 정상이 반드시 목표일 필요는 없다. 정상 오름 외의 가치를 발견할 수도 있다. 산에 가고 싶으면 일단 산속으로 첫걸음을 들인다. 첫발을 내디디면 두 번째 걸음은 따라온다. 첫걸음이 시간관리라는 방법을 이끌고 시간관리는 진로방향을 안내한다.

인생 삼모작 준비

사람이 태어나서 한평생 사는 동안 시간의 흐름에 따라 변화해 나가는 단계적 과정을 라이프사이클life cycle. 생애주기라고 한다. 유아기부터 아동기를 거쳐 성년기와 중년기, 그리고 노년기로 진행해가는 사람의 일생이다. 초고령사회°에서의 라이프사이클은 중년기 주기가 지금의 노년기까지 연장된다. 나이가 들었다고 유유자적 살아갈 세상이 더 이상 아니다. 과거의 90세가 60세가° 되고, 인생 삼모작이 필요한 환경이 된다. 길어진 생애에 맞는 활동을 요구하고 그런 활동을 미리 준비하려면 효율적인 시간관리를 하지 않을 수 없다.

○ 초고령사회 : 65세 이상의 인구 비중이 전체 인구의 20%를 넘는 사회.
○ 미래학자 게르트 레온하르트는 2030년이면 의학발달과 장수화로 90세가 새로운 60세가 된다고 말한다. 「신이 되려는 기술」

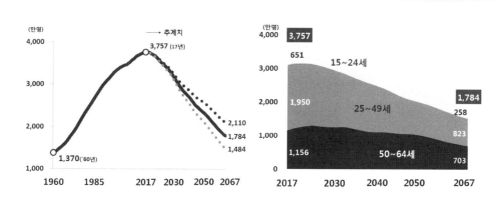

우리나라는 전 세계적으로 유례없는 빠른 고령화가 진행되는 국가이다. 2017년 기준 통계에 따르면 총인구 중 노인 비율이 14.2%로 고령사회로 진입했으며 15~64살의 생산연령인구가 처음으로 감소한 것으로 나타났다. 우리나라의 초고령사회 진입은 2025년으로 예상되고, 생산연령인구는 2017년 3,757만 명에서 2030년에는 3,395만 명으로 감소하고, 2067년에는 1,784만 명으로 2017년의 47.5% 수준에 이를 것으로 전망된다. [이미지 출처 : 통계청. 장래인구추계. 2019.3]

"Don't waste my time."

영화 「인타임」

시간을 화폐로 사용되는 세상이 있다면 시간을 낭비할 수 있을까? 버스비로 한 시간, 팁으로 일주일, 스위트룸 숙박에 일 년을 지불하고 도둑들도 금품이나 재화를 훔치는 대신 부자들의 시간을 뺏어가는 세상. 부자는 수백 년 이상의 시간을 가지고 있고 시간이 지날수록 가진 시간이 늘어나는 반면 가난한 자는 하루 벌어 하루를 살고, 가진 시간이 다할 때까지 시간을 벌지 못하면 길을 걷다가도 죽을 수밖에 없는 그런 세상에 산다면 시간을 허투루 보내는 사람이 있을까? 영화 '인타임'은 이처럼 시간만이 화폐 기능을 하는 세상을 그리고 있다. 시간이 너무 많아 영생을 누리려던 사람이 몸만 청춘으로 살아가는 무의미한 인생에 환멸을 느끼고는 자신의 목숨을 구해준 주인공에게 자신의 모든 시간을 주고 난 후 자살하기 전에 남긴 한마디!

"내 시간을 낭비하지 말게."

시간관리 방법

"모든 것을 할 수 있는 충분한 시간은 결코 없지만,
가장 중요한 것을 할 수 있는 충분한 시간은 언제든 있다."

- 브라이언 트레이시(Brian Tracy)

습관

앞서 습관은 '모든 성공자의 하인이자 모든 실패자들의 주인'이라는 글을 보았다. 습관은 반복적 행위로 체득된 행동양식이다. 습관은 비 온 뒤 비옥한 밭에 돋아나는 풀처럼 자라기 시작할 때 어떻게 관리하느냐에 따라 자신을 만든 밭을 더욱 기름지게 하거나, 억세고 메마른 땅으로 바꿔버린다. 이번이 마지막이야 하고 미루는 나쁜 습관은 어느 날 자신보다 크게 자라서 밭을 망치고 있는 풀처럼 자신의 마음에 뿌리를 내리고 의지마저 황폐하게 만든다. 하룻밤 군것질은 하룻밤의 즐거움을 주지만 일 년 동안 계속되면 평생의 고통을 남길 수 있다. 흔들리는 버스에서 매일 하는 게임의 휴대폰 게임캐릭터는 언젠가 자신의 머릿속에 들어와 자아를 대체할지 모른다. 그러니 의미 없는 행동이 반복되지 않도록 조심해야 한다. 지금 하고 싶은 것을 덜 하고, 하기 싫은 것을 조금 더할 때만이 인생을 결정짓는 좋은 습관을 만든다. 생텍쥐페리 소설 어린왕자에 나오는 바오밥나무°로 인해 파괴된 별에 대한 이야기를 기억하라.

> ° "아침에 몸단장을 하고 나면 정성 들여 별의 몸단장을 해주어야 해. 규칙적으로 신경을 써서 장미와 구별할 수 있게 되면 바로 그 바오밥나무를 뽑아 줘야 해. 바오밥나무가 아주 어릴 적에는 장미나무와 비슷하거든." 「어린왕자」, 문예출판사.

좋은 습관이란 나쁜 습관이 거의 없는 상태다. 나쁜 습관은 좋은 습관을 쫓아내고 그 자리에 자기와 친한 또 다른 나쁜 습관을 부른다. 스마트폰에 과다한 시간을 소비하는 습관은 나쁜 자세를 부르고 나쁜 자세는 거북목을 초래한다. 거북목은 육체적 고통을 줄 뿐 아니라 자신감을 해치고 대인관계의 자존감마저 내쫓는다. 처음에 담배도 약초였고 콜라도 건강음료였음을 상기하자. 습관은 인생을 만들기도 하고 삶을 파괴하기도 한다. "습관들은 없애기엔 너무 무거워질 때까지는 너무 가벼워서 느껴지지"[워런 버핏Warren Edward Buffett] 않으며, "처음에는 우리가 만들지만 나중엔 우리를 만들"기 때문이다.[존 드라이튼John Dryden]

나쁜 습관 버리기

종이에 쓰고 읽는다

자신의 나쁜 습관을 종이에 적는다. 그리고 소리 내어 읽는다. 피터 드러커의 말을 응용하여 스스로에 질문한다. '내가 이 습관을 버리지 않으면 어떤 상황이 벌어질까?' 그리고 그 상황을 구체적으로 적는다. 활자화된 나쁜 습관들을 인정하고 머지않은 미래에 그것들이 가져다줄 상황을 상상한다. 기분이 조금 우울해지는가? 그렇다면 그런 습관들을 버릴 준비가 되었다.

반면교사(反面教師)로 삼는다

맑은 날에 길을 가다가 난데없이 초미세먼지를 한 움큼 들이켜야 한다면 어떻겠는가? 보행 중 흡연은 뒤에 따라오는 행인의 얼굴에 초미세먼지를 뿌리는 행위다. 밥을 먹으면서 끊임없이 다리를 떠는 사람을 보게 되면 자신의 다리를 가지런히 하고, 대화 중에도 상대가 휴대폰을 들여다본다면 자신의 휴대폰은 가방에 집어넣는다. 내가 하는 행동이 주위에 피해를 주고 있지 않은지, 내가 사랑하는 사람에게 상처가 되지는 않는지, 그에게 나의 행동을 따라 하라고 말할 수 있을지, 그 사람이 이런 행동을 한다면 나는 그를 어떻게 바라볼지를 생각한다.

도움을 요청한다

"병은 알리고 싸움은 말리며 흥정은 붙여라"는 속담이 있다. 나쁜 습관은 병과 같다. 나쁜 습관을 이제 고치려 한다고 가족과 친구들에게 선언하고 자신이 제대로 고쳐나가고 있는지 확인해달라고 부탁한다. 또 그 결심이 흔들릴 때마다 도움을 요청한다. 사람들은 자신과의 나쁜 습관에 선전포고를 하고 스스로 극복하고자 하는 당신의 용기에 박수와 격려를 보내고 즐거이 도와줄 것이다.

환경을 바꾼다

카페에서 이어폰으로 음악을 들으며 공부하는 학생이 많다. 창의적이거나 반복적 행위가 필요한 공부나 작업에는 적절한 음악이 도움이 될 수도 있다. 하지만 어학이나 암기를 요하는 공부를 하면서 이어폰으로 음악을 듣는 것은 아령을 들고 수영을 배우는 것과 같다. '나는 음악을 들으면 공부가 더 잘돼'라는 말은 착각이다. "멀티태스킹multi-tasking은 뉴스를 보면서 양치하기처럼 단순하고 기계적 행동에만 해당되며, 뇌 안에 기억으로 남기는 일에 멀티태스킹은 완전히 부적절하다°"고 한다. 이어폰에서 나는 소리는 뇌의 활동(공부)에 도움이 되는 백색소음이 될 수 없다. 환경을 바꾸는 것은 나쁜 습관을 끌어당기는 자극을 차단하는 효과가 있다. 시험결과가 기대에 미치지 못했다면 카페의 유혹을 뿌리치고 조용한 공간으로 환경을 바꾼다. 이어폰을 귀에서 빼고 카페인 음료는 보이지 않는 곳에서 다음 시험을 준비한다.

> ° 이는 행동심리학(「생각에 관한 생각」, 데니얼 카너먼)과 뇌 과학적(「집중하는 힘」, 마르코 폰 뮌히하우젠)으로 밝혀진 사실이다.

Key 습관을 고친다

모든 결과에는 원인이 있듯이 나쁜 습관에도 그 원인이 있다. 주위를 어지럽힌 채 지내는 습관은 필요 이상의 물건을 가지고 있거나 청소를 귀찮아하는 게으름 때문이다. 전자의 경우 물건에 대한 소유욕심이, 후자의 경우 지금 할 일을 미루기가 Key 습관이다. 흡연, 자기 전 치킨과 맥주 먹기, 다리 꼬고 앉기는 몸을 망치는 나쁜 습관의 Key 습관이다.

어질러진 방의 물건들을 모두 종이상자에 담아 놓고 일주일이 지나도 불행하다는 느낌이 들지 않으면 버려라. 방에 들어오면 휴대폰을 들고 침대에 눕기보다 양말부터 벗어 세탁통에 넣어라. 일주일에 한 번은 만사를 제치고 청소부터 하라. 청소의 힘은 의외로 강하다. 벽의 낙서(Key 습관)를 지우는 것만으로 악명 높던 지하철 범죄(나쁜 습관)를 75%나 감소시킨 뉴욕시의 사례°가 그 증명이다. Key 습관을 찾아 버리거나 고치기를 2달°만 해보자. 나쁜 습관은 좋은 습관이라는 '위대한 하인'으로 변신하여 발 앞에 엎드리고 있을 것이다.

○ 깨진 유리창 이론 – 제임스 윌슨James Q. Wilson, 조지 켈링George L. Kelling
○ 영국 런던대학(UCL)의 심리학자 재인 랠리Phillippa J Lally 교수의 실험에 따르면 뇌가 의식하지 않고도 습관이 행동을 형성하는 데 66일이 필요하다고 한다.

Key 습관
첫 시간은 거의 매일 지각이다. 오르막길을 급하게 올라가 강의실에 들어가면 숨이 차서 힘들다. 그런 나를 쳐다보는 교수님과 급우들의 눈초리를 받는 것은 더 힘들다. 강의를 들어도 귀에 들어오지 않는다. 이 과목은 이번 학기엔 망했다. 난 왜 아침마다 늦을까? 20분만 일찍 오면 된다. 그러려면 20분 일찍 일어나면 되지! 그런데 왜 알람시간을 20분 일찍 맞춰놓지 않을까? 밤늦게 자니까 잠이 부족한 나로서는 아침잠 20분은 양보할 수 없다. 어떻게 하지? 그렇지! 아침밥을 먹지 말고 집을 나서야겠다.
나쁜 습관들의 주원인이 되는 습관을 Key 습관이라고 한다. 위 사례의 주인공은 옳은 판단을 내렸는가? 그가 가지고 있는 Key 습관은 무엇인가? 아래 칸에 써보자.

자신이 가지고 있는 '나쁜 습관' 하나를 찾아서 Key 습관이 무엇인지 적는다. 또 나쁜 습관 버리기 방법을 이용하여 그 습관을 버릴 수 있는 방법을 써보라.

나의 나쁜 습관	Key 습관	나쁜 습관 버리기

시간관리 실천방법

1. 목표를 정한다

목표란 미래의 어느 시점에 자신이 가고자 하는 곳 또는 자신이 이루고자 하는 상태다. 가고 싶은 곳, 이루고 싶은 일은 마음을 설레게 하고 몸을 움직이게 한다. 목표는 자신을 진로라는 뮤지컬의 주연배우로 오르게 하고 "인생이라는 자동차의 운전석에 앉아"° 가게 해준다. 어떤 목표가 좋은 목표일까? 좋은 목표는 쉽게 보여야 한다. 그러려면 구체적이고 평가가 객관적으로 이루어지는 목표여야 한다. '바다로 가는 여행'보다 '푸른 바다를 보러 가는 기차 여행'이 좋고, '여름방학에는 돈을 모은다.' 보다 '7월 동안 택배 아르바이트로 150만 원을 모아 노트북을 산다.'가 좋은 목표다.

> ° "목표는 우리를 인생이라는 자동차 운전석에 앉게 해준다. 목표가 없다는 것은 자동차의 조수석이나 뒷좌석에 타는 것이나 마찬가지다." – 마크 프리츠Mark Fritz

SMART - 좋은 목표의 5요소

요소		내용
S	Specific 구체적이다.	목표에는 무엇을 이루려고 하는지, 왜 중요한지에 대한 명확한 인식이 담겨있어야 하며, 그러려면 목표가 구체적이고Specific 단순하며Simple 중요해야Significant 한다. Ex) 중국 어학연수를 마치고 ○○사에 지원한다.
M	Measurable 측정이 가능하다.	목표에 가까워지는 거리를 쉽게 측정Measurable할 수 있어야 한다. 따라서 목표에는 쉽게 정량화할 수 있는 수치(지표)를 적는다. 이런 목표는 의미와Meaningful 동기를Motivating 부여한다. 숫자는 비단 목표뿐 아니라 모든 계획에서 힘을 발휘하고 보는 이와 듣는 이를 설득한다. Ex) 어학연수 후 1개월 내에 HSK 5급을 취득한다.
A	Achievable 달성할 수 있다.	목표가 달성 가능한 범위 내에 있어야 한다. 지리산을 올랐다고 바로 에베레스트를 목표로 삼으면 곤란하다. 늘 꼴찌만 하는 학생에게 1등을 주문하면 도전 자체가 어렵다. 목표는 자신의 능력과 환경 등을 고려하여Agreed upon, 도달할 수 있고Attainable, 실천할 수 있어야Action-oriented 한다. Ex) (중국어를 한마디도 못하는 상태이므로) 40일간의 어학연수 후 HSK 4급에 도전한다.
R	Relevant 다른 목표들과 연관되어 있다.	목표는 상위목표와 하위목표로 이루어져 있다. 목표가 취업이라면 사무자동화자격취득은 취업이라는 목표의 하위목표이다. 하위목표 자체가 독립된 목표일 수도 있으나 진로 목표를 정할 때는 서로 연관된 목표를 정해야 이해가 쉽고Reasonable, 성과중심Result으로 나아 갈 수 있다. Ex) 매일 10시부터 한 시간은 중국 TV 드라마와 대본을 본다.
T	Time bound (timely) 시간이 정해져 있다.	모든 목표에는 달성할 기한Timeline이 있어야 한다. 기한은 계획과 집중을 부르기 때문이다. 장기간의 목표라면 중간목표들을 정하여 각각 세분화한다. Ex) 2년 후 ○○직무에 도전 - 1년 내 ○○자격증 취득 - 3개월 내 관련 서적 5권 읽고 요약하기
	목표	여름방학 어학연수를 통해 중국어로 일상대화를 할 수 있고 2019년 10월에 HSK 5급을 취득하여 ○○사에 지원한다.

[George T. Doran, Management Review AMA FORUM 70. 1981. 참조 재구성]

이번 학기 중에 달성하고자 하는 목표 하나를 정해서 위 SMART 방식에 따라 적어보자.

목표 :

2. 계획을 세운다

정확히 2년 후의 자신은 어떤 상태인지 궁금하다면 2년 후 목표를 정하고 목표달성을 위한 계획을 세운다. "계획은 미래를 현재로 가져오기"°에 2년 후의 계획을 통해 자신의 미래 모습을 짐작할 수 있다. 계획은 목표를 시각화하고 목표로 가는 길을 밝힌다. 계획을 적어보는 것만으로도 일의 영역을 한눈에 볼 수 있다. 올림픽 출전을 앞둔 선수가 세우는 치밀하고 효과적인 운동 계획은 그 자체로도 훈련이미지 트레이닝이 되고, 이미 단단해진 몸 상태를 느낄 수 있기 때문이다.

> ° "Planning is bringing the future into the present so that you can do something about it now." – 앨런 라킨Alan Lakein

"모든 일은 계획으로 시작되고 노력으로 성취되며 오만으로 망가진다."

– 관자(管子)

계획 우선순위 정하기

시간관리 매트릭스는 목표를 이루기 위해 해야 할 일들을 나열한 후 각각의 일에 긴급도와 중요도의 2개의 기준을 가지고 평가하여 우선순위를 부여하는 프레임워크framework 도구다. 사분면의 매트릭스에 할 일을 분포시킨 다음 긴급도와 중요도를 기준으로 우선순위를 정한다.

분류 기준	예시		
		급한 일	급하지 않은 일
A – 급하고 중요한 일 B – 급하지 않지만 중요한 일 C – 중요하지 않지만 급한 일 D – 중요하지도 않고 급하지 않은 일	중요한 일	겨울철 보일러 수리 전공과목 이번 주 제출 과제 저녁 특강 참석 A	토익 성적 향상 방학 아르바이트 구하기 동아리 UCC 제작 B
	중요 하지 않은 일	C 급한 질문 (일부) 회의, 전화, 이메일, SNS 답신 마감일 도서관 책 반납	D (일부) 회의, 전화, 이메일, SNS 답신 새로 산 소설 책 읽기 이웃 동네 카페 구경

스티븐코비Stephen Covey의 시간관리 매트릭스 「성공하는 사람들의 7가지 습관」 참조

'중간고사 A학점 취득하기'라는 목표를 세우고 시간관리 매트릭스에 우선순위별로 적어보라.

목표	이번 학기 중간고사 A학점 취득하기 – must to do list	
	급한 일	급하지 않은 일
중요한 일	A	B
중요하지 않은 일	C	D

계획표 만들기

학습한 내용을 토대로 자신의 진로탐구 계획표를 만들어보자.

순서	사례와 방법
i. 장기목표를 정한다.	졸업 후 나의 목표 : ○○織 도전, ○○社 입사 등
ii. 1학기 목표를 정한다.	학점 4.5 따기, 토익 750점 따기, MS-Office 익히기, TOPAS 자격 취득하기 등
iii. 시간관리 매트릭스를 만든다.	위 내용 참고
iv. 계획표를 작성한다. – 월간, 주간, 일일	실천항목은 해야 할 것과 하지 않아야 할 것(방해물)을 구분하여 적고, 일정에는 진척도(율)와 만족도(율)를 표시할 수 있도록 만든다.

(1) 장기 계획표 예시

나의 목표				
2019년 1학기 목표				
Plan & Do Priority	1	2	3	4
시험공부 80시간	수업 복습 (노트 정리)	교재 읽기 (예습)	과제 수행	시험 전 공부
영어공부 300시간	Book Reading	Listening	단어장 암기	Speaking
스마트폰 일 1시간 이내	전원 끄기	앱 줄이기	SNS 줄이기	
…				

(2) 주간 계획표 예시

2019. 3. 1	월요일	화요일	수요일	목요일	금요일	토요일	일요일
시험공부							
영어공부							
스마트폰 사용시간 단축							
…							
…							
…							

(3) 일 계획표 예시

Time SKD	Must Do	Progress	Happy	Not Happy

즐거웠던 일	
내게 하고 싶은 한마디	

※ 일 계획표 작성 시 주의사항
- 요일별 기본계획표를 만들고 매일 새롭게 확정(수정)한다. ● 노트(수첩)에 자필로 작성한다.
- Happy 난에는 체크 또는 그림으로 표현한다. ● Unhappy 난에 해당되면 그 이유를 적는다.

3. 일단 시작한다

실천이 따르지 않으면 훌륭한 계획도 의미가 없다. 실천이 말처럼 쉽지는 않다. "길을 아는 것과 그 길을 걷는 것에는 큰 차이가 있고"영화 매트릭스, "위대한 지식은 어린아이도 알지만 노인도 실행하기는 어렵다"고한비자 하지 않는가? 실천한다고 목표에 반드시 도달하지는 않겠지만 실천 없는 목표는 그저 꿈으로만 남을 것은 명확하다. 실천하기가 주저된다면 작은 일, 쉬운 것부터 시작한다.

학교에는 길고양이들이 많이 살고 있어 '우리 학교의 고양이들'이란 주제로 글쓰기 수업을 한 적이 있었다. 일상의 경험에서 객관적 사실을 표현하고 주관적 의견을 도출해내는 능력을 키우기 위한 의도였다. 30분이란 짧은 시간이어서 그런지 학생들이 A4 한 장 채우는 데 어려움을 겪었다. 많은 학생이 전체 글의 윤곽을 생각해놓고도 첫 문장 쓰기를 주저하였는데, 생각하는 데 긴 시간을 들이지 않고 일단 쓰기부터 시작한 학생들은 모두 시간

내에 글쓰기를 완성하였다.

　사람에 따라서는 크고 어려운 것부터 도전하기도 한다. 활강기술을 배우자마자 상급자 코스 리프트를 타는 초보 스키어, 시험지를 받고 서술형 문제부터 푸는 학생, 노래부터 일단 한 곡 부르고 발성을 연습하는 가수 지망생 등이 그런 유형이다. 무엇을 먼저 하느냐보다 무엇이라도 먼저 하는 것이 중요하다. 첫걸음을 떼지 않으면 천 리 길도 갈 수 없고, 시작하지 않으면 아무 일도 일어나지 않는다.

"Done is better than perfect"

- Facebook 슬로건

4. 몰입한다

　시간관리란 '시간'을 관리한다기보다 시간 '속에서 자신이 할 일을' 관리한다는 의미이다. 일을 관리하는 것은 그 일에 집중함을 뜻한다. 집중focused이란 생각과 에너지를 쏟는 의지다. 집중이 유지되면 몰입flow이 된다. 몰입이란 누가 불러도 듣지 못할 정도로 어떤 일이나 대상에 빠져있어 마치 물처럼 주위환경과 어울리며 자연스럽게 흐르는 상태다. 「몰입의 즐거움」의 저자 미하이 칙센트미하이는 몰입이 "물 흐르듯 행동이 자연스럽게 이루어지는 느낌"으로 개인을 성숙시키고 배움으로 이끌며 삶의 질을 끌어올려 명확한 목표가 있을 때 활동결과가 빨리 나타나며, 쉽지 않지만 아주 버겁지 않은 과제에 자신의 실력을 쏟아부을 때 몰입할 수 있다고 한다.[p46~47] 집중이 의지를 필요로 하는 힘이면 몰입은 자신도 모르게 빠져드는 흐름이다. 같은 시간을 보내고도 몰입의 정도에 따라 한 일의 결과는 다를 수밖에 없다. 산만하게 보내는 10시간 공부보다 몰입한 채 공부하는 2시간이 효과적이다. 몰입은 노력과 반복을 통하여 학습된다. 몰입의 효과가 지속되는 시간은 하루에 보통 1시간에서 4시간 사이라고 하니 대상을 선택하여 하루 2시간 내외에서 몰입하는 훈련을 한다.

　지난주 자신이 하루의 어떤 일에 '몰입'했다고 말할 수 있는 시간이 얼마인지 생각해 보자.

몰입을 위한 3가지 조건

조건	내용
① 목표	명확한 목표가 있으면 내부적 동기(자기목적성)가 부여된다. 예) 한일전 축구 응원, 콩쿠르를 앞둔 피아니스트, 게임 레벨-업
② 피드백	결과를 바로 알 수 있고, 보상이 따르면 집중한다. 예) 볼링시합 하기, 상금이 걸린 UCC 경연 준비하기
③ 과제와 실력의 균형	자신의 실력보다 조금 높은 난이도의 과제가 몰입을 유도한다. 예) 바둑 1급이 1단과 대국하기, 중국어 입문자가 HSK 4급 취득하기

「몰입의 즐거움」, 「몰입, 미치도록 행복한 나를 만나다」 참조

몰입을 방해하는 3가지 장애물

몰입훈련을 위해서는 몰입을 방해하는 요소를 찾아 제거하고 차단하는 준비가 우선 필요하다.

장애물	내용
① 스마트폰	수시로 울리는 알림소리는 몰입을 방해하는 가장 큰 장애물이다. 집중하기 전에 전원을 끈다. SNS 프로필에 몰입하는 대상을 띄우고 몰입 중임을 광고하는 것도 좋다.
② 잡(雜)생각	잡생각은 한번 떠오르면 비에 젖은 낙엽처럼 잘 떨어지지 않는다. 억지로 떼어내려고 하는 것보다 5분간 잡생각에 집중하고 잡생각임을 깨우쳐라. 잡생각의 대상을 메모지에 적고 서랍에 넣는다. 산책을 하면서 머릴 비운다. 스트레칭을 한다.
③ TV	목표 달성 시까지 방에 TV를 들여놓지 마라. TV를 볼 수 없는 환경을 만들면 좋다. 그럴 수 없다면 유선/인터넷 TV라도 끊자.

5. 쉴 때는 아무 생각 없이

뭐든지 지나치면 미치지 못함보다 해롭다. 몰입도 마찬가지다. 몰입의 피로가 느껴지면 아무 생각 없이 보내는 시간도 중요하다. 전반전에 전력을 다한 축구선수의 근육이 쉬는 동안 회복되듯이 몰입으로 지친 뇌도 휴식이 필요하다. 우리는 밥을 먹거나 길을 걸을 때도 스마트기기에 연결된 뇌를 분리하지 않는다. 잠자리에서 뇌의 전원이 꺼질 때까지도 뇌세포를 고문한다. 이런 식의 집중은 부작용을 초래한다. 유명한 '보이지 않는 고릴라 실

험°invisible gorilla experiment'은 의미 없는 집중의 허점을 보여주는 좋은 사례다. 움직임을 최소화하고 생각도 없이 보내는 시간이 뇌의 피로 회복에 도움이 된다는 이론이 뇌 과학적으로 확인되고 있다.

> ○ 미국의 심리학자 대니얼 사이먼즈Daniel Simons와 크리스노퍼 차브리스Christopher Chabris의 유명한 선택적 인지현상 실험으로 집중의 힘과 부작용을 동시에 보여준다. https://youtu.be/5125PFt_TwA

성실과 열정만이 미덕으로 여겨지는 현대에는 어쩌면 "아무것도 하지 않는 것은 가장 어려운 일이자 가장 지적인 일"[오스카 와일드Oscar Wilde]이기도 하다. 집중과 몰입의 피로가 등줄기를 타고 뇌로 침투하면 생각하기를 멈추고 머릿속을 비운다. 스마트폰은 비행기보드로 바꾸고 햇볕이 내리쬐는 창가에 앉아 멍한 상태를 즐겨라. 그 시간의 끝에서 새로운 아이디어와 한 단계 높아진 실천계획이 기다리고 있을지 모른다(버스에서는 내려야 할 정류장을 놓칠 수 있다).

"지금(1930년대)까지도 우리는 기계가 없던 예전과 마찬가지로 계속 정력적으로 일하고 있다. 이 점에서 우리는 어리석었다. 그러나 이러한 어리석음을 영원히 이어나갈 이유는 전혀 없다."
– 「게으름에 대한 찬양」 버트런드 러셀(Bertrand A. W. Russell)

> ▷ '시간'이란 무엇인지 자신의 생각을 한 문장으로 정의해보자. 또 자신이 가진 '하루'[32 page의 '누구일까요?'의 '당신']의 가치는 얼마나 되는지 평가해보자.
>
> 시간이란,
>
> _____.
>
> 내가 가진 하루의 가치 :
>
> 가치 : _____
>
> 이유 : _____

김 과장의 마음가짐

오늘 오후에 대만에서 오는 바이어들을 공항에서 만나 저녁식사 장소로 데리고 오라는 부장의 지시를 받았을 때 김 과장은 별로 염려하지 않았다. 두 명은 예전에 자신이 대만에 갔을 때 한번 만난 사이라 막역하기도 하고 공항 가는 길과 공항에서 약속장소까지 오는 길도 내비를 듣고 가면 될 것 같았다. 그간 우리 팀이 추진해오던 계약 건을 식사 전에 마지막 프레젠테이션을 보여주고 마무리할 계획이었다.

미리 핸드폰으로 검색해보니 편도 40분이 걸린다고 나와서 바이어들의 비행기 도착 1시간 10분 전에 회사차량과로 갔다. 차를 내어주는 직원이 지금 쓸 수 있는 차가 신형 BMW 한 대밖에 없으니 그걸 쓰라고 한다. BMW를 몰아본 적은 없지만 친구 차에 타본 적은 몇 번 있어 대수롭지 않게 생각하고 키만 받아 왔다.

막상 차에 타니 늦은 봄 햇살에 데워진 차량 내부는 사우나탕과 다르지 않았다. 일단 창문을 내리고 에어컨을 가동하는 데 통풍 조절을 어떻게 하는지 알 수가 없었다. 나중에 손님들을 태우고 에어컨 조절을 하지 못하면 낭패가 아닌가? 5분쯤 에어컨 조절방법으로 씨름을 하다 시간만 흘러갔다. 김 과장은 초조해지기 시작했다. 에어컨 문제는 가면서 풀기로 하고 이번엔 내비를 켰다.

공항 가는 길은 하이웨이만 타면 문제없는데 하이웨이까지 가는 길은 확실하지가 않아 내비를 따르는 것이 안전하기 때문이다. 그런데 웬걸, 내비에 목적지 입력을 하는 키보드를 어떻게 작동하는지 모르겠다. 키보드 표시가 완전히 다른 방식이다. 이런! 차를 왜 이따위로 복잡하게 만들었지? 시간이 또 얼마나 흘렀을까? 이러다 제시간에 공항에 도착하지 못할 수도 있을 것 같은 걱정에 김 과장은 일단 차를 몰아 출발했다.

– 중 략 –

식당 건물 앞에 바이어들을 기다리며 서 있는 부장과 박 차장이 보였다. 예상보다 30분이나 지난 시간이었다. 초조함이 안도감으로 바뀌는 표정으로 부장이 서둘러 차 문을 열고 바이어들을 맞이하는 모습에 김 과장은 식은땀을 흘렸다. 차를 주차하는 동안에도 김 과장은 자신의 실수로 중요한 계약이 무산될까 노심초사하느라 이미 정신이 혼미해진 상태지만 자신에게 쏟아질 비난을 각오하고 회의 장소로 가기 위해 곧바로 건물 안으로 들어갔다.

무슨 일이 있었던 걸까? 위 사례에서 김 과장의 마음가짐은 어떤 상태인 것 같은가? 본인이라면 이런 일에 앞서 시간관리를 어떻게 하고, 어떤 마음가짐으로 대했겠는가? 아래에 적어보자.

Review - 시간관리

1. 라이프니츠Gottfried Wilhelm Leibniz는 시간은 '동시에 공존하지 않은 여러 사건들의 순서일 뿐이다.'라고 정의했다. 시간에 대한 라이프니츠의 정의가 의미하는 바는 무엇인가?

2. 시간의 보편적 성질 세 가지를 제시하고 간략히 설명하라.

3. 진로설계에 있어 시간관리가 꼭 필요한가? 그 이유를 아는 대로 써라.

4. 목표를 세우는 것은 시간관리 실천방법의 첫 걸음이다. S.M.A.R.T로 표현되는 좋은 목표의 조건에 대해 설명하라.

5. 자신의 몰입을 방해하는 장애물들이 어떤 것들이 있는지, 제거하거나 차단할 수 있는 방법을 생각해서 적어보라.

intentionally blank page for your note

Chapter 3

자기이해

학습목표

1. 자아개념과 자아개념의 특성에 대해 이해한다.
2. 진로탐구에서 자기이해가 가지는 의미를 인식한다.
3. 자신의 장점과 단점을 확인하고 직업적성검사를 통해 자신의 적성을 파악한다.

자아 개념

자아(自我)와 자아개념(自我概念)

'나는 누구인가?'

'나는 도대체 누구인가?'

누구나 한 번쯤 자문하고 고민에 빠져 본 적 있는 물음이 아닌가?

그렇지만 이 물음에 답을 구했다고 자신 있게 말하는 사람은 드물다. 자아개념(自我概念, Self-concept)에 대한 이해는 이러한 질문에 답을 고민하는 출발점이 될 수 있다.

사전적 의미에서 자아(自我, self, ego)란 "생각, 감정 등을 통해 외부와 접촉하는 행동 주체로서의 나 자신"[위키백과]이며, "자신의 동일성 또는 연속성을 의식하는 주체"다.[교육심리학용어사전] 철학적으로는 "대상의 세계와 구별된 인식과 행위의 주체이며, 체험 내용이 변화해도 동일성을 지속하는 의식의 통일체인 '나'"[네이버사전]를 뜻한다. 데카르트René Descartes의 저 유명한 "나는 생각한다. 고로 나는 존재한다."°에서의 '생각하는 나'가 대표적이다. 심리학에서는 자아를 자신에 대한 의식으로 정의한다. 브랜든은 자의식이란 "자기가 처한 환경의 상태와 수준을 파악하고, 그에 알맞은 행동을 할 수 있게끔 하는 능력"°으로 생명의 특징을 가장 잘 나타내며 고등생명일수록 의식형태의 수준이 높다고 한다. 프로이트Sigmund Freud는 자아는 "논리적 사고로 현실세계에서의 생활을 도와주는" 것으로, 자아실현을 위해서는 인지적 기술을 발달시켜야 한다고 한다. 사람은 생물학적으로 성장하는 것 외에 자아의 의

> ° "나는 의심한다. 그러므로 나는 생각한다. 그러므로 나는 존재한다." [라틴어 - dubito, ergo cogito, ergo sum] 데카르트는 '우리가 의심하고 있는 동안 우리는 (의심하고 있는) 자신의 존재를 의심할 수 없다'고 주장하였다.
> ° 「자존감의 여섯 기둥」 너세니얼 브랜든Nathaniel Branden p120. 자존감Self-esteem의 원리를 규명하고 대중에게 알린 미국의 심리학자

미를 끊임없이 반추하여 확인하는 자의식으로 인해 정신적으로 성장한다는 의미다. 이에 따르면 '나는 누구인가?'라는 질문이 정신적 성장의 밑거름이 된다고 하겠다.

자아개념은 자신의 태도유형에 관한 자신 나름의 생각이다. 자아에는 자기 자신이 보는 자아와 남들이 보는 자아가 있는데 개인은 이 둘 사이에서 갈등과 조화 과정을 거치며 태도를 발달시키고 나이가 들수록 사회적 관계 속에서 자아를 뚜렷이 인식하는 경향을 가지게 된다고 한다. 자아개념은 이러한 사회화 과정에서 타인과 관계형성에 유의미한 영향을 미친다. 또 자아개념은 긍정과 부정, 어느 쪽으로도 발달하기 때문에 사회진출을 앞둔 청소년기에는 특히 긍정적 자아개념을 가지게 함으로써 적극적이고 활발한 인간관계의 가치를 가지도록 하는 유인이 진로결정에 중요한 영향을 미친다.

자아개념의 정의

자아개념이란 "자신의 신체적, 사회적, 지적 능력에 대한 이지적 평가를 의미"[Marsh, 1989; Pitrich & Schunk, 2002. 「교육심리학」 p141. 학지사. 2006-재인용]하는 것으로 학문적으로 다음과 같이 정의되고 있다.

교육학 및 교육심리학의 정의

자아개념을 "긍정적 개념과 부정적 개념으로 대별할 수 있다. 그러나 긍정과 부정의 유목(類目)으로 양분될 수 있는 성질의 개념은 아니며, 긍정과 부정의 양극을 연결하는 연속성(連續性)을 상정할 수 있는 개념이다."「교육학용어사전」서울대학교

자아개념은 "내용에 따라 신체적 자아개념, 사회적 자아개념, 학업적 자아개념 등 여러 측면으로 구분해 볼 수 있다. 자아개념은 자신이 한 행위에 대한 타인의 피드백 정보를 토대로 형성되며, 업무수행, 학업수행 등에 영향을 미친다."「교육심리학용어사전」한국교육심리학회

주요 학자들의 정의

학자	정의
윌리엄 제임스 William James (1842~1910)	"한 사람이 자기 것이라고 말할 수 있는 모든 것" 경험적 자아인 'Me'와 생각하는 자아인 'I'로 나뉜다. 'Me'는 물질적 자아, 사회적 자아, 정신적 자아로 구성된다. 1) 물질적 자아(Material self) : 내가 지닌 것들, 내가 관계된 물질적인 것들. 몸, 가족, 옷 등 2) 사회적 자아(Social self) : 사회적 상황에 주어진 자신·타인들의 평가, 사회적 관계에서의 위치·상황에 따라 변화함 3) 정신적 자아(Spiritual self). 핵심자아. 주관적이고 가장 친밀한 자아로서 비교적 공고하고 영속적임. 가치, 특성, 성격, 정서 등 4) 순수자아(Pure ego) : 'I'에 해당되는 자아. 개인의 일생에 연속성을 가진 정체성으로 영혼(soul), 마음(Mind)과 같은 것.
칼 로저스 Carl Rogers (1902-1987)	"자신에 대한 일관되고 조직화된 인식과 믿음" ■ 자신에 대한 평가(Self-esteem, Self-worth), 현재 자신의 신체적 정신적 모습(Self-images), 자신이 되고 싶어 하는 이상적 자기(Ideal-self)의 세 가지 요소로 구성된다. ■ 개인의 성장잠재력을 인정하고 자기실현(self-actualization)을 도움으로서 완전히 기능하는 개인(fully-functioning person)이 될 수 있다고 하는 인본주의적 개념을 설파하였다.
찰스 쿨리 Charles Cooley (1864-1929)	"타인의 평가와 기대에 반응하며 만들어지는 것" ■ 거울 자아(looking-glass self)이론 : 세 단계를 거침 ■ 타인이 자신을 어떻게 보는가에 대한 상상 → 타인의 판단에 대한 상상 → 타인의 판단을 인지하는 과정에서 자아를 형성 ■ "인간의 행동을 이해하는 데 심리학이나 철학보다 사회학적인 시각에서 관찰" 「인간의 자아탐구」 p24 ■ "서로에게 서로는 하나의 거울, 지나가는 타인을 비추는 거울이다." Cooley「프라이드 Take Pride」 제시카트레이시

자기이해

자신도 모르는 '나'

사람들은 스스로에 대해 잘 알고 있다고 생각하지만 말이나 글로서 자신에 대해 표현하라면 대부분 머뭇거린다. 자기 자신을 이해함은 자기표현의 출발이자 진로와 사회생활, 인생행로라는 집을 짓기 위한 주춧돌을 놓는 행위다. 지피지기 백전불태(知彼知己 百戰不殆)는 자기이해의 전쟁버전이다. 자신을 모른 채 싸우면 이기기는커녕 반드시 위태로워진다는 손자(손자병법)의 경고는 한 사람의 인생에서도 당연히 적용된다.

조하리의 창(Johari's Windows)

살면서 친한 친구와 말다툼을 하다가 마음에 없는 말을 내뱉거나 자신의 의지와 다르게 행동한 뒤에 "그때 내가 왜 그랬는지 모르겠다."라며 후회한 적이 있지 않은가? 이는 자신도 모르는 자기 내면의 또 다른 '자아' 탓이다. 사람은 '자기도 모르는 자아'를 가지고 있으며 하나가 아닌 네 개의 자아가 있다고 한다. 이 이론을 주장한 학자(미국의 심리학자 조지프 루프트Joseph Luft와 해리 잉햄Harry Ingham) 이름을 따서 이를 조하리의 창Johari's Windows이라고 부른다.

① '열린 창'은 자신도 알고 다른 사람도 알고 있는 자아다. 이 창을 통해 서로 투명하게 볼 수 있고 당연히 소통도 잘 이루어진다.

② 자신은 모르지만 다른 사람은 알고 있는 영역은 '보이지 않는 창'이다. 이 창은 어떤 계기로 자신이 깨닫게 되면 열린 창으로 바뀔 수 있는 창이다.

③ '숨겨진 창'은 자신만 아는 영역(Area)으로 우리가 흔히 혼자 있을 때 드러내는 성격이다. 평소 잘 알던 사람이 어울리지 않은 행동을 했을 때 '그럴 친구가 아닌데!' 하고 고개를 갸웃거리는 것은 그 사람의 숨겨진 창을 볼 수 없기 때문일 수 있다.

④ '미지의 창'은 자기 자신도 다른 이들도 알지 못하는 영역이다. 세 개의 창에 나타난 자아를 바탕으로 자신이 개발해갈 수 있는 영역이다.

타인과 소통할 때 '보이지 않는 창'을 통하면 효율적이다. 주위 사람들은 아는데 본인만 모르는 영역을 효과적으로 알려줄 때 서로 좋은 관계로 발전할 수 있다. 상대의 등에 붙은 지푸라기를 눈치를 살짝 채도록 떼어주는 것과 같다. '어머! 굵은 체크무늬 셔츠가 잘 어울리네요!' 매일 무지 셔츠만 입는 사람이 새로운 옷을 입었을 땐 모른척하지 말고 칭찬해준다. 그 사람만 모르는 단점을 넌지시 알려주거나 장점을 칭찬하는 것이 훌륭한 소통 방식이다.

자기이해란 자신의 몸과 마음의 상태, 삶과 직업가치관, 대인관계의 질 등에 대하여 얼마나 이해하고 있는가에 대한 자아개념이다. 남들이 좋은 직업직장이라고 하더라도 자신과 맞지 않으면 괴롭기만 하고, 자신이 하고 싶은 일도 자신에게 그 일을 해낼 수 있는 능력이 없다면 그 역시 힘들기는 마찬가지다. 이는 자기이해 부족에 따른 결과일 수 있다.

자기이해에 관한 고민

진로 고민

① 나 자신이 어떤 사람인지 모르겠다. 딱히 잘하는 것이 없다.

② 좋아하는 일이 있지만 잘할 자신이 없다.

③ 잘하는 일이 있지만 직업으로 삼지는 않겠다.

④ 하고 싶은 것들이 많다. 하나씩 모두 다 하고 싶다.

현재 자신이 가지고 있는 자기이해와 관련된 고민 2개를 적어보라.

나의 고민거리
1)
2)

해결하기

① 자신에 대해 잘 모른다는 고민은 자신을 발견하는 노력을 통해 해결될 수 있다. 자기가 관심을 가지는 분야가 무엇인지, 어떤 진로에 구체적으로 어떤 준비를 해야 하는지를 알아가는 과정에서 흥미와 능력을 발견하고 자기이해도를 높여 진로방향을 결정할 수 있다.

② 좋아하는 것과 잘하는 것이 매치되지 않을 때는 직업에 대한 이해가 더 필요하다. 직업의 종류는 매우 다양함에도 아직 자신이 좋아하는 것과 연관된 직업을 발견하지 못하였을 수 있다.

③ 잘하는 일을 직업으로 삼기엔 그것이 사회적 인정을 받기 어렵다고 생각하거나(술 마시기, 물구나무서기, 바둑 등) 그냥 취미로만 즐기고 싶기 때문이다.(낚시, 야구, 뜨개질 등) 서두르지 않고 다양한 직업탐구활동을 통해 자기이해의 폭을 확장해 나간다. 취미로 잘하는 것을 직업으로 삼지 않겠다는 결정을 미리 할 필요는 없다.

④ 학생들이 접하는 직업과 직장에 대한 정보는 협소하다. 이는 직업을 고려할 때 공식적이고 객관적인 정보보다는 소문과 감정, 언론매체에 자주 나오는 기업, TV나 SNS와 같은 구전Word-of-mouth에 의존하기 때문이다. 그러나 일과 직장은 TV드라마나 겉으로 보이는 이미지와는 큰 차이가 있다. 그렇지만 하고 싶은 일이 많다는 것은 긍정적인 현상이다. 여러 직업에 대해 실질적이고 구체적인 정보를 자기이해 결과와 비교하여 구체화시켜나간다.

진로선택이란 "무엇을 하면 좋은가가 아니라 자신을 사용하여 무엇을 하고 싶은가"피터 드러커 임을 명심하자.

자기이해 방법

자기의 장단점 알아보기

자신의 장점과 단점에 대한 명확한 인지는 자신을 인정하고, 그 인정을 토대로 자신의 가치를 개발할 수 있는 내적동기를 유발한다.

자신이 잘 하는 일(껏)이나 즐기는 일(껏) 6가지를 적어보라.

①	나는 _____ 을/를 할 때 보람을 느낀다.
②	나는 _____ 을/를 할 때 남들보다 빠르다.
③	나는 _____ 을/를 하고나면 행복하다.
④	나는 _____ 을/를 하고나면 또 하고 싶다.
⑤	나는 _____ 을/를 한 것을 남들에게 이야기한다.(하고 싶다)
⑥	나는 _____ 하는 것은 자신 있다.

자신이 잘 하지 못하는 일(또는 단점) 3가지만 찾아 그로 인해 일어났던(일어날 수 있는) 좋지 않은 일을 적어보자. 또 그 단점을 개선할 수 있는 방법을 생각해서 써보라.

	나의 단점(약점)	영향	개선 방법
①			
②			
③			

남들이 생각하는 자신은 어떤 모습인가? [가족 중 1명, 친구 중 1명에게 물어보라]

내가 잘하는 것	
나의 장점	
내가 못하는 것	
나의 단점	
나에게 해주고 싶은 말	

자신의 적성 알아보기

직업적성 검사

직장인들에게 왜 이 직장에 다니는가? 라고 물었을 때 '적성에 맞아서'라는 대답을 듣기가 쉽지 않다. 정년퇴임식에서 30년 동안 적성에 맞는 일을 찾아다니다가 정년을 당해버렸다며 퇴임사를 하는 사람도 있다. 업무에 시달리다 보면 적성이란 말이 한가한 이야기로 들리기 때문이기도 하고 적성과 배치되는 일을 하기 때문일 수도 있다. 조사에 의하면 직장인 30% 정도만이 전공과 관련된 일을 하고 있다고 하는데 그 30%도 모두 적성에 맞는 일을 한다고 보기는 어렵다. 구직의 어려움을 반영하는 현상이기도 하나 자신의 직업적성에 대한 부족한 이해도 한 원인이다. 적성은 무엇인가와 잘 맞는 자신만의 특질로 "어떤 과제나 임무를 수행하는 데 있어서 개인에게 요구되는 특수한 능력이나 잠재능력이라 할 수 있다." 「학교진로상담」 김봉환 외. p364. 적성은 유전적, 환경적 요인의 영향이 크지만 교육과 훈련으로 발굴될 수 있다고 한다. 직업적성이란 특정 일(직업)을 하게 될 때(미래) 필요한 잠재능력을 자신이 얼마나 지니고 있느냐(현재)를 나타내는 기준이다. 직업적성 역시 직업에 대한 교육훈련 과정에서 발전될 수 있다.

고용노동부에서 시행하고 있는 성인용 직업적성검사(워크넷)를 도구로 실제 검사를 한 다음 검사결과를 분석해보기로 한다.

전제

적성검사 결과는 자기이해에 필요한 정보를 수집하여 진로탐구에 도움을 주는 기능이 있지만 의사결정에 결정적 단서가 되지는 않으며 보조 수단으로 활용되어야 한다. 이는 적성검사방법의 신뢰도 문제가 아니다. 일부 특수 전문직종을 제외하면 대부분의 직업에서 요구되는 적성에는 그렇게 큰 차이가 없다. 일반적인 직업과 직장에서는 오히려 다양한 성격의 개인들이 꾸준한 협업을 통해 생산적이고 창의적인 조직을 만들고 성과물을 내고 있다. 피터 드러커의 말처럼 "처음부터 적합한 일에 종사할 확률은 높지 않으며, 자신에게 맞는 일로, 그 일에 자리 잡기까지는 몇 년이 걸리기" 「비영리단체의 경영」 때문이다. 항공승무원이란 직업은 얼핏 외향적이고 판단력이 빠르고 스트레스 내성이 강한 사람만을 요구할 것 같지만 내향적이지만 신중하고 감성적인 사람도 많으며 실제 그런 직원들이 우수한 성과를 내고 있는 사례가 드물지 않다. 따라서 적성검사 결과를 보고 아래와 같은 의문이 있더라도 낙담할 필요가 없다. 자기이해도를 높여 올바른 방향으로 활용할 수 있는 방안 탐색이 적성검사의 목표다.

적성검사 후 보이는 의문
① 기대한 결과가 나오지 않았다(모든 분야에서 변별력이 없다). ② 내가 원하던(생각하지 못했던) 직업들이 추천되었다. ③ 대부분 항목에서 보완이 필요하다. 나의 능력이 부족한가? 나는 어떤 진로를 선택해야 하나?

직업적성 검사

직업적성 검사는 직업 활동에서 필요한 능력을 현재 얼마나 보유하고 있는가(개발시킬 수 있는가)를 스스로 측정해보는 검사다. 적성검사를 통하여 자신이 희망하는 직업에서 필요한 능력과 자신의 능력을 비교 평가해봄으로써 남은 대학생활의 방향성을 설정하고 자신이 진출 가능한 직업을 탐색하는 데 도움을 얻는다.

성인용 직업적성검사

워크넷 성인용 직업적성검사는 11개의 적성요인(언어력, 수리력, 추리력 등)을 기반으로 제시된 문제를 풀도록 구성되어 있다. 기업들의 인적성검사와 유사하다. 검사 시간은 90분이며 시간제한이 있으나 검사를 중단하더라도 당일에 한해서 이어서 볼 수 있다. 검사시간이 비교적 길고 깊은 사고를 요구하는 문항이 꽤 있으므로 주위 방해를 받지 않는 환경에서 심리적으로도 안정된 상태에서 검사한다. 검사를 시작하면 중단하지 말고 끝까지 하는 것이 바람직하다.

검사절차

아래 절차에 따라 직업적성검사를 실시하고 그 결과를 출력한다.

① 한국고용정보원 홈페이지인 워크넷(www.work.go.kr) 접속하여 회원 가입

② '직업심리검사' 클릭

③ '성인 대상 심리검사'에서 '성인용 직업적성검사' 클릭

청소년 대상 심리검사	성인 대상 심리검사				
심리검사 명	검사시간	실시가능	검사안내	결과예시	검사실시
성인용 직업적성검사	90분	인터넷, 지필	안내보기	예시보기	✓ 검사실시
직업선호도검사 S형	25분	인터넷, 지필	안내보기	예시보기	✓ 검사실시
직업선호도검사 L형	60분	인터넷, 지필	안내보기	예시보기	✓ 검사실시
구직준비도검사	20분	인터넷, 지필	안내보기	예시보기	✓ 검사실시

워크넷의 적성검사는 '언어, 수리, 추리, 공간지각, 사물지각, 상황판단, 기계, 집중, 색채지각, 사고유창성, 협응' 등 모두 11개 능력으로 구분되고 각 항목별로 1~2개의 하위단위로 나뉘어 검사를 받는다. 문항 수는 총 248개로 집중력 부문이 45개로 가장 많으며, 언어력(43), 사물지각력(26) 순서로 문항 수가 많다.

검사항목과 문항 수

언어력 (43)	어휘력 검사	**상황판단력 (14)**	상황판단력 검사
	문장독해력 검사	**기계능력 (15)**	기계능력 검사
수리력 (26)	계산력 검사	**집중력 (45)**	집중력 검사
	자료해석력 검사	**색채지각력 (18)**	색혼합 검사
추리력 (24)	수열추리1,2 검사	**사고유창력 (2)**	사고유창력 검사
	도형추리 검사	**협응능력 (5)**	기호쓰기 검사
사물지각력 (30)	지각속도 검사	**공간지각력 (26)**	조각맞추기 검사
			그림맞추기 검사

[출처 : 워크넷]

검사결과

자신의 검사결과를 다음 표 안에 적는다.

적성요인	수준	추천 직업	고려대상 직업
언어력			
수리력			
추리력			
사물지각력			
상황황판단력			
기계능력			
집중력			
색채지각력			
사고유창력			
협응력			
공간지각력			

검사 결과에 대한 본인 생각

검사 결과에 대해 자신이 느낀 점을 가감 없이 적는다.

적성요인	결과가 예상(기대)한 대로 나왔을 때	결과가 예상(기대)과 다르게 나왔을 때
언어력		
수리력		
추리력		
사물지각력		
상황황판단력		
기계능력		
집중력		
색채지각력		
사고유창력		
협응력		
공간지각력		

검사결과 해석

검사결과는 11개 적성요인에서 피검자의 능력수준, 적성점수 유형, 적성점수에 적합한 최적합 직업과 적합 직업에 대한 안내 그리고 희망직업에 관한 정보를 수치와 그래프로 나타내고, 100점을 기준(중간수준)으로 능력수준을 '최하-하-중하-중상-상-최상'의 6단계로 나누어 피검자의 능력이 어느 수준인지를 알려준다.

검사결과 예시

구분	언어력	수리력	추리력	공간지각력	사물지각력	상황판단력	기계능력	집중력	색채지각력	사고유창력	협응능력
적성점수	97	96	107	104	114	122	80	128	85	145	105
수준	중하	중상	중상	중상	상	최상	최하	최상	하	최상	중상

적성요인	수준	능력설명
언어력	중하	일상생활이나 직장생활에서 사용되는 단어의 의미를 대체로 이해할 수 있고, 문서를 읽고 그 내용과 의미를 어느 정도 파악할 수 있다.
수리력	중하	수식을 이용한 문제를 대체로 풀 수 있고 일상생활에서 접하는 통계적 자료(표와 그래프)들의 기본적인 의미를 파악할 수 있다.
추리력	중상	일상생활이나 직장생활에서 주어진 정보를 종합해서 이들 간의 관계를 대체로 추론할 수 있다.
공간지각력	중상	물체를 회전시키거나 재배열했을 때 변화된 모습을 어느 정도 상상할 수 있으며, 공간 속에서 위치나 방향을 대체로 파악할 수 있다.
사물지각력	상	서로 다른 사물들 간의 유사점이나 차이점을 빠르고 정확하게 지각할 수 있다.
상황판단력	최상	실생활에서 자주 당면하는 문제나 갈등 상황에서 문제를 해결하기 위해 가장 바람직한 대안과 바람직하지 않은 대안을 판단할 수 있다..
기계능력	최하	기계의 작동원리나 사물의 운동원리를 이해하기 어렵다.
집중력	최상	작업을 방해하는 자극이 존재함에도 불구하고 정신을 한 곳에 지속적으로 잘 집중할 수 있다.
색채지각력	하	서로 다른 두 가지 색을 혼합하였을 때의 색을 예측하기 어렵다.
사고유창성	최상	주어진 상황에 대해 짧은 시간 내에 서로 다른 아이디어를 많이 개발해 낼 수 있다.
협응능력	중상	눈과 손을 함께 사용하는 작업을 어느 정도 빠르고 정확하게 해낼 수 있다.

[출처 : 워크넷]

성격 검사

성격이란 "개인이 가지고 있는 고유의 성질이나 품성"을 말한다. 심리학적으로는 "환경에 대하여 특정한 행동 형태를 나타내고, 그것을 유지하고 발전시킨 개인의 독특한 심리적 체계"이며, "각 개인이 가진 남과 다른 자기만의 행동 양식으로, 선천적인 요인과 후천적인 영향에 의하여 형성"[국립국어원] 된다. 어떤 일을 할 때 만족감을 느끼는 것은 그 일에 필요한 성질이 자신의 성격과 어울리기 때문이다. 그런 어울림은 성취감을 만들고 궁극적으로 직업인으로서 행복감을 느끼게 해준다. 검사결과 나온 성격이 자신이 알고 있는 바와 차이가 있다면 자신을 살펴보는 계기로 삼으면 좋다.

MBTI

MBTI는 '마이어스-브릭스Katharine Cook Briggs and Isabel Briggs Myers 유형 지표'를 뜻한다. 구스타프 융C.G. Jung의 성격유형이론을 근거로 미국의 심리학자인 브릭스Katherine Cook Briggs와 마이어스Isabel Briggs Myers가 일상생활에 유용하게 활용할 수 있도록 개발한 자기보고식Self-report inventories 성격유형검사도구이다. 피검자가 쉽게 응답할 수 있는 다양한 질문을 통해 문제를 인식하고 판단할 때의 선호경향을 찾고, 이러한 선호경향 하나 또는 여러 개가 태도에 미치는 영향을 파악하여 실생활에서 응용할 수 있도록 만들어져있다. 학교, 군대, 기업 등 다양한 조직에서 개인의 성격검사도구로 활용한다. MBTI는 성격유형을 16가지로 분류한다.

기능유형					선호경향		
		인식기능		판단기능			
		감각	직관	사고	감정		
태도유형	내향	내향적 감각형	내향적 직관형	내향적 사고형	내향적 감정형		
	외향	외향적 감각형	외향적 직관형	외향적 사고형	외향적 감정형		

선호경향		
외향 E ← 에너지 방향 → 내향 I		
감각 S ← 인식 기능 → 직관 N		
사고 T ← 판단 기능 → 감정 F		
판단 J ← 생활양식 → 인식 P		

[출처 : 「16가지 성격유형의 특성」 어세스타. 내용 편집]

인식과 판단

1) 감각-직관(S-N) 지표 : 개인이 사물, 사람, 사건, 생각들을 인식할 때 나타나는 차이점을 감각(Sensing)과 직관(iNtuition)으로 구분한다. [인식과정]

2) 사고-감정(T-F) 지표 : 그 인식을 토대로 결론을 이끌어 내는 방법들 간의 차이점을 사고(Thinking)와 감정(Feeling)으로 구분하여 알 수 있도록 해준다. [판단과정]

외향과 내향

1) 외향-내향(E-I) 지표 : 인식과 판단기능을 사용할 때 어떤 태도를 취하는가에 따라 외향(Extraversion)과 내향(Introversion)으로 구분한다. [에너지 방향]

2) 판단-인식(J-P) 지표 : 인식 기능과 판단 기능이 실생활에 어떤 방향으로 적용되는가에 따라 판단(Judging)과 인식(Perceiving)으로 구분한다. 이는 심리적 에너지가 흐르는 방향과 자신의 생활양식들을 이해하게 해준다. [생활양식]

MBTI 검사 후 자신의 심리적 선호경향을 적고 그로 인해 겪었던 경험을 적어보자. 또 비슷한 유형끼리 3~6명씩 조를 이루어 여행, 연말 파티, 강의실 청결유지 등의 주제를 정하여 계획서를 만들어 보자.

선호경향	경험 사례

적성검사와 마찬가지로 성격검사 역시 옳고 그름이나 바름과 틀림과는 상관없다. MBTI도 선천적 선호경향에 대한 비진단검사임에 따라 자신의 예상과 다르더라도 결과 자체에 신경 쓰지 말고 진로탐색과 의사결정을 도와주는 보조 자료로 활용하자.

MBTI의 무용론

미 펜실베니아 주립 대학의 심리학교수 아담 그랜트Adam Grant가 대표적 학자다. 그는 MBTI 검사 결과로는 "당신이 어떤 상황에 처했을 때 얼마나 행복해할지, 회사에서 일을 얼마나 잘 할지, 결혼생활이 얼마나 행복할지 전혀 예측할 수 없다"라고 하며, MBTI 응용의 비현실성을 주장한다 [Goodbye to MBTI, the Fad That Won't Die] www.psychologytoday.com

자기평가식 성격 검사를 할 수 있는 사이트

① 어세스타 온라인심리검사   http://www.career4u.net/Main/Main.asp

② 16personalities의 MBTI사이트   https://www.16personalities.com/ko

③ MBTI 공식 검사 사이트 (영문)   https://www.mbtionline.com/GivetheMBTI

④ 한국 심리적성검사연구소   www.kipat.co.kr

⑤ 한국사회교육개발원   www.qtest.co.kr

⑥ 한국 가이던스   www.guidance.co.kr/

"우리의 목적은 서로 같아지는 것이 아니다.

타인을 이해하고

있는 모습 그대로 존중하기를 배우기 위해 서로 인정하는 것이다."

– 헤르만 헤세(Hermann Hesse)

시골 어부와 도시 사업가

도시의 사업가가 시골 어촌에서 한 어부가 작은 배를 선착장에 대는 것을 보았다.
배에는 고기가 몇 마리 있었다. 사업가가 어부에게 물었다.
"고기 그만큼 잡는 데 얼마나 걸리죠?"
"잠깐이면 돼요."
"왜 좀 오래 작업을 해서 더 많이 잡지 그래요."
"이만큼만 잡아도 우리 가족 당장 먹고사는 데는 충분한데요."
"그럼 나머지 시간은 뭘 하십니까?"
"아침 늦게 일어나, 잠깐 고기 잡고, 애들이랑 놀아주고, 마누라랑 낮잠 자고, 마을로 산책 가서 친구들과 한잔 걸치고 기타 치며 노래하고, 아주 꽉 찬 하루로 나름대로 바쁘죠."
"이봐요. 내가 하버드대 MBA 출신인데, 더 큰 수익을 올리도록 도와줄게요. 일하는 시간 늘리면 고기를 많이 잡고 그렇게 번 돈으로 더 큰 배를 사요. 그럼 더 많은 돈을 벌 수 있으니까, 배를 더 사는 거예요. 그러면 큰 선단을 거느리게 되고, 잡은 고기를 가공업자에게 바로 팔 수도 있고 직접 공장을 운영할 수도 있어요. 그럼 당신은 고기를 잡고 가공하고 유통까지 다 할 수 있죠. 이 어촌을 떠나서 LA나 뉴욕 같은 데 가서 살 수도 있어요. 그런 데서 당신의 사업을 더욱 확장할 수 있죠."

이번엔 어부가 사업가에게 물었다.
"그렇게 하는 데 얼마나 걸리죠?"
"뭐 한 15년에서 20년쯤."
"그런 다음엔 뭘 하죠?"
"그게 멋져요. 기업공개를 해서 수천만 달러를 버는 거죠. 갑부가 되는 겁니다."
"수천만 달러라! 그런 다음엔?"
"그럼, 뭐 이렇게 공기 좋고 한적한 시골에서 아침 늦게 일어나, 고기도 잡고, 애들이랑 놀아주고, 낮잠 자고, 마을로 산책 가서 친구들과 한잔 걸치고 노래도 하는 거죠."
"그게 지금 내가 하고 있는 거 아니오?"

Review – 자기이해

1. 심리학적으로 자아(自我)란 무엇을 의미하는가?

2. 찰스쿨리의 '거울자아'에 대해 간략히 설명하라.

3. 조하리의 창에서 '보이지 않는 창'이란 어떤 의미인지 간략히 설명하라. 또 자신의 '보이지 않는 창'에 해당되는 특징(형용사)을 적어보자[이 부분은 교수님의 지도를 받은 후 수행한다].

4. 진로에 있어 '나 자신이 어떤 사람인지 모르겠고 좋아하거나 잘하는 것이 없다.'라는 고민을 가지고 있다면 어떻게 해결하는 것이 바람직하다고 생각하는가?

5. 직업적성검사가 진로탐구에 어떤 도움이 되는지 설명하라.

intentionally blank page for your note

Chapter 4
직업가치관과 대인관계

학습목표

1. 직업가치관에 대해 올바른 인식을 가질 수 있다.

2. 바람직한 대인관계 능력을 알아보고 자신의 대인관계 능력을 확인한다.

3. 직업 적성과 가치관을 바탕으로 자신의 직업을 고려(선택)할 수 있다.

직업가치관

가치관이란?

우리는 '가치관이 달라서 같이 일하기 힘들다.' '가치관이 맞지 않아 헤어졌다.'라는 말을 가끔 듣는다. 가치관은 사람을 어떠한 방향으로 움직이게 하는 믿음이다. 이익을 우선 가치관으로 삼는 사업가는 모든 자원과 역량을 수익 창출에 쓰고, 아이의 성적 향상이 최고 가치인 엄마는 아이가 공부하는 환경을 만드는 데 자신의 시간과 노력을 쏟는다. 맛보다 분위기를 중시하면 재래시장에서 칼국수 먹는 것을 선호하지는 않으며 품질보다 브랜드를 따지는 사람은 진품이 아니어도 브랜드 로고가 잘 보이는 제품만을 구매한다. 가치관은 반복되는 행동과 특수한 경험으로 강화되거나 바뀌기도 한다. 뚜렷한 가치관은 어지러운 세상에서 삶을 이끌고 지탱해주는 나침반과 동아줄의 역할을 하지만, 사회적 규범과 도덕적 범위를 벗어나면 인정받기 어려울 뿐 아니라 위험하다.

'가치관이 달라서'라는 말은 정확히 표현하면 '너의 가치관을 인정할 수 없어서'라는 의미다. 우리 모두는 제각각 살아온 환경과 경험의 내용이 다를 수밖에 없기에 서로 다른 가치관을 가지는 것은 어쩌면 당연하다. 따라서 서로의 가치관을 인정하고 공감하는 자세가 직업세계는 물론 사회생활 속의 모든 인간관계의 출발점임을 명심하자[가치관과 아집(我執)을 혼동하면 안 된다].

> "내게는 방정식이 더 중요하다.
> 왜냐하면 정치는 현재의 것이지만 방정식은 영원한 것이기 때문이다."
> – 아인슈타인이 이스라엘 총리직 제안을 거부하며 한 말 「위대한 생각의 발견」

일상에서의 뚜렷한 가치관의 사례 몇 가지

① 오늘 나는 누군가에게 도움을 주었는가? (그런 행동을 하였는가?)

② 일회용 플라스틱은 쓰지 않는다.

③ '이것이 꼭 필요한가?' '사지 않고 해결할 수는 없는가?'를 자문한다.

④ 질서 있고 정돈된 생활환경을 추구한다.

⑤ 저녁은 가능한 가족과 함께 먹는다.

⑥ 자기 전에 오늘 내가 반성할 언행에 대하여 한 문장을 쓴다.

⑦ 소소하고 확실한 행복보다 도전하고 추구하는 데에 행복을 느낀다.

⑧ 매일 6시 전에는 일어난다.

⑨ 주말에는 꼭 엄마와 함께 TV 드라마를 본다.

'왜'라는 물음에 분명히 대답할 수 있어야 한다.

직업이란?

사전적 의미

직업(職業)은 "생계를 유지하기 위하여 자신의 적성과 능력에 따라 일정한 기간 동안 계속하여 종사하는 일"[네이버 사전]이며, "경제적 소득을 얻거나 사회적 가치를 이루기 위해 참여하는 계속적인 활동"[위키백과]을 의미한다.

즉, 어떤 일이나 활동이 직업으로서 인정되기 위해서는,

      1) 경제적 보상이 있어야 하고   →   생계 수단

      2) 사회적으로 인정받을 수 있어야 하며 →   사회적 관계 수단

      3) 지속적으로 이루어져야 하는,   →   자기발전의 수단

세 가지 기능(조건)이 요구된다.

실질적 의미

직업의 사전적 의미들은 직업을 취미나 기타 활동과 구분할 수 있는 최소한의 요건이다. 삶의 행복 추구라는 직업의 궁극적 목적에서 본다면 이러한 사전적 의미에 더하여 다음과 같은 요건이 추가되어야 한다. 즉, 직업이란

1) 자발적이어야 하고

2) 전문적이어야 하며 　　→　　자아실현　　→　　행복한 삶

3) 가치 지향적이어야 한다.

우리말에는 직업과 비슷하게 쓰이는 말로 생업(生業), 소업(所業), 일, 노동 등이 있다. 영어에서는 의미가 보다 세분화된 단어들이 직업이란 뜻으로 사용된다.

Job　　　　　　Occupation	Profession	Vocation
생계유지, 또는 경제적 보수를 얻기 위한 직업 (일반적으로 사용) the principal activity in your life that you do to earn money	사회적 위치를 강조하는 전문가로서의 직업 the body of people in a learned occupation	소명으로서의 직업 the particular occupation for which you are trained

직업가치관의 의미

직업가치관이란 개인이 직업을 고려할 때 바람직하다고 생각하는 기준, 직업선택에 영향을 미치는 개인의 가치관이다. '보수가 많지 않고, 보상이 크지 않더라도 고용이 안전하고 직무변화가 적은 직업을 갖고 싶다.' '사무실에 앉아 일하는 것보다 사람을 만나고 활동적인 일이 좋다.' '힘들고 스트레스가 있더라도 물질적(외재적) 보상이 분명한 일을 찾겠다.' 등과 같이 직업을 통해서 추구하는 우선 가치가 자신의 직업가치관이다. 저녁노을이 물드는 강변로에서 자전거를 타며 삶의 원동력을 얻는 사람에게 야간에 일하는 직업은 보상의 크기에 상관없이 일로 인한 즐거움을 가져다주지 못한다. 일요일에 반드시 교회에 가야 하는 종교관을 가진 사람에겐 주말 교대근무가 필수인 직업은 어울리지 않으며, 친구의 연봉이 직장선택의 기준인 사람은 직무적성의 부작용 따윈 괘념치 않는다.

직업가치관은 직업을 선택하는 이유를 구체화하여 진로를 가늠할 수 있게 한다. 직업가치관을 근거로 선택한 일이 힘들다면 미약한 근거와 부정확한 정보에 의한 선택이었기 때

문일 가능성이 크다. 개인의 가치관이 다르듯이 직업가치관도 사람마다 차이가 있으므로 겉에 보이는 이미지나 남의 의견에 의존한 선택은 자신의 배에 타인을 사공으로 태우고 그 사람의 항구를 향해 노를 젓는 것과 같다.

외재적 가치와 내재적 가치

기업은 직업가치관이 뚜렷한 사람을 선호한다. 뚜렷한 직업가치관을 지닌 직원은 직무만족도가 높아 맡은 일을 효율적으로 처리할 뿐 아니라 생산성을 높일 것으로 기대되기 때문이다. 직업가치관에는 물질적으로 뚜렷한 외재적 가치와 정신적으로 느낄 수 있는 내재적 가치가 있다. 급여, 승진, 보상, 직업 안정성, 품위와 사회적 지위 등은 외재적 가치고, 즐거움, 뿌듯함, 자존감 등은 내재적 가치다. 외재적 가치는 '나는 정장을 입고 일하는 직업을 갖겠다.'는 생각처럼 직접적이고 가시적 동기를 부여한다. 어렵고 힘든 과정을 거쳐 남들이 부러워하는 직장에 들어가서도 성취감이나 보람을 얻는 대신 자괴감과 불만이 쌓이는 경우는 외재적 가치보다는 그 직업과 직장이 자신의 내재적 가치관과 맞지 않기 때문이다.

내재적 가치는 일과 삶의 균형을 바탕으로 하지만 기업의 인사시스템이나 문화로 인해 강화될 수 있다. 예를 들어 기업이 직원들에게 제공하는 적절한 교육훈련의 기회는 개인적 비전과 연결된 내재적 가치를 자극하여 잠재된 열정을 끄집어낸다. 이는 기업의 비전과도 일치하게 될 가능성이 높아 궁극적으로 기업의 성장을 촉진하는 역할을 함으로서 좋은 기업들은 직원들의 내재적 가치를 자극할 수 있는 조직문화를 구축하려고 한다.

내재적 가치와 외재적 가치는 분리되어 있지 않다. 스스로 인정할 수 있는 외재적 가치(합당한 보상, 감성적 조직문화 등)는 내재적 가치(직업 열정 등)를 강화시키는 동인이 되고 그 과정에서 직업(일) 자체가 즐거움으로 내면화되는 '외재적 가치의 내재적 가치화'가 나타날 수 있다. 취업을 앞둔 대학생들을 대상으로 한 설문조사에서 '성취감'이 직업가치관의 첫 번째 조건을 차지한 것은 바로 내재적 가치의 중요성을 보여주는 한 증거라 하겠다.

대학생 직업가치관 1순위 '돈'보다 '성취감'

대학생들이 직업 선택시 가장 중요하게 생각하는 가치관은 '돈'보다 '성취감'인 것으로 나타났다. (2017년) 30일 충남대 이순희·손은령 교수가 공동 발표한 '대학생의 진로와 직업에 대한 가치관의 변화 동향과 후속연구과제'에 따르면 2015년 전국의 남녀대학생 1,970명을 대상으로 조사한 결과 대학생들이 직업가치관의 우선순위를 두는 것은 '성취감'인 것으로 밝혀졌다. ▲경제적 보상 ▲직업 안정 ▲안정성 ▲심신 안녕 ▲지적 추구 ▲자율성이 뒤를 따랐다. [출처 : 뉴시스. 2017.5.30.]

앞 페이지 석공의 이야기를 참고하여 아래 왼쪽의 사례에서 화자(객실승무원)는 어떤 직업가치관을 가지고 있다고 생각하는가? 또 화자가 지녀야 할 직업가치관은 어떠해야 하는가?

오늘 마지막 비행을 앞두고 있다. 아침 6시에 출근해서 김포–제주 첫 비행 후 국내 단거리 구간에서 네 번째 비행이다. 주말이라 그런지 네 번의 비행 모두 거의 만석이고 어린이 승객이 많아서 평소보다 기내를 두 배는 걸어 다녔다. 구두를 신고 남산이라도 올라갔다 온 것처럼 다리는 무겁고 발 뒤꿈치도 쓰라리다.

'나는 왜 이렇게 힘든 일을 하고 있을까?'

바람직한 직업가치관을 위한 2개의 근본 질문

① 내가 하는 일이 나의 내재적 가치에 맞는가?

② 내가 하는 일이 다른 사람에게 (해를 끼치지 않고) 도움을 주는가?

위 두 가지 질문에 하나라도 'Yes'가 아니라면 진로를 다시 생각한다.

직업가치관 검사

자신의 주변 인물 또는 역사 속이나 현존 인물에서 뚜렷하고 남다른 가치관을 가지고 삶을 실천한(하고 있는) 사례를 하나 생각하여 적어보라.

사례	내용	왜 그렇게 생각하는가?

성인용 직업가치관 검사

자신의 직업가치관을 측정하여 자신에게 적합한 직업분야가 무엇인지 알아보고 지금 자신이 공부하고 있는 전공분야의 직무가 자신의 직업가치관에 얼마나 부합하는지 확인해보자.

직업가치관 검사가 수많은 직업 중에 자신의 가치관에 맞는 직업영역을 찾는 데 도움을 주지만 직업적성검사와 마찬가지로 절대 기준이 되지는 않는다. 직업가치관 검사를 토대로 자신의 직업적 흥미, 자신의 능력, 주위 환경, 직업의 미래전망, 그리고 자신만의 고유한 요건 등을 함께 고려하여야 한다. 요컨대, 직업가치관 검사 결과는 개인의 가치관과 주변 여건 등과 함께 진로와 직무 탐색에 도움을 주는 정보의 하나로 여긴다.

워크넷의 성인용 직업가치관검사는 13개의 가치요인(성취, 봉사, 변화지향, 직업안정 등)을 기반으로 한다. 각 가치요인에 대해 각각 6개 문항씩 전체 78개 문항으로 검사시간은 20분이 소요되며, 각 문항은 자신에게 '전혀 중요하지 않음'(1점)부터 '매우 중요함'(5점)까지 응답하도록 구성되어 있다.

직업가치관에 관한 단상 : Everybody, Somebody, Anybody and Nobody
This is a story about four people named Everybody, Somebody, Anybody and Nobody. There was an important job to be done and Everybody was sure that Somebody would do it. Anybody could have done it, but Nobody did it. Somebody got angry about that, because it was Everybody's job. Everybody thought Anybody could do it, but Nobody realized that Everybody wouldn't do it. It ended up that Everybody blamed Somebody when Nobody did what Anybody could have.

가치요인과 의미

가치요인	의미
성취	자신이 목표를 세우고 이를 달성함
봉사	남을 위해 일함
개별 활동	여러 사람과 어울려 일하기보다는 혼자서 일하는 것을 중시
직업안정	직업에서 얼마나 오랫동안 안정적으로 종사할 수 있는지를 중시
변화지향	업무가 고정되어 있지 않고 변화 가능함
몸과 마음의 여유	마음과 신체적인 여유를 가질 수 있는 업무나 직업을 중시
영향력 발휘	타인에 대해 영향력을 발휘하는 것을 중시
지식추구	새로운 지식을 얻는 것을 중시
애국	국가를 위해 도움이 되는 것을 중시
자율성	자율적으로 업무를 해나가는 것을 중시
금전적 보상	금전적 보상을 중시
인정	타인으로부터 인정받는 것을 중시
실내 활동	신체활동을 덜 요구하는 업무나 직업을 중시

[출처 : 워크넷]

검사절차 및 결과

다음 절차에 따라 직업가치관검사를 실시하고 그 결과를 출력하고, 결과를 아래 칸에 적는다.

▷ 한국고용정보원 홈페이지인 워크넷(www.work.go.kr) 접속하여 회원 가입 → '직업심리검사' → '성인 대상 심리검사'에서 '성인용 직업가치관검사'

	검사결과	검사 전 자신의 생각(기대)과 차이
가장 높게 나온 가치요인 2개		
가장 낮게 나온 가치요인 2개		
추천직업 2개		
희망직업 2개		

부자와 당나귀 [라퐁텐 우화집]

어느 날 아버지와 아들이 당나귀를 시장에 내다 팔기 위해 시골길을 따라 몰고 가고 있었다. 그들은 곧 우물에서 물을 긷고 있던 처녀들 곁을 지나갔다. "저것 좀 봐, 당나귀는 편히 걷도록 두고 먼지 속을 터벅터벅 걷고 있는 저 어리석은 사람들 보라고" 하고 처녀들 중 하나가 말했다. 아버지는 그들이 한 말을 듣고는 아들을 당나귀에 태웠다.

채 멀리 가기 전에 몇 명의 노인들과 마주쳤다. "이것 좀 보게나" 그중 한 노인이 다른 노인들에게 말했다. "내 말이 사실이지? 요즘 젊은이들은 노인들을 조금도 소중하게 여기지 않아. 아버지는 불쌍하게도 걷고 있는데 아들 녀석은 당나귀를 타고 가다니" 이 말을 들은 아버지는 아들을 당나귀에서 내리도록 하고 자신이 당나귀에 올라탔다.

얼마 후 그들은 어린아이를 품에 안은 부인네들을 만났다. "아이, 망측해라! 당신은 어쩌면 저 가엾은 소년이 지쳐 보이는데도 걷도록 하고 혼자서만 왕처럼 당나귀를 타고 갈 수 있죠?" 하고 여자들이 말했다. 그러자 아버지는 아들을 안장에 태우고는 마을을 향해 갔다.

도착하기 직전에 젊은이 몇이 그들을 불러 세우고는 말했다. "그 당나귀는 당신들 것입니까?" "그렇소." 하고 아버지가 말했다. "당신들이 당나귀를 타는 모습을 보면 누구도 그렇다고 생각지 않을 것이오. 불쌍한 당나귀가 당신들을 태우느니 당신들이 당나귀를 들고 가는 편이 더 어울리겠소." 하고 그들이 말했다. 아버지와 아들은 당나귀에서 내려 당나귀 다리를 밧줄로 단단히 묶은 다음 장대에 붙잡아 매달았다. 그리고 각자 장대의 한쪽 끝을 잡고 당나귀를 매고 가는데 만나는 사람마다 큰소리로 웃었다.

이윽고 어떤 다리에 다다랐다. 갑자기 당나귀는 발길질을 하더니 밧줄을 끊고 강 속으로 떨어져 빠져 죽고 말았다. 늙은 아버지는 아들을 데리고 집으로 돌아오며 생각했다.

'모든 사람의 비위를 맞추려 하다가는 결국 누구의 비위도 맞추지 못했구나.'

위의 우화에서 '아버지'가 어떻게 했어야 한다고 생각하는가? 그리고 그 이유는 무엇인가?

직업가치관 세워보기

삶의 방향 설정

1. 직업가치관 검사결과에서 높게 나온 가치요인 2개에 자신의 생각을 보태 적는다.

나는 .... (가치요인 두 가지에 대한 의미와 자신의 생각) ....

.... 을/를 할 때 행복하다.

나는 .... (추천 직업 또는 희망 직업) 또는 (그 직업을 향한) ....

.... 을/를 하며 살겠다.

직업가치관 세우기

2. 위 1의 삶의 방향을 가기 위해 지금 해야만 하는 것(일)은 무엇인가?

3. 하나의 문장으로 자신의 직업가치관을 작성해보자.

대인관계 능력

인간관계의 중요성

성공적 삶의 필수 요건

인간은 태어나면서부터 서로 관계를 맺고 그 속에서 살아간다. 가족, 학교, 일터가 따지고 보면 모두 인간관계다. 자기가 속해있는 집단과 사회에서 함께 생활하는 이들과의 관계가 삶의 즐거움과 괴로움, 행복과 불행을 결정한다. 자아自我와 자기정체성도 결국 사람과의 관계 속에서 만들어진다. 뉴스 사회면에 나오는 안타깝고 불행한 사건들은 원만하지 못한 인간관계에 그 원인이 있는 경우가 많다. 반대로 원만하고 좋은 인간관계는 성공적이고 행복한 삶을 약속한다.

"미국의 카네기 대학Carnegie Mellon University에서 성공한 사람들 10,000명을 대상으로 한 조사 결과 인성, 소통능력 등에 의한 인간관계 개선이 성공요인이라는 사람이 85%고, 지식과 기술 등으로 성공했다는 사람은 15%에 불과하였다. 이런 사실은 노벨수상자인 심리학자 데니얼 카너먼Daniel Kahneman이 사람들은 불리한 조건이라도 자신이 좋아하는 사람들과 비즈니스 관계를 유지하려는 경향이 있음을 발견"[Forbes "Intelligence Is Overrated" Apr 12. 2012]함으로 학술적으로도 뒷받침된다.

직업사회의 기본 역량

적성과 가치관에 맞는 직업을 선택하였더라도 직업세계에서는 이해로 얽혀있는 사람들과의 관계에 따라 성패가 갈리는 경우가 다반사다. 직업 사회의 일이란 거의 사람들과의 협업協業, collaboration, cooperation으로 이루어지고 직장 역시 공동의 목표를 가진 사람들의 조직이기에 직장 내외에서의 인간관계가 원만하지 않으면 목표를 이루는 성취감을 맛보기 어렵고 일의 보람이 가득한 생활과는 거리가 멀어질 수밖에 없다. 따라서 자신의 가치관에 맞는 직업을 탐색하는 노력을 기울일 뿐 아니라 자신이 원하는 직업에서 요구되는 가치관에 자신의 가치관을 연결시키려는 의지도 필요하다.

조직의 해피 바이러스

운송, 통신, 엔터테인먼트 기술의 발달은 가까운 사람들조차 지리적으로 분리시키고, 혼자 살아도 생활에 지장이 없는 환경을 만든다. 사람들과 가장 긴 시간을 보내는 직장이라는 공간에서도 실적경쟁과 경영효율화는 구성원들의 개인화를 심화시켜 개개인의 마음속에 '군중 속의 고독'「The Lonely Crowd」 데이비드 리스먼의 책 이름에서 따옴을 심는다. 같은 공간에서 사람들과 함께 지내고 있음에도 느끼게 되는 단절감과 고독감은 옆 사람에게 외로움으로 전달된다. 외로움은 감기처럼 전염되고 안개처럼 퍼져나간다.

그러나 외로움이 전염되듯이 좋은 관계에서 느끼는 행복감 또한 사람과 사람을 통하여 전파된다. 좋은 인간관계는 현대사회의 외로움을 예방하고 치유하는 탁월한 약과 같다. 내가 건네는 따뜻한 말 한마디, 부드러운 미소가 옆 사람과 앞 사람을 거쳐 일터와 사회로 해피바이러스로 전파될 수 있다. 좋은 말을 듣고 부드러운 미소를 보는 사람의 외로움은 눈 녹듯 사라지고 자신도 같은 행동으로 보답한다. 이런 바이러스는 구성원들의 유대감을 강화하고 일하는 보람을 높여 조직의 발전과 성장에 밑거름이 된다.

"행복한 가정은 서로 닮았지만, 불행한 가정은 모두 저마다의 이유로 불행하다."
– 「안나 카레리나」 레흐 톨스토이. 윤새라 역. 펭귄클래식코리아

좋은 인간관계를 만드는 5가지 방법

1. 자신감을 가진다

자신감自信感, self-confidence은 스스로를 믿는 자세다. 어떤 행위를 할 때 즉각적이고 당당한 자

세를 취하는 사람을 '자신감이 넘치네!'라고 표현한다. 자신감은 대인관계에서 자신에게 긍정적 평가를 이끌어내는 경우가 많지만 상대에 대한 예의와 배려가 빠지면 자만심으로 폄하된다. 그런데 자신감은 일종의 트릭이기도 하다. 포커게임에서 높은 패를 가지고도 낮은 패를 가진 상대의 '자신감' 넘치는 포스에 눌려 베팅을 포기하지 않는가? 그런 트릭형 자신감도 필요할 때가 있지만, 자만심으로 흐르지 않는 자신감을 가질 수 있어야 한다.

자존심과 자존감

자신감과 비슷한 말로 자존심과 자존감自尊感, self-esteem, self-respect이 있다. 자존심과 자존감은 용도가 다르다. 둘 다 스스로의 품위를 지키려는 마음이지만 자존심은 '남이 보는 나'에 대한 마음이고 자존감은 '자신이 보는 나'에 대한 마음이다. '저 친구 자존심이 대단해! 별것도 아닌데 저렇게 우울해하니!' 하면 그 친구는 오히려 낮은 자존심의 소유자다. 낮은 자존감은 자기내면의 불신을 드러내게 한다. "자존감이 낮은 사람은 용서받을 기회를 찾기"°때문이다. 자존감이 높으면 남의 시선에 휘둘리지 않는다. 논어의 첫 구절에 나오는 "다른 사람들이 알아주지 않아도 노여워하지 않으니 군자가 아니겠는가!(人不知而不慍 不亦君子乎)"는 자존감이 높은 사람을 일컫는다. "내가 남을 알지 못하는 것이 죄일 뿐이지 남이 알아주지 않는 게 무슨 죄란 말인가?"[장영실] 자존감을 잃지 않되 상대를 배려하는 자세가 진정한 자신감이다. 자존심은 낮추고 자존감은 높이도록 하자.

> ° "자존감이 낮은 사람은 도전을 피하지만, 자존감이 높은 사람은 도전을 열망하고 요구한다. 자존감이 낮은 사람은 용서받을 기회를 찾지만, 자존감이 높은 사람은 존경받을 기회를 찾는다." 「자존감의 여섯 기둥」, 너새니얼 브랜든

자존심이 상했던 경험과 자존감이 낮아졌다고 느꼈던 경험을 적어본다.

자존심이 상했던 경험	자존감이 낮아졌다고 느꼈던 경험

자존감이 높으면 주체적으로 생각하고 표현한다. 주체적이란 자신의 기준과 믿음을 바탕으로 타인의 욕망이나 의지에 흔들리지 않는 태도다. 자신의 약점을 인정하고 자신의 단점을 타인의 장점과 비교하지 않는, '타인이 보는 나'보다 '자신이 보는 나'에 충실한 마음가짐이다. 주체적인 사람은 일상생활에서 상대에게 말을 먼저하고, 전화를 먼저 걸고, 이메일을 기다리기보다 보내는 편이며, 먼저 인사하고 상대의 형편을 궁금해하며 도움이 필요하면 자청하고, 공적 사적 모임에 자발적으로 나가서 자신의 의견을 표현하고 주장한다. 하지만 주체성이 지나치면 독단적으로 흐를 가능성이 있다. 따라서 주체적 행동에는 근거와 합리가 뒷받침되어야 한다. 학우들이 모두 롱패딩을 입더라도 교복 코트를 입는 것은 주체적이나 체육시간에 모두 체육복을 입는데 혼자 교복을 고집하는 것은 독단적인 태도다.

자신감을 도우는 방법

1) 가슴을 편다.	가슴을 펴고 얼굴을 들고 허리를 세우는 것만으로 용기가 솟구쳐 올라옴을 느낄 수 있다. 눈은 자연스레 상대의 얼굴에 둔다.
2) 말할 때는 문장을 마무리한다.	글을 쓸 때 종결어미를 사용하여 서술형으로 문장을 완성하듯이 말을 끝까지 마무리한다. '○○했는데요~' '○○라고 생각하고요' '○○할 수도 있고'라 하지 말고, '○○하였다.' '○○입니다' '○○합니다.'라고 말한다.
3) 미리 연습한다.	평범한 직업세계에서의 일은 대부분 예정대로 움직인다. 사람을 만나고 회의하고 발표하는 일들은 준비와 연습이 자신감을 키운다. 공식만남이라면 간단한 대화에도 질문과 답변의 내용을 확인하고 연습한다.

2. 팔로워십을 가진다

대부분 기업들의 리크루트 인재상에는 리더십이 요구 역량의 하나로 들어있어 팔로워십Followership은 상대적으로 덜 강조되고 있는 듯하다. 그러나 사회에 첫발을 딛는 청년들은 모두 팔로워Follower로 출발한다. 팔로워는 "상대적으로 권력, 권한, 영향력이 상급자에 비해 적은 하급자이며, 다른 사람들의 욕망과 의도에 따라주는 사람"「팔로워십」 바바라 캘러먼 즉, 부하를 말한다. 사회에 나가면 모두가 팔로워십부터 배우게 된다. 따지고 보면 뛰어난 리더십이란 올바른 팔로워십의 결과물이다. 올바른 팔로워는 리더가 바른 방향으로 가도록 돕고

리더의 방향이 잘못되면 용기를 내어 말한다. 직업사회의 모든 조직에는 리더보다 팔로워가 많고 이번엔 리더였지만 다음번엔 팔로워가 되는 이들이 대부분이다. 팔로워십이란 리더십의 초기 버전이다. 학생 시절에 올바른 팔로워십을 익히는 방법은 경험이다. 굳이 아르바이트나 직장체험이 아니더라도 주변에서 다른 유형의 사람들과의 대화도 경험에 속한다. 어린이와 눈높이를 맞춰 놀아주고 노인들의 이야기를 들어주며 아파트 경비원, 편의점 직원 등과 소통하고, 학교에 근무하는 다양한 직종의 직원들과도 기회가 날 때마다 나누는 대화가 팔로워십을 키운다. 상대의 처지에 호응하는 태도, 상대의 말에 경청하는 자세, 상대의 입장을 이해하려는 태도가 곧 바람직한 팔로워십의 기준이다.

3. 먼저 준다

인간은 이기적 존재다. 자신의 이익[반드시 경제적인 것만을 의미하지는 않음]이 예상되어야 움직인다. 항상 자신의 처지를 우선에 두기 마련이다. 따라서 상대의 본성에 먼저 부합하려고 노력한다. 인간관계의 요체는 주고받는 것이다. (먼저) 가는 말이 고와야 (나중에) 오는 말이 고운 법이다. 주면 받게 되어 있고 받으면 보답하지 않기가 어렵다. 받지 못하는 경우도 있겠으나 돈이 아니면 먼저 주도록 한다. 그래야 상대가 신뢰하고 나중에 더 크게 받을 수 있다. 돌려받지 못하더라도 손해 볼 건 없다. 상대의 이익을 먼저 생각하는 습관과 행동이 대인관계 기술의 진수다. 전화도 먼저하고 카톡도 먼저 보내고 인사도 먼저 한다. 주면 되돌아오는 선순환 고리를 먼저 걸어둔다. You reap what you sow!

오늘 누구에게 무엇을 먼저 줄 건지 아래에 세 개를 적어보라.

누구에게	무엇을

4. 가까울수록 예의를 지킨다

'친한 사이일수록 예의를 지켜야 한다'는 말은 누구나 알지만 실천하기란 쉽지 않다. '예의를 엄격히 지켜야 한다면 그게 친한 사이인가?'라고 되묻기도 한다. 사회생활에서 처음 만난 사이에서는 서로 예의를 지키지만, 한두 번 만나서 밥 먹고 술 마시면 친밀감을 빌미로 무례를 범하는 경우가 그만큼 많다는 뜻이다. 특히 지연, 학연, 연령을 유독 따지는 우리나라에서는 갖은 핑계를 끌어다 위아래를 가리려는 경향이 강하다. 그래서인지 가까워져서 친하게 되더라도 공과 사를 구분하고 기본적인 예의를 지키는 사람이 오히려 돋보인다. 친하다는 핑계로 함부로 대하다가 헤어진 친구나 연인 한두 명쯤 주위에 있지 않은가? 친함과 예의 없음을 구분하지 못한 결과다. 직업세계에서 이런 실수는 학생시절의 경험과 비교할 수 없는 치명타가 되어 돌아온다. 한 사람에게의 무례함은 수십 명에게 평판으로 전달될 수 있기 때문이다. 상대를 어느 정도 알았다고 해서 악의가 없더라도 그의 약점이나 불리한 곳을 지적하거나 사사로운 별명을 부른다거나 나이나 연고를 빌미로 말을 낮춘다거나 속된 말을 함부로 내뱉거나 하는 행동을 해서는 안 된다. 차가 다니는 도로처럼 사람 사이의 소통 길에도 보이지 않을 뿐이지 서로가 지켜야 할 선이 엄연히 존재한다. 중앙선 위반이 치명적 차량사고를 유발하듯이 소통 길의 중앙선을 침범하여 돌이킬 수 없는 상처를 입어서야 되겠는가?

친한 관계가 되었다고 판단되면 만날 때나 온라인에서도 자신의 말이 상대에게 어떻게 전해질지 자신의 글이 상대에게 어떻게 읽혀질지를 먼저 생각한다. 쉽게 만나고 부담 없이 메일을 보낼 수 있더라도 가끔씩 자제한다. 자주 보고 연락한다고 반드시 친하지는 않다. 목표와 가치관을 서로 이해하는 사이라면 소통의 횟수나 빈도와 상관없이 관계가 오래도록 유지된다.

흔히 인간관계가 좋음을 '사이가 좋다'라고 표현하는데, 여기서 '사이'란 사람(人)들의 간격(間)-인간(人間)-을 의미한다. 물리적으로나 심리적으로 상대의 영역을 침범하지 않으면서도 상대와 교감할 수 있는 적정거리가 '사이좋음'의 기준이다. 가까워질수록 불가근불가원(不可近不可遠)을 항상 기억하라.

자신이 가깝다고 여기는 사람에게 무례하게 행동(표현)한 적이 없는지 생각해보자. 같은 상황이라면 그 무례함을 어떻게 바꿔서 행동(표현)하겠는지 다음 칸에 적어본다.

누구에게	무례했던 행동(표현)	바뀐 행동(표현)

5. 긍정적으로 말한다

대부분 '언어에는 긍정적 단어보다 부정적 단어가 더 많다'(『의사결정의 심리학』, 하영원. Chapter 11 부정성편향. 참조)고 한다. 부정적 감정의 영향력이 긍정적 감정의 그것보다 강하고, 인류 진화과정에서 부정적 단어를 쓰는 것이 생존에 유리했기 때문이라는데, 그래서인지 어릴 때부터 듣는 말도 부정적 말이 많았고 대체로 낯선 사람이 다가오면 이 사람이 나에게 어떤 도움이 될까보다 나에게 무슨 해를 끼치지 않을까를 먼저 경계하는 경향이 있다. 낯선 사람을 사귀어서 얻을 수 있는 이익보다 그들의 접근을 차단함으로 예방할 수 있는 손해가 크다는 불안감이다. 보통 사람들의 생각 3분의 2가 부정적인 것들이라고 하니 부정적 단어를 많이 쓰는 것이 일반적 현상이다. 따라서 대인관계에서 긍정적으로 소통하면 상대방에게는 새롭고 자신감 있는 모습으로 보일 뿐 아니라 '이 사람은 생각이 밝고 긍정적이어서 같이 있으면 기분이 좋아!' 하고 느끼게 만든다. 비록 전달할 내용이나 소통의 주제가 부정적이더라도 가급적 긍정의 단어나 문장을 사용한다. 그래야 상대도 부정적 기분과 불안감을 느끼지 않고 대화 분위기가 좋아진다. 자존감을 잃지 않고도 긍정적이고 부드러운 말투 사용이 사회생활의 기술이다. 특히 구직면접에서는 면접관으로부터 또는 직업사회에서 만나는 고객으로부터 부정적 질문을 받더라도 가능한 긍정문으로 대답해야 하는 습관을 가지고, 연습으로 이런 습관을 기른다.

'전공은 항공서비스였는데 항공사 지원에 실패했나요? 왜 호텔리어가 되려고 하죠?' (면접관)

'전기료 아끼려고 에어컨을 틀지 않나? 왜 이렇게 더워?' (고객)

이런 질문에도

'아닙니다. 사실은 제가 …'

'지금 에어컨 가동 중인데요. 고객님께서 더위를 좀 타시는 편인가 봐요'

라는 대답은 현상의 원인을 상대방의 탓으로 넘기려는 의도로 보일 수 있다.

'네! 항공서비스를 공부하면서 고객서비스란 무엇인가를 고민하고 그런 과정에서 호텔에…'

'네! 오늘 폭염의 힘이 저희 에어컨의 힘을 누르고 있네요! 시원한 물부터 한잔 드릴까요?'

면접관은 전공과 다른 진로를 희망하는 지원자의 직무의지를 확인하고 싶을 뿐이다. 지원자는 면접관의 부정적이고 폐쇄적 질문에 매몰되어 변명 투로 대답하면 분위기만 어색하게 된다. 질문이 부정적이더라도 미래 지향적 답변으로 밝은 모습을 보여준다. 에어컨이 가동 중인데다 더위와 격무에 힘든 상태에서 직원은 고객의 비아냥거리는 말투에 자칫 부정적으로 응대하기 쉽다. 그러나 긍정적인 사고를 연습하면 부정적 질문에도 긍정적이고 바람직한 방향으로 대화를 이어나갈 수 있다. 또한 긍정적인 표현은 단지 문장이나 단어 선택에 그치지 않고 상황에 따라 상대의 입장을 배려하는 내용으로 표현되어야 한다. 한 푼 도와달라는 말을 긍정적이고 밝은 문장으로 바꾼 후 적선금액이 증가한 노숙인의 이야기[참고영상 https://youtu.be/Lw9bct2n04I]를 기억하자.

아래의 (부정적) 질문(문장)을 긍정적인 표현으로 바꿔보자.

질문/문장	바꾼 질문/문장
교수님! 리포트 다음 주까지 내면 안 될까요?	
저기요! 이쪽으로 가면 본관으로 가지 않나요?	
음식 준비에 20분 넘게 걸립니다! 괜찮으십니까?	
40열 이후 승객은 잠시만 기다려 주세요!	
이 글씨 좀 써줄래?	

　좋은 인간관계를 만들고 유지하기 위한 비결은 '그 친구는 인성(人性)이 좋다.'라는 평판이다. 직업인으로서 인성을 증명해주는, 쉬우면서 구체적이고 효과적인 태도는 다음과 같다. 습관으로 만들 수 있도록 연습하자.

태도	상황
■ 고개를 바로 하고 상대를 쳐다본다. ■ 부드럽고 자연스러운 미소를 띤다. ■ 고개를 까닥하거나, 일어서서 맞이한다.	(상대를) 앉은 채 맞이할 때
■ 두 손을 앞으로 모은다. ■ 눈을 마주한다.(eye contact) ■ 부드럽게 그러나 분명하게 말한다.	(상대를) 선 자세로 대할 때
■ 적는다.(수첩이나, 메모지를 사용한다.) ■ 말과 몸으로 적당히 반응한다.(고개를 움직이거나 제스처 사용) ■ 상사의 지시, 고객의 요청을 받으면 복창한다.	대화하거나 회의할 때

"생존을 위해서는 부정적인 것에 집중하는 태도가 필요하다.

그러나 번영과 발전을 위해서는 긍정적인 것에 집중하는 태도가 필요하다."

– 리처드 보이애치스(Richard Boyatzis)

Review - 직업가치관과 대인관계

1. 직업이라고 인정받을 수 있는 기본 요건과 실질적 의미에 대해 적어보라.

2. 직업가치관에서 외재적 가치와 내재적 가치 중 어느 쪽이 더 중요하다고 생각하는가? 그 이유는 무엇인가?

3. 직업사회에서 인간관계가 왜 중요한지 간략히 설명하라.

4. 좋은 인간관계 능력을 키우고 유지하는 실천방법 5가지를 쓰고 그 의미에 대해 설명하라.

5. 팔로워십이란 무엇인지 설명하고, 자신이 경험한 사례를 들어보라.

intentionally blank page for your note

Chapter 5

진로결정

학습목표

1. 진로결정에 영향을 주는 요인들을 이해하고 활용할 수 있다.

2. 자기분석 도구를 활용하여 자기분석을 할 수 있다.

3. 비전과 미션과 가치를 정립하고 실행계획서를 작성할 수 있다.

4. 4차 산업 혁명과 그에 따른 미래의 직업세계 변화상을 이해한다.

진로의사결정

 보도에 의하면 대학 4학년 10명 중 4명이 진로를 결정하지 못하고 있다고 한다. 진로를 결정한 학생들은 진로를 결정할 때 가장 도움이 된 요인으로 평소 본인의 생각이나 하고 싶던 일의 영향이 가장 컸다고 답했다[한국일보 아래 기사].

 취업 포털 업체인 잡코리아와 알바 포털 알바몬에 따르면 올해 대학 4학년생 752명에게 '향후 어떤 일을 하고 싶은지 진로를 결정했는지'에 대한 설문 조사를 진행한 결과, 응답자의 60%는 '진로를 결정했다'고 답한 반면 '아직 진로를 결정하지 못했다'고 답한 응답자도 40%로 나타났다.
 '진로를 결정했다'고 답한 대학생들은 '진로를 결정할 때 가장 도움이 된 요인'으로 '평소 본인의 생각이나 하고 싶던 일'(46.8%)의 영향이 가장 컸다고 답했다. 이어 '아르바이트 경험이 도움이 됐다'(27.9%) 순이었다. 이 밖에 '성격유형검사나 적성검사 결과가 도움이 됐다'(18.0%)와 '전공수업'(17.7%)과 '취업강의 및 진로캠프가 도움이 됐다'(17.1%)는 의견도 나왔다. 하지만 진로를 결정했거나 결정하지 못한 대학생들은 모두 향후 '관심 분야나 좋아하는 분야의 일'를 하고 싶다는 데는 의견을 같이했다. '앞으로 미래에는 어떤 일을 하고 싶은가'라는 물음에 '관심 분야나 좋아하는 분야의 일'을 하고 싶다는 응답자가 전체 대학생 중 71.5%로 가장 높았다. 특히 현재 진로를 결정하지 못한 대학생 중에는 78.4%가 '관심 분야나 좋아하는 분야의 일'을 하고 싶다고 답해 진로를 결정한 대학생(67.0%)보다 소폭 높은 응답률을 보였다. 이외에 아직 진로를 결정하지 못한 대학생들 가운데 미래에는 '남달리 잘할 수 있는 일(64.8%)'이나 '돈을 많이 벌 수 있는 일(49.8%)', '정년까지 할 수 있는 일(22.6%)'을 하고 싶다는 응답자들이 상대적으로 많았다.

[출처 : 한국일보 2017.3.22. "대학 4년생, 10명 중 4명은 진로 결정 못해"]

자신은 현재 진로를 결정하였는가(하지 않았는가)? 그렇다면 그 결정(결정하지 못한 데)에 영향을 미친 요인은 무엇인지 아래에 순서대로 3가지를 적어보라. [위 기사에 나온 요인이 아니어도 상관없음]

 ※ 객실승무원, 공항서비스, 항공여행업 등의 항공운송서비스 직무를 잠재적 진로로 일찌감치 방향을 선택한 항공서비스학과 학생들의 경우 이러한 진로의사결정이 비교적 조기에 이루어지는 편이지만, 항공서비스 분야에서도 세부적으로 들어가면 여전히 뚜렷한 직무와 진로의사결정을 못하고 갈등하고 있음을 확인하게 된다. 또, 항공분야에서 진로를 찾지 못하거나 다른 분야로 진출하는 사례도 많다.

진로의사결정 요인

　진로를 결정하였거나 그렇지 못하였거나 대부분의 학생들은 본인이 좋아하고 관심이 많은 분야의 일을 하고 싶어 한다. 진로를 결정하였다는 학생들은 본인의 '관심분야'를 비교적 정확히 알고, 진로결정을 도와주는 요인들의 영향을 더 많이 받았기 때문이며, 반면에 진로를 결정하지 못하고 있는 학생들은 본인의 '관심분야'에 대해 정확히 알지 못하거나 관심분야로의 진로결정을 망설이게 하는 요인으로부터 영향을 받고 있기 때문이라 할 수 있다. 이처럼 진로결정에 도움을 주거나 반대로 망설이게 하는 여러 요소나 조건들을 진로의사결정 요인이라 한다.

> ☞ 진로결정 여부가 좋다(옳다), 나쁘다(그르다)의 기준이 되는 것은 아니다.

　진로의사결정이란 의사결정°이론을 진로에 적용Gelatt, 1962한 것으로 '진로 정보수집 → 대안 파악 → 평가기준 설정 및 평가 → 최선의 대안 선택'하는 순환적 실행과정°을 말한다. 진로의사결정 요인들이 이러한 과정 실행에 긍정적 또는 부정적 영향을 미치게 된다.

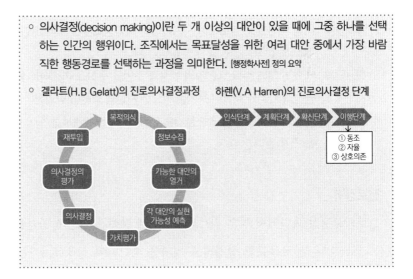

Gelatt의 진로의사결정 이론

Gelatt의 진로의사결정과정은 진로선택의 발달, 과거 경험의 영향, 단기/중기/장기적 의사결정 간 관계의 순환적 의사결정 과정을 나타내고 있으며, 학생 스스로 결정하도록 도와주는 것을 목표로 삼고 있다. 의사결정은 그 결과만으로 평가되는 것이 아니라 결정을 내리는 과정에 의해서 평가되어야 함을 강조한다.(「진로상담」이현림. 참조)

Gelatt의 이론에 따르면 의사결정은 주기적이며 반복적인 성격을 띠게 된다.

Harren의 진로의사결정 이론

Harren은 의사결정의 과정과 의사결정의 특징, 그리고 학생이 당면한 발달과업과 의사결정 환경요인 등이 바람직한 진로의사결정을 도와준다고 주장한다. 진로의사결정 과정을 인식 → 계획 → 확신 → 이행의 네 단계로 요약하고 각 단계에서 문제의 핵심을 끌어내어 다음 단계로 넘어갈 수 있는 해결방안을 제시한다.(「진로상담」이현림. 참조)

1) 인식단계 : 진로계획을 세우지 못해 심리적 불안을 느낀다. 진로의사결정 인식이 요구되면 불안의 원인을 파악하려 하고 현실적 선택을 할 수 있다.
2) 계획단계 : 여러 대안들을 검토하며 자기이해와 직업정보를 모으려고 한다. 비로소 직업과 직무에 대해 잠정적 결정을 내릴 준비가 된다.
3) 확신단계 : 계획에 대해 주요 타인들의 반응과 조언을 구하고 피드백을 받는다. 진로탐색 활동에 긍정적 가치와 적극적 동기를 받으면 자신의 확신이 강화된다.
4) 이행단계 : 자신의 결정을 행동으로 옮기는 단계다. 이 단계에서 동조 - 자율 - 상호의존의 과정을 겪게 된다.

진로장벽

진로의사결정 요인에서 특히 진로의사결정에 방해가 되는 상황들을 진로장벽이라고 한다. 진로장벽은 진로목표를 설정하고 계획을 수립하여 실행해나가는 과정에서 부딪히는 모든 장애물들을 의미한다.

"저는 프로그래밍을 하고 싶어요. 파이썬, 자바를 배워서 재미있는 게임을 만드는 프로그래머가 되고 싶은데, 엄마는 컴퓨터를 하루에 한 시간밖에 쓰지 못하게 해요."

"제가 고안한 제품으로 창업을 하고 싶은데 자금이 부족합니다. 제품을 시판해주는 업체와 계약만 하면 한 달 안으로 성공할 수 있을 텐데,"

위 사례에서 엄마와 자금은 프로그래머와 창업이라는 진로의 장벽이다. 진로장벽에는 진로정보부족, 자기분석부족, 왜곡된 주변 인지, 중요타인의 간섭 또는 과도한 관심, 불공정한 제도, 막연한 불안감, 인간관계 두려움, 빈곤 등 다양한 물리적 정서적 요인들이 존재한다. 진로장벽을 넘고 극복하려는 노력도 필요하지만 부술 수도 없고 피해갈 수도 없는 벽도 많다. 이러한 장벽은 제거하기보다 그것을 보는 인식을 변화시킴으로서 진로의사결정에 오히려 도움이 되는 결과를 낳을 수도 있다. 프로그래머가 되고 싶고 소질도 있는 학생은 엄마의 인식을 변화시키는 노력으로 진로장벽이던 엄마의 간섭을 진로행동에 도움을 주는 지원으로 바꿀 수 있고, 제품에 신념을 가진 초보창업자는 자금력이라는 진로장벽을 자신의 제품과 신념을 알아주는 투자처를 찾는 의지의 자극제로 활용할 수 있다.

미국판 '시련은 있어도 실패는 없다'

누구나 아는 얼굴이지만 아무나 모르는 이름, '커넬 샌더스(샌더스 대령. Harland David Sanders)'
[커넬Colonel은 군대의 계급이 아니고 미국 남부에서 신사에게 주는 공식 경칭이다. '경Sir'과 유사한 의미]

바로 이 할아버지의 이름이다. 지금은 세계에서 가장 큰 패스트푸드점의 하나로 전 세계인이 먹는 음식이지만 샌더스는 처음에 자신의 조리법을 팔기 위해 미국 전역을 떠돌며 자그마치 1008번의 거절을 당했다. 그럼에도 포기하지 않고 자신의 조리법을 알아보고 투자해 줄 사람을 찾아다닌 끝에, 즉 1009번째 제안에 마침내 투자자를 찾았다고 한다. 그런데 샌더스가 처음 도전할 때의 나이가 62세라는 것! 놀랍지 않은가?

진로자기효능감

진로자기효능감도 진로의사결정에 영향을 미친다. 자기효능감이란 주어진 과제나 상황을 성공적으로 수행하거나 해결할 수 있다는 신념이다. 캐나다의 심리학자 반두라Albert Bandura가 처음 제안한 개념으로 자기효능감은 성공 경험으로 강화되거나 실패 경험으로 약화될 수 있다고 한다. 처음 스케이트를 타는 아이에게 '너는 운동신경이 좋아서 금방 탈 수 있어! 겁낼 필요 없어!'라고 말하는 아빠는 아이에게 스케이트 타기 자기효능감을 높이고 있다. 아빠의 격려에 고무되어 스케이트 타기에 도전하는 아이는 실제로도 잘 탈 확률이 높아진다. 자기효능감은 자존감을 이루는 핵심요소로 "자신의 생각·이해·학습·선택·결정 능력에 대한 믿음이자, 자신의 이익과 욕구에 속하는 현실적 문제를 파악하는 능력에 대한 자신감이고 자기신뢰이다." 「자존감의 여섯 기둥」 너세니얼 브랜든 또한 자기효능감은 자신이 실제 가지고 있는 능력과는 상관없이 자기가 자신을 굳게 믿는 자기 확신°이다. 자기효능감을 진로 선택에 적용하면 진로자기효능감이 된다.

> ° 자기 확신은 일종의 자기합리화다. 어려움이나 강한 도전에 직면했을 때 자기합리화는 유용한 심리적 방어기제가 될 수 있지만, 맹목적으로 반복하면 아집으로 비칠 수 있다.

진로의사결정 요인들

학생들이 진로를 결정하는 데 영향을 끼치는 요인은 다음과 같다. 각 원인은 그 자체로서 영향을 끼치고 여러 개의 원인이 복합적으로 작용할 수 있다. 도움을 주는 원인이 결정 방해 요소가 될 수 있고, 반대로 방해하는 원인이 도움의 원인으로 변경될 수 있다. 따라서 자신이 가지고 있는 원인을 파악하고 개선과 보완 대상들을 분류한 후 체계적으로 분석, 실행해나가는 자세가 중요하다.

진로결정에 도움을 주는 요인	진로결정을 방해하는 요인
정보 직업과 노동 정보. TV, 인터넷, SNS, 책 등의 매체로부터 얻는 정보와 학교, 취업특강, 선배들의 경험, 스터디 등을 통해 구전으로 얻는 정보. 질 좋은 정보를 체계적으로 관리하여 응용할 수 있어야 도움이 된다. 과잉정보, 부실한 정보는 의사결정을 방해한다. **체험** 아르바이트, 인턴, 실습, 자원봉사, 연수, 동아리 활동, 공모전 도전, 개인 여행 등의 경	**역량 미달** 희망직업에서 요구하는 역량기준과 자신의 능력 차이, 스펙과 학점, 의지 부족. 자신이 키울 수 있는 부문에 집중하여 능력을 끌어올린다. **좋지 않은 환경** 경제적, 정서적으로 안정되지 못한 집안 형편과 우울, 침울한 분위기, 주변인들의 불안정한 생활 등은 자신의 미래도 그럴 수 있다는 부정적 동조를 만든다. 진로결정에 도움을 주는 요인들을 찾고 극복할 수 있다는 자신감을 가지도록 노력한다.

험은 진로결정에 직관적 도움을 준다.

전공

이공계, 전문대학의 대부분 학과는 비교적 뚜렷한 진로 방향이 있는 편이다. 그러나 자신의 적성과 맞지 않는(맞지 않는다고 생각하는) 전공이라면 오히려 진로결정의 갈등원인이 된다.

주변인의 지원

친구, 선배, 가족, 교수, 과거 은사 등의 격려와 지원은 진로 결정에 큰 영향을 미친다.

롤 모델(Role Model)

본받고 싶은 인생관과 행동양식을 보여준다. 롤 모델의 행동을 따라하다 진로가 결정되기도 한다. 그러나 믿고 따랐던 롤 모델의 몰락, 타락 등은 진로결정의 갈등요인이 된다.

압박

가정, 학교, 사회적으로 취업을 지나치게 강조하고 경쟁 중심 풍조 등은 진로결정에 심리적 압박이 된다. 뚜렷한 직업가치관을 세움으로써 극복할 수 있다.

자신감 결여

자신의 단점과 약점을 과도하게 의식, 잘못된 결과부터 예단하는 습관, 노력과 준비 부족, 자기이해 부족 등은 자신감과 자존감을 떨어트린다. 좋은 습관을 만드는 노력, 실천이 필요하다.

과도한 아르바이트

시간이 너무 소요되는 아르바이트는 건강을 해치고 학과수업, 진로준비에 역효과다. 공부와 병행할 수 있는 적절한 조정을 시도한다.

나의 진로의사결정에 영향을 미치는 요인들

현재 또는 가까운 미래에 자신의 진로결정에 영향을 주는 것들을 생각해서 모두 아래 표에 적어보자.

진로결정에 도움을 주는 것들	진로결정을 방해하는 것들

자기분석

자기분석의 필요성

진로탐색의 필수과정

자기분석(自己分析)은 [Chapter 3]에서 수행한 자기이해와는 조금 다르다. 자기이해가 자신의 현 상태를 '있는 그대로 아는 것'이라면 자기분석에서는 자기이해의 결과물들을 논리적으로 해석한다. "나는 분홍색을 좋아하는구나."가 자기이해라면 "나는 다혈질이라 그런지 분홍색을 보면 마음이 차분해져, 그래서 분홍색을 좋아해."는 자기분석이다. 자신의 경험과 생활태도의 계기와 목적, 과정과 결과를 살펴서 자신의 정체성과 역량을 확인하는 작업이다. 진로를 탐구하는 사람은 누구나 자신이 할 일이 행복한 삶을 이루게 해 준다는 믿음으로 시작한다. 자기분석은 이 '자신의 할 일'을 결정하기 위한 필수 전제가 된다.

청년기의 정체성 재정립의 기회

청년기는 대체로 자신만 보려 하고 타인(주위)을 보지 못하는 시기다. 기성세대의 관심은 귀찮고 기존의 절차와 형식은 고루하게 여긴다. 자기의 정체성을 세우고 열정어린 일을 욕망하여 독립해서 자신만의 생활방식으로 살고 싶지만 때로 자기애(自己愛)가 너무 강하여 자신의 모습조차 왜곡한다. 한편으로 자신의 "거울이자 기억인 친구들"°의 인정과 주목을 갈망하여 자신과 맞지 않은 역할을 가지고 자신이 원하지 않는 활동으로 혼란과 방황을 겪는다. SNS에 올린 글과 사진에 달리는 '좋아요'에 행복해하고, '싫어요'에는 분노하고, '무플'에는 절망하는, 봄 날씨처럼 변덕스러운 자신을 발견하고 스스로도 어쩔 줄 몰라 한다. "길을 잃고 나서야, 세상을 잃어버리고 나서야 비로소 우리는 자기 자신을 발견하기 시작"°한다지만 자기분석을 하는 것은 이러한 방황과 혼란의 시기가 너무 오래가지 않도록 도와줄 기회가 될 수 있다.

> ○ "우정이란 기억력의 원활한 작동을 위해 인간에게 필요 불가결한 것. 친구들은 우리의 거울, 우리의 기억인 셈이지." -「정체성」밀란 쿤테라Milan Kundera
> ○ "길을 잃고 나서야, 다시 말해 세상을 잃고 나서야, 비로소 우리는 나 자신을 발견하게 되며 우리가 어디에 있으며 우리의 관계가 얼마나 무한한지를 깨닫기 시작한다." -「월든」쏘로우Henry David Thoreau

자기소개서 작성의 도구

자신을 잘 안다고 여기는 사람은 오히려 '자신을 앎'이라는 상자 속에 자기를 가두는 경향이 있다. 이런 상태에서 스스로를 객관적으로 평가하기는 쉽지 않다. 자기 자신을 글로 쓰기는 더 어렵다. 대학졸업을 눈앞에 두고도 진로를 결정하지 못하고, 무엇을 하고 싶고, 하고 싶지 않은지 확신하지 못하는 것은 자기를 평가하지 못하고 표현하지 못하기 때문이다. 말하지 못하면 알지 못함과 다를 바 없다. 이러한 자기표현의 어려움을 해결하기 위한 도구로서 자기분석을 사용한다. 자기분석을 통해 지나온 경험과 행동양식을 들여다보고 자신이 지닌 기본적이고 핵심 소재를 인지하여 고용시장에 내놓을 홍보자료를 만든다. 자기분석을 통하여 과거를 돌아보고 현재를 진단하여 미래를 대비한다. 이 과정에서 자신의 모르는 부문도 발견할 수 있다. 이는 자기소개서 작성뿐 아니라 나중에 채용면접의 심층 질문에도 흔들리지 않고 대답할 수 있는 토대가 된다.

어두운 밤에 길을 잃은 남자가 숲속 오두막에 들어갔다. 조금 지나 사람시체 한 구를 등에 멘 도깨비가 들어왔다. 곧이어 또 다른 도깨비가 오두막으로 들어왔다. 두 도깨비는 서로 시체가 자기 것이라고 우기며 다투더니 남자에게 판결을 내려달라고 요구했다.

남자는 고민 끝에 처음 들어온 도깨비가 시체 주인이라고 대답하자 두 번째 도깨비가 남자의 팔을 뜯어 버렸다. 그러자 첫 번째 도깨비가 시체의 팔을 하나 뜯어 남자에게 붙여주었다. 두 번째 도깨비가 이번에는 남자의 다리를 뜯어 버렸고 다시 첫 번째 도깨비가 시체의 다리를 뜯어 남자에게 붙였다. 이런 식으로 남자는 머리까지 포함해 온몸이 시체의 몸과 바뀌게 되고 두 도깨비는 시체를 먹어버린 후 떠나 버렸다. 혼란스러워진 남자는 오두막을 떠나 길에서 만난 수도승에게 물었다.

"내가 존재합니까?" 수도승은 되묻는다.

"당신은 누구인가?"

남자는 그러나 아무 말도 할 수가 없었다.

[출처 : 인도경전에 나오는 우화. 「나는 죽었다고 말하는 남자 : 자아의 8가지 그림자」에서]

사향노루 한 마리가 있었습니다. 사향노루는 언제나 코끝에 밀려오는 향기에 마음이 끌렸습니다. 시간이 흐를수록 그 향기는 점점 더 사향노루를 매혹시켰고, 또 어리둥절하게 만들었습니다.

사향노루는 혼자 중얼거렸습니다.

"도대체 이 향긋한 향기는 어디서 날아오는 거지? 무슨 일이 있더라도 이 향기가 어디서 나오는지 꼭 알아내고 말겠어."

사향노루는 향기의 진원지를 찾아 길을 나섰습니다. 산을 넘고 들을 지나고 물을 건너 끊임없이 향기가 나는 쪽을 향해 걸었습니다. 드디어 노루는 이 세상의 경계선에까지 이르렀습니다. 그러나 그의 코끝을 계속 간질이는 향기의 진원지를 알아낼 길이 없었습니다. 하루는 사향노루가 향기를 찾아 높다란 산꼭대기에 올랐습니다. 아주 가까운 곳에서 향기가 풍겨 오고 있었지만, 정확히 어디에서 나는 건지 찾을 수가 없었습니다. 사향노루는 헛수고만 하고 있는 자신의 모습에 절망한 채 절벽에서 내려오다 그만 벼랑 밑바닥으로 떨어졌었습니다.

그때였습니다. 그의 온몸에서 짙은 사향 냄새가 피어오르기 시작했습니다. 사향노루의 배에서 나오는 진한 향기가 골짜기를 가득 메웠습니다. 그러나 불행하게도 사향노루는 그 향기가 어디서 나는지를 끝내 깨닫지 못한 채 눈을 감고 말았습니다. [출처 : 미상]

자기분석 방법

효과적인 자기분석을 위해서 [자신의 현상 인식 → 성장과정 정리 → 좌우명 적기 → SWOT 분석] 순서를 따라서 해보기로 한다.

현상인식

아래 문항에 대해 자신의 생각을 적어보자.

질문	나의 생각
가장 좋아하는(사랑하는) 사람은 누구며 그 이유는 무엇인가?	
존경하는 사람과 그 이유는? – 가족 제외. 역사적 인물, 주변 인물, 은사 각 1명씩	
우리 가족/가정은 즐겁게 살고 있는가? 그렇다면(그렇지 않다면) 이유는 무엇인가?	
어떤 일을 할 때 즐겁고 행복한 느낌을 가지는가? 왜 그렇다고 생각하는가?	
과거에 가장 힘들었을 때는 언제인가? 왜 그랬다고 생각하는가?	

성장과정 정리

기업들의 입사지원서에는 지원자의 성장과정을 쓰는 칸이 있다. 기업의 의도는 지원자가 어떤 경험과 활동들을 어떤 동기와 목적으로 하였는지, 그런 경험들을 통해 체득한 결과가 기업에 이익이 되는지를 파악하기 위함이다. 자신의 성장과정을 반추하며 글로 옮기는 작업은 과거의 경험을 근거로 숨어있는 특질을 발견하게 해주고 새로운 아이디어를 떠올릴 수 있게 한다.

실패와 성공의 경험이 있는가?
가치관이 있는가?
직업가치관에 일관성이 있는가?
입사하면 회사에 어떻게 기여할 수 있을 것인가?
적극적이고 즐거운 학창시절을 보냈는가?
교내 활동을 통해 무엇을 얻었는가?
인내(忍耐)심은 어느 정도인가?
우리 회사의 핵심가치와 연결성이 있는가?

변화의 계기를 강조한다

자기소개는 인구조사설문 답변서가 아니다. 살아오면서 가치관이나 행동양식의 변화를 일으켰던 계기나 사건, 전환점이나 고비, 희망과 절망, 깨달음과 고민 등을 생각해내어 그 변화로 인해 새롭게 정립된 가치를 적어야 한다. 그런 가치가 자기소개서와 면접에서 자신의 직업비전에 연결되어야 한다.

내가 주연이다

'나의 성장' 과정인 만큼 이야기의 주인공은 '내'가 되어야 한다. 변화의 계기에 영향을 미친 내외적 요인이 있더라도 그 변화의 주체는 자기 자신이다. '인자하면서도 엄격한 어머니'를 내세우기보다 '저녁 설거지는 주로 내가 한다.'가 주인공의 자세고. '이럴 적부터 항상 솔선수범'보다 '초등학교 때는 동네에서 야구를 하다가 자동차 유리도 자주 깨곤 했다.'가 오히려 주인공의 역할이다.

일기나 메모를 활용한다

일기를 꾸준히 써 왔다면 그 자체가 훌륭한 성장과정 스토리의 보고다. 일기에 나타난 사건 중심으로 정리만 해도 된다. 일기가 써오지 않았다면 지금부터 하루 아니면 일주일에 한 번이라도 주기적으로 자신의 과거와 지금의 사건들과 마음의 상태를 정리해보도록 하자. 1시간만 투자하여 6개월을 기록하면 자신만의 참신한 성장과정 포트폴리오를 만들 수 있다.

다음의 성장과정 기록표에 자신의 성장에 영향을 끼쳤던 사건이나 계기를 생각해서 적어보라.

나의 성장과정(예시)

시기	학업	사건	변화
바람과 파도에 휩쓸리다.	중3 고1		
방황은 Stop!	고2 고3		
나를 찾다.	재수생 대학		

나열하고 분류하기 listing & grouping

사건을 생각나는 대로 배열listing하고 주제별로 모으는grouping 방식으로 자기분석자료를 만들 수 있다. 이때 효율적으로 쓸 수 있는 도구는 포스트잇 메모지다. 사무실이나 연구실에서 가장 유용한 사무용품은 펜을 제외하면 단연 포스트잇이다. 포스트잇의 탄생 자체가 돌연변이의 결과물°이었는데 단순히 메모용뿐 아니라 창의성을 자극하는 도구로 쓰인다. Brainstorming, Mind-mapping, Team Building, Design Thinking, 프로젝트 진행, 각종 기획안 작성, 워크숍 등에서 빠지지 않는다. 포스트잇에 의견을 적어 공개된 장소에 붙이는 방법으로 집단소통을 이루어내고 여론을 만들기도 한다.

> ○ 포스트잇은 실패한 접착제에서 유래되었다. 접착력이 약해서 폐기될 운명이었던 메모지를 3M의 열린 기업문화와 열정 어린 직원의 아이디어가 융합해 탄생하였다.

Listing & Grouping 방법

① 시기별로, 또는 생각나는 대로 하나의 사건을 한 장의 포스트잇에 적는다.

② 사소한 사건, 사소한 경험도 가능한 빠뜨리지 말고 적는다.

③ 단순히 사실과 내용만 적지 말고 그렇게 된 이유, 근거, 의견을 함께 적는다.

④ 쓰는 대로 벽이나 보드에 붙여나간다.

⑤ 주제별로 구분한다. 좋아하는 것, 잘하는 것, 못하는 것, (나를) 변화시킨 것 등

⑥ 분류가 적절한지 확인하고 필요하면 다시 정리한다(색깔별로 모아도 좋다).

⑦ 각 주제별로 중요도 순위를 매긴다.

⑧ 중요도 우선순위가 높은 순서로 붙인다.

⑨ 앞 순위 사건 2~3개를 중심으로 내용을 구체화하고 재구성한다.

좌우명

간혹 '내 좌우명은 ○○○이다'라고 말하는 사람을 만난다. 면접에서는 '좌우명이 있습니까?'라는 질문은 단골로 나온다. 자신만이 가지고 있는 좌우명이 없다면 이럴 때 대화의 맥이 끊기고 주관이 약한 구직자로 보인다. 하나의 좌우명을 평생의 나침반으로 삼고 살아가기도 하지만 어떤 계기로 좌우명을 바꿀 수도 있다. 좌우명이 없다고 가치관이 약하다는 의미는 아니나 진로탐구 과정에서 좌우명을 묻는 질문에 없다고 하면 질문자를 난처하게 만든다. 도전, 열정, 주체, 미래지향, 글로벌, 성취, 생산성, 경제관 등을 주제로 하여 한두 개의 좌우명을 가지도록 한다.

좌우명(座右銘)과 가치관(價値觀)

- 좌우명은 앉은 자리(座)의 오른쪽(右)에 금석(쇠)에 새긴(銘) 글을 뜻한다. 지울 수 없는 좋은 글귀를 항상 보며 생활의 길잡이로 삼겠다는 의미로, 후한(後漢)의 학자 최원(崔瑗)에서 유래되었다고 한다.
- 가치관이 주관적 평가의 기준이라면 좌우명은 그 기준을 뚜렷하게 나타내는 슬로건이다. '사람들과 만나고 함께 어울리고 다양한 모험을 하는 인생을 살고 싶어. 우리가 사는 기간은 좋은 사람들과 경험을 나누는 데도 충분하지 않지'는 인생과 사람에 대한 가치관이고, '처음 만난 사람을 오랜 친구처럼'은 좌우명이다.

기존의 속담이나 명언, 사자성어 등을 응용하여 자신의 의지를 나타내는 좌우명도 새롭다. 재미있는 우리말 속담을 차용하여 자신의 가치관으로 해석해보고, 쉽지만 명쾌한 의미를 주는 영어 좌우명도 나쁘지 않다. 좌우명 자체보다 좌우명이 자신의 가치관, 인생관과 부합하는지, 자신의 진로와 어떤 관련성이 있는지가 더 중요하다. 자신에 맞는 좌우명을 만들고 그에 어울리는 사례를 찾도록 한다. 정치가, 기업가, 학자, 유명인들의 좌우명에는 어렵거나 긴 문장보다 간결하고 이해하기 쉬워 단박에 그 사람의 가치관을 알아볼 수 있는 좌우명이 많다.

사랑하는 사람을 찾듯이 사랑하는 일을 찾아라.
– 스티브잡스

경청(傾聽)
– 이건희

학벌이나 경력이 아닌 태도를 먼저 봐라.
– 도널드 트럼프

두려워 말고 자신을 믿으라.
– 조수미

인내는 어떤 실력보다 강하다.
– 벤 호건

매사에 초심을 갖고 임하자.
– 송지호(배우)

좌우명이 너무 상식적인 것 또는 모든 사람이 아는 것이라면 상대의 주의를 끌기 어렵고 효과적이지 못하다. '너 자신을 알라' '신에게는 아직 12척의 배가 남아있습니다.' '마부위침' 이런 명언들은 그 뜻의 심오함과 상관없이 듣는 사람에겐 식상하다. 놀랄만한 반전의 설명이 이어지지 않는다면 다른 좌우명을 고려해봄이 좋다.

도전과 진취성을 표현하는 좌우명 예시

- 기회는 일어나는 것이 아니라 만들어내는 것이다. [크리스 그로서]
- 길이 없으면 길을 찾아라. 찾아도 없으면 길을 닦아라. [정주영]
- 나는 실패한 게 아니다. 나는 잘 되지 않는 방법 1만 가지를 발견한 것이다. [토마스 에디슨]
- 남들이 당신에게 던진 벽돌들로 탄탄한 기반을 쌓을 수 있어야 성공한다. [데이비드 브링클리]
- 늘 하던 대로 하면 늘 얻던 것만 얻는다. [미상]
- 태산불사토양, 하해불택세류(泰山不辭土壤, 河海不擇細流) [사기. 이사열전]
- 성공한 사람이 되려고 노력하기보다 가치 있는 사람이 되려고 노력하라. [알버트 아인슈타인]
- 목적 있는 선함을 가져라. [헨리 데이빗 쏘로우]
- 소인배는 불운에 길들여지고 눌리지만, 위대한 사람들은 불운 위로 올라선다. [워싱턴 어빙]
- 신뢰의 이유는 안전하거나 확실해서가 아니라, 위험을 감수할 용의가 있어서이다.[미상]
- 실패는 성공을 맛내는 양념이다. [트루먼 카포티]
- 실패로 인해서 나의 존재가치를 깨닫는다면, 그것은 이미 나의 재산이다. [유일한]
- 애벌레가 세상이 끝났다고 생각하는 순간 나비로 변했다. [속담]
- 열정을 잃지 않고 실패에서 실패로 걸어가는 것이 성공이다. [윈스턴 처칠]
- 일반적인 것을 잃을 위험을 감수하지 않으면 평범한 것에 만족해야 한다. [짐 론]
- 있을 때 겸손하라. 그러나 없을 때 당당 하라. [이병철]
- 추구할 수 있는 용기가 있다면 우리의 모든 꿈은 이뤄질 수 있다. [월트 디즈니]
- 처음 만난 사람을 오랜 친구처럼 대하라. [바이런 윈]
- 내가 원하는 것보다 나를 필요로 하는 일을 한다.

Chapter 4 [직업가치관]에서 수행한 직업가치관검사와 자기분석 과정을 참고하여 자신의 가치관과 좌우명을 정립해보자. 이미 지니고 있는 가치관과 좌우명이 있다면 그 의미에 가치를 더해보자. 아래에 자신이 정립한(이미 지니고 있는) 좌우명을 적고 그 의미와 실천한(하고 있는) 경험이나 사례를 적어보라.

좌우명(座右銘)	실천 사례
의미	

다음 좌우명을 삼을 수 있는 예시를 보고 그 의미를 생각해보자.

예시	의미
비 온 뒤의 땅에 씨를 뿌려라.	
부뚜막의 소금도 뿌려야 맛이 난다.	
행복하기에 웃는 것이 아니라 웃기 때문에 행복하다.	
천 리 길도 한 걸음부터	

못난 갖바치 세 명이 제갈량을 이긴다.	
이봐! 해봤어? [정주영]	
(소확행이 아닌) 대도행	
가로등 같은 존재	
Strike while the iron is hot.	
Practice makes perfect.	
Always put your best foot forward.	
Actions speak louder than words.	
If you don't walk today, you will have to run tomorrow.	

SWOT 분석

SWOT 분석은 조직이 처한 주위 환경을 분석하여 향후 효과적 전략을 도출하기 위한 마케팅 분석기법이다. 혼잡한 정보들을 논리적으로 분류하고 사고할 수 있는 프레임워크° Framework로 각종 기획서, 과제에도 많이 쓰인다. 자기분석에서도 유용하게 활용할 수 있는 도구다.

> ° 조직(기업)의 전략기획 분석 도구로 SWOT 분석 외에 VRIO 모델과 PEST 분석 등이 있다. 이는 Chapter 8. 항공운송서비스기업에서 다룬다.

SWOT 분석 시에는 네 개의 항목에 해당하는 내용만 나열하고 끝내면 안 되며, 항목 S와 O, W와 O, S와 T, W와 T를 연결한 실천 전략이 반드시 있어야 한다. - 아래 도표 참조.

SO전략	강점요인을 바탕으로 기회요인을 활용한다.
ST전략	강점요인을 활용하여 위협요인에 대응한다.
WO전략	약점요인을 보완하여 기회요인을 살린다.
WT전략	약점요인을 극복하며 위협요인을 회피한다.

작성 전에 명심할 것

자책하지 않는다

출신학교, 경제력, 외모는 불평한다고 바뀌지 않는다. 부모나 가정환경을 탓하면 자아에 상처를 낼 뿐이다. 누구에게나 넘어야 할 장애물은 있는 법이다. 많은 사람들이 이런 장애물에 당당히 맞서고 극복하여 원하는 진로를 달리고 있음을 기억하자.

약점을 드러낸다

남에게 보여주는 분석이 아니다. 고통이 따르더라도 자신의 약점과 단점을 감추지 말고 드러내야 한다. 보기 싫다고 상처를 덮어놓기만 하면 되겠는가? 자신의 잘못된 성질, 부족한 능력을 인정함이 자존감의 표현이다. 이런 분석에서 진로결정의 올바른 이정표가 발견된다.

멘토를 찾는다

자기분석이라고 혼자 고민함에는 한계가 있다. 자신이 모르는 자신의 특질을 밝혀서 드러내주는 코치를 찾는다. 자신의 강점과 약점, 장점과 단점을 묻고 경청한다. 자신의 진로에 놓여있는 밝은 면과 어두운 면을 함께 고민할 수 있는 지원군을 확보하여 함께 가야 한다.

나는 누구인가?

나의 앞머리가 무성한 이유는 사람들이 내가 누구인지 금방 알아차리지 못하게 하기 위해서지만, 나를 발견했을 때는 그 사람이 쉽게 붙잡을 수 있도록 하기 위해서다. 나의 뒷머리가 대머리인 이유는 내가 지나가고 나면 다시 나를 붙잡지 못하게 하기 위해서며, 나의 발에 날개가 달린 이유는 빨리 달아나기 위해서다. 왼손에 저울이 있는 것은 일의 옳고 그름을 정확히 판단하라는 것이며, 오른손에 칼이 주어진 것은 칼날로 자르듯이 빠른 결단을 내리라는 것이다.

[이미지 출처 : 위키피디아]

나의 이름은 ‘_____’다

SWOT 분석 예시 [SWOT : Strengths, Weaknesses, Opportunities, Threats]

SWOT 분석과 도출 전략		
	O (기회)	T (위협)
제목 : 이름 :	■ 사람을 많이 만난다. ■ 경험을 많이 할 수 있다. ■ 기회를 많이 가진다.	■ 취업경쟁률 ■ 스펙(지방대, 전문대) ■ 기회 불균형
S (강점)	SO전략	ST전략
■ 외향적이며 적극적이다. ■ 항상 아이디어와 의견을 말한다. ■ 말하기, 발표에 자신 있다.	다양한 경험을 바탕으로 차별화된 포트폴리오를 준비한다. 기회를 놓치지 않는다.	실습과 인턴기회를 적극 활용한다. 온라인 면접을 하는 회사에 도전한다.
W (약점)	WO전략	WT전략
■ 성격이 급하다. ■ 참견하기 좋아한다. ■ 한 가지에 집중하기 어렵다.	스터디 활동을 주도하면서 공동 목표를 정해 협업정신을 기르고 집중력을 키운다.	일본어를 공부한다. 진로설계의 플랜B도 준비한다. 위기를 기회로 바꾼다.

SWOT 분석		
SWOT 분석과 도출 전략		
	O (기회)	T (위협)
제목 : 이름 :		
S (강점)	SO전략	ST전략
W (약점)	WO전략	WT전략

미래설계

목표

> "여기서 어느 길로 가야 하는지 가르쳐 줄래?"
> 앨리스의 물음에 고양이가 대답한다.
> "그건 네가 어디로 가고 싶은가에 달렸지."
> "어디든 상관없어."
> "그러면 어느 길로 가도 상관없잖아?"
>
> 「이상한 나라의 앨리스」 루이스 캐럴

많은 학생들이 '어디를 가고 싶은지'는 생각하지 않고 '어디든 가려고' 한다. 목표는 생각하지 않고 방향을 고민한다. 인생은 목표보다 방향이라는 말도 있으나 목표가 없으면 방향이 흔들리기 쉽다. 목표항구가 없는 배는 표류하고 정처 없는 나그네는 쉬 피로하다. 고양이의 말처럼 어디를 갈 건지 목표가 없다면 어디로 가는 방향이 무슨 상관이겠는가?

목표란 미래의 어느 시점에 이루고자 하는 상태다. 목표는 방향을 제시하고 행동에 자신감을 준다. 뚜렷한 목표가 없는 활동은 소모적이고 추진력이 떨어지기에 성과로 연결될 수 없다. 그러므로 명확하고 근거 있는 목표설정이 미래설계의 시발점이다.

※ 지금부터 10년 후 자신은 어떤 상태로 예상하는가? 각 항목을 서술형으로 적어보라.

건강	
인간관계	
가정	
경제력	
직업	

비전과 미션

비전Vision은 미래의 어느 시점에 보고자하는 자신의 모습이고. 미션Mission은 그 모습을 실현하기 위해 지금 해야 하는 과제다. 비전이 지향점이고 실질이라면 미션은 기준점이자 본질이다. 비전이 바뀔 수 있어도 미션은 변하지 않아야 한다. 지향점에 도달하기 위해서 본질이 변해서는 안 되는, 즉 미션을 지키기 위해서는 비전을 수정할 수도 있다는 뜻이다. 항해에서 비전이 항구에 도착하는 모습이라면 항해의 미션은 안전한 운행이라 할 수 있다.

대한항공의 비전은 "0000년 세계 항공업계를 선도하는 글로벌 항공사"이고 미션은 "Excellence in Flight - 최상의 운영체제, 변화 지향적 기업문화, 고객 감동과 가치창출"이다. 회사의 미래 어느 시점에 '세계 항공업계를 선도하는 항공사'로서의 모습[비젠]을 보고 있고, 그 모습을 이루기 위해 현재 '운영체제를 최상으로 유지하고, 변화를 두려워하지 않고 지향하는 기업문화를 만들어가며, 고객에게 가치와 감동을 주는' Excellence in Flight[미센]를 기업의 본질로 삼고 있다.

진로결정과 취업이라는 목표를 향해 가는 우리들에게도 비전과 미션이 필요하다. 명확한 비전과 미션은 분명한 목표와 실천계획을 이끈다. 항공서비스 직무를 진로로 정한 학생이 '고객에게 항상 즐거움을 주는 항공서비스의 달인의 모습'이라는 비전을 세웠다면, 그 비전을 이루기 위해서 '자긍심을 지니고 긍정적으로 생각한다. 건강한 체력을 단련하고 활기차게 움직인다. 올바른 말투와 진심으로 대화한다.'라고 자신의 미션을 선언할 수 있다.

목표와 목적

목표와 목적은 흔히 같은 뜻으로 쓰인다. 그러나 목표와 목적은 다르다. 목표가 '해야 할 무엇'이라면 목적은 '하고(되고) 싶은 무엇'이다. 목표는 구체적이고 객관적이며 결과를 지향하고, 목적은 추상적이고 주관적이며 과정을 중시한다. 목적을 위해서 목표는 수정될 수 있지만 목표를 위해서 목적을 바꾸어서는 곤란하다. 둘을 비전과 미션에 대응한다면, 비전은 목표에 가깝고, 미션은 목적에 가깝다.

내일 아침 중2가 된 아들과 함께 북한산에 가기로 한 아빠는 마음이 설렌다. 중학생이 되면서 녀석이 말수가 줄어들더니 최근엔 아빠를 잘 쳐다보지도 않는 것 같아 서운한 적이 많았다. 공부에는 관심이 멀어지고 늦도록 방에서 게임에만 빠져있지는 않은지 걱정이다. 야단도 쳐보았지만 별 효과가 없다. 오랜만에 북한산을 같이 오르면서 부자간에 허심탄회한 대화도 하고 최소 대남문까지만 잘 따라와 주길 기대해본다. 그러면 내친김에 백운대도 오를 작정이다.

아빠는 아들이 힘든 과정 후에 정상에 올라서서 보는 세상에서 성취감을 느끼고 호연지기를 기를 수 있으리라 기대한다. 주말에 등산을 가자고 했을 때 처음엔 '싫어' 했던 녀석이 다녀오면 여름방학에 휴대폰을 바꿔주겠다고 했더니 조금 고민하다 '꼭대기까지 가야 해?' 하곤 가겠다고 했다. 힘들면 칼바위까지 갔다가 돌아올 수 있다고 했지만 일단 산에 가면 녀석도 기분이 좋아질 것이다. 내일 등산을 위해 아들이 다른 날보다는 일찍 자는 것을 확인한 다음 아빠도 잠을 청한다.

		아빠	아들
윗글에서 '아들과의 북한산 등반'을 앞둔 아빠와 아들이 생각하는 각자의 목적과 목표가 무엇인지 생각한 다음 오른쪽에 적어보라.	목표		
	목적		

"명확한 목적이 있으면 험난한 길에서도 나아가고
아무런 목표가 없으면 평탄한 길에서도 가지 못한다."

– 토마스 칼라일(Thomas Carlyle)

핵심가치

명확한 비전과 미션을 가졌더라도 그것들을 이루어가는 방법이 자신의 가치관에 반하면 위험하다. 기업들도 비전과 미션 아래에 핵심가치Core Value를 명시해놓는 이유는 비전과 미션을 이루기 위한 전략과 행동의 기준을 마련하기 위해서다. 비록 목표로 가는 지름길이라도 가치에 어긋난다면 그 길로는 가지 않겠다는 대내외적 약속이다.

세계 최초의 LCC이자 가장 존경받는 기업 조사에서 항사 수위를 차지하고 있는 사우스웨스트 항공사의 가치를 예로 들어보자.

Southwest Values	
Live the Southwest Way	**Work the Southwest Way**
Warrior Spirit	Safety and Reliability
Servant's Heart	Friendly Customer Service
Fun–LUVing Attitude	Low Costs

사우스웨스트의 비전인 'To become the world's most loved, most flown, and most profitable airline'과 비교해보면 핵심가치들이 비전을 이루기 위한 필수요소들로 구성되어 있음을 알 수 있다. 특히, 하위요소로서 'Low Costs'는 사우스웨스트 창사 이래 변하지 않고 있는 'most profitable airline'이란 비전에 명확하게 부합하고 있는데 이러한 가치는 기업문화에 전반에 녹아들어 직원과 고객들에게 'Southwest Way°'가 무엇인

> ° Way란 그 기업 나름의 경영방식을 의미하며, 장기간에 걸쳐 높은 성과를 낼 때 '웨이(way)'라고 부른다. 「삼성 웨이」 송재용. 21세기북스.
> TOYOTA Way – JIT(Just in Time), 3M Way – 15% Law, Southwest Way – 10Minutes Rule, Apple Way, Merk Way, 삼성 Way, LG Way 등

지를 각인시키는 핵심요인으로 작용한다.

자기 자신에게도 비전과 미션과 함께 핵심가치를 선포해 놓는다. 위의 '항공서비스 달인'을 비전으로 제시한 학생의 핵심가치는 무엇이 될까? 미션을 추진하려면 어떤 역량이 필요한가에 집중하면 답을 찾을 수 있다. 즉, '건강, 대화를 즐기는 성향, 탁월한 영어 실력' 등이 핵심가치의 역할을 할 수 있다.

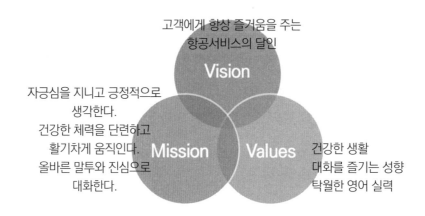

'여름방학 중의 활동'이라는 주제로 자신의 비전과 미션, 그리고 핵심가치를 만들어 보자.

'여름방학'의 나의 비전, 미션, 핵심가치	
비전	
미션	
핵심가치	

실행방안

목표설정

아이디어가 좋아도 생각으로 그치면 의미가 없고 제도가 훌륭해도 지켜지지 않으면 쓸데가 없듯이 가슴을 뛰게 하는 미션도 행동으로 연결되지 않으면 허탈감만 남긴다. '구슬이 서 말이라도 꿰어야 보배고 곡식이 창고에 가득하여도 찧어서 밥을 해 먹지 않으면 배고픔을 면하지 못하는' 이치다. 효율적인 실행방안은 구체적 계획이 필요하다. 구체적 계획이란 상위목표와 하위목표를 설정한 후 필요한 행동을 분류하고, 각각의 행동을 어떻게, 언제까지, 얼마나 추진하겠다는 자신과의 약속이다. 계획이 구체적이면 자원을 활용하고 행동을 유인한다.

'강의실 깨끗하게 사용하기'란 목표를 정하면 일회용품 반입 제한, 휴지통 비치, 책상정리 등으로 하위목표를 세우고 그에 따른 실천방안을 만든다. '물 절약'이란 목표(상위목표)를 세우면 물을 사용하는 장소(부엌, 세면대, 샤워실, 화장실 등)를 구분하고, 수도꼭지 절수기 설치, 양치 컵 비치하기, 수압 조절하기, 수조 안에 벽돌 놓아두기, 절약 스티커 붙이기 등과 같은 하위목표를 설정하여 각각의 하위목표별로 다시 세부 계획(절수기 설치 세부계획 등)을 짠다.

상위목표와 하위목표의 구성		
상위목표	미국 자전거 횡단		
하위목표 1	체력 키우기	여행경비 모으기	로드 맵 짜기
하위목표 2	매일 한강변 20km 타기 음식습관 조절하기	6개월간 아르바이트 술, 담배 끊기	현지 날씨 파악 일일 주행거리 설정

실행계획서 작성

효과적인 계획서에 반드시 포함되어야 하는 항목들이 있다.

목표계획서에 반드시 포함되어야 하는 항목

항목	내용	예시

무엇을	비전, 미션, 핵심가치 설정
	상위목표와 하위목표 설정
		상위목표 : 승무원 취업
		  하위목표 1 : 토익 750점 취득
		  하위목표 2 : 인터뷰 역량 끌어올리기
		  하위목표 3 : 중국어 HSK 5급 취득
		  하위목표 4 : 수영 100m 주파

어떻게	구체적 방법	하위목표별로 목표달성을 위한 방향과 방법 기술 – 교재와 장비, 수업방식과 장소, 투입시간 등
언제까지	일정, 마감일	각 항목별 시작과 종료시점, 기간별 마일스톤milestone
얼마만큼	지표 – 계획대비 달성 정도	기간 내 목표한 양의 달성 여부와 달성률, 미달 시 그 이유와 추가 계획
뿌듯함	만족도 – 목표대비 성취 정도	주관적 만족도

마인드맵

목표에서 하위목표를 세분화하기가 어렵거나 구체적 실천항목을 생각해내기가 어려우면 마인드맵핑mind-mapping이 도움이 된다. 마인드맵은 생각이 내키는 대로 뻗어가는 성질을 도표나 그림으로 시각화하여 표현한 생각도구의 하나로 영국의 토니 부잔Tony Buzan이 고안한 생각도구다. 온라인에서 컴퓨터를 이용하는 다양한 마인드맵 도구들이 있으나 처음에는 백지에 직접 그려나가며 익히는 방법이 사고확장훈련에 도움이 된다.

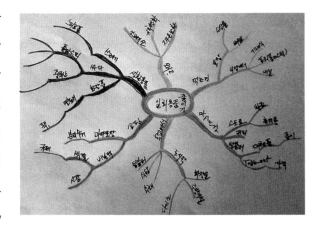

<table>
<tr><td colspan="2" rowspan="8">마인드맵을 작성할 수 있는 온라인 사이트와 프로그램 [참고]</td><td>이름</td><td>URL</td></tr>
<tr><td>아이마인드</td><td>https://imindmap.com</td></tr>
<tr><td>마인드마이스터</td><td>https://www.mindmeister.com/</td></tr>
<tr><td>코글</td><td>https://coggle.it/</td></tr>
<tr><td>마인드노드2</td><td>https://mindnode.com/</td></tr>
<tr><td>텍스트2마인드맵</td><td>https://www.text2mindmap.com/ (무료 가능)</td></tr>
<tr><td>심플마인드</td><td>https://simplemind.eu/</td></tr>
<tr><td>Xmind</td><td>https://www.xmind.net/ (무료)</td></tr>
</table>

마인드맵핑 방법 중에서 만다라트라는 방식을 이용하여 자신의 핵심목표가 요구하는 하위목표 및 실천행동항목을 찾아보도록 한다. 만다라트란 불교와 힌두교 미술의 한 형태로서 사각형이나 원 안에 그린 그림을 뜻하는 만다라 모양을 응용하여 만들어진 생각정리 도구다. 일본의 히로아키 이마이즈미[今泉 浩晃]가 만들고 야구 선수로 MLB에서 뛰고 있는 오타니가 사용하였다고 보도되어 널리 알려졌다. (「내 두뇌에 날개를 달아주는 생각의 도구」 가토 마사하루. 도구9 만다라트. 참조)

비행기 종 통일	허브 갤러허	유머	비행기 무게 줄이기	승무원+지상직	예약 시스템	티웨이	제주 노선	제주 항공
멀티 플레이어	사우스 웨스트	Fun 경영	공항 절차	비용 절감	탑승 간소화	포화 상태	한국	뉴모델 개발
10분 전략	직원 중심	2nd 공항	비상구 유료화	서류 축소	수속 간소화	진에어	전용 터미널	에어 부산
절차 간소화	약한 보상	정비, 정시성	사우스 웨스트	비용 절감	한국	안전 데모	춤	기내 오락
상품 단순화	편리/ 불편	장시간 대기	편리/ 불편	LCC	재미, Fun	마술	재미, Fun	PDA
쉬운 예약	기내 wifi	쉬운 체크인	유럽	수익성	아시아	인사법	선물	기내식
Virgin Air	기내 광고	Easy Jet	기내식 상품화	기내식 유료화	수하물 규제	에어 아시아	토니 페르난데스	객실 승무원
리차드 브랜슨	유럽	1유로	서비스 소품 상품화	수익성	선물	비키니	아시아	인디고
Norwegian	CEO 마케팅	Ryan Air	우선 탑승	시설 활용도	승무원 모델	비엣젯	프랜차이즈	컬러

작성방법	① 백지 위에 가로, 세로 9칸[3X3]으로 81개의 정사각형을 그린다. ② 정 가운데의 중심 칸에 핵심목표를 적는다. ③ 하위목표 8개를 중심에서 각 방향(여덟 개)에 있는 사각형 중심 칸 8곳에 적는다. ④ 각 하위목표를 둘러싼 8개의 칸에 하위목표달성에 필요한 행동항목을 적는다. ⑤ 총 81개[9X9]의 실천항목[아이디어]가 만들어진다.
장점	① 빈칸을 채우려는 도전심리를 자극하고 그 과정에서 새로운 아이디어를 발견한다. ② 생각을 체계화(상위 → 하위 → 행동)시킴으로 우선순위를 정리할 수 있다. ③ 실천사항들을 핵심어로 기억하고 표현할 수 있다.

다음 작성예시를 참고하여 빈 양식에 자신의 취업을 주제로 목표와 실천항목을 채워

보자.

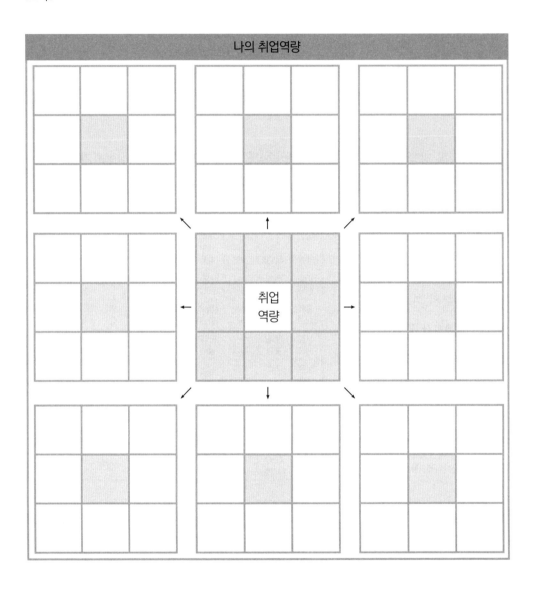

미래의 직업

10년 전에 유튜버Youtubers, 우버Uber 기사, 인터넷뱅킹 컨설턴트 같은 직업을 상상할 수 있었던 사람이 몇이나 될까? 지금으로부터 10년 후가 되는 2030년대에는 어떤 직업이 새롭게 나타나고 어떤 직업이 사라질지 아는 사람은 얼마나 될까? '2025년의 직업 가운데 70%는 아직 나타나지도 않았고'[제임스 캔턴James Canton] 2030년이 되면 20억 개의 일자리가 사라질 것'[토마스 프레이Thomas Frey]이라는 섬뜩한 예언들이 나오고 있다. 10년 전 우리의 상상력에 비춰보면 10년 후 직업예측이 무의미할 수 있지만 그렇기 때문에 가까운 미래의 직업 환경변화에 대한 이해는 유의미하다고 하겠다.

4차 산업혁명

3차 산업혁명은 컴퓨터와 인터넷으로 대변되는 정보혁명의 시대라고 불린다. 이런 정보산업은 여전히 활성화되어 있는데 4차 산업혁명이 시작되었다고도 하니 어지러울 따름이다. 4차 산업혁명이란 세계경제올림픽이라 불리는 세계경제포럼[WEF. 다보스 포럼. 2016년]에서 의장인 클라우스 슈바프Klaus Schwab이 주창한 말로, 정보통신기술(ICT) 기반의 새로운 산업 시대가 도래했다는 표현이다. 빅 데이터 분석, 인공지능, 로봇공학, 사물인터넷, 무인 운송, 3D 프린트, 나노 기술 등 6대 분야에서 기술 간의 융합과 혁신이 그 중심을 이루고 있다고 한다.

미래의 직업

고용노동부는 2016년에 61개의 미래 신직업을 발굴하여 발표하였다. 그중 민간 자생적 창출 대표 신직업과 정부 육성·지원 신직업 각 5개씩을 지정하였는바 아래와 같다.

민간 자생적 창출 대표 신직업	정부 육성·지원 신직업
할랄halal전문가 스마트팜구축가 사물인터넷전문가 핀테크전문가 증강현실전문가	공공조달 지도사 원격진료 코디네이터 의료정보 관리사 자동차튜닝 엔지니어 곤충컨설턴트

신직업들의 공통점은 빅 데이터, AI(인공지능), 로봇화, IoT(사물인터넷), 드론과 3D 프린트, 나노테크 등의 기술들이 근간이 됨을 짐작할 수 있다. 그러나 신직업의 환경이 지금의 직업이나 직장의 그것과 무관한 것은 아니며, 기존의 환경에서 변형하여 적용되는 부문이 많다. 교육부는 진로정보망인 커리어넷을 통해 미래직업세계의 변화 요인으로 직업 환경의 변화를 제시하며 그 속도는 더욱 빨라진다고 예상한다. [아래 표 참조]

환경 변화	내용
산업구조의 고도화	■ 서비스산업의 비중은 계속 높아지고는 반면, 농림어업의 비중은 지속적으로 하락할 것으로 예상된다. 서비스산업은 소득수준의 향상으로 서비스의 질에 대한 국민의 욕구가 높아지고 있고, 제조업을 지원하는 서비스산업이 비약적으로 발전할 것이다. ■ 서비스 산업 가운데 취업자 수가 빠르게 증가될 업종으로는 통신업, 정보처리 및 기타 컴퓨터 운영 관련업, 사회복지사업, 사업지원 서비스업, 여행 알선, 창고 및 운송관련 서비스업, 항공운송업, 영화, 방송 및 공연 산업 등이 있다.
정보화 사회로의 진입	■ 정보화 사회에서는 사람들의 지적 활동에 의해 창출되는 브랜드, 디자인, 기술 등의 무형 자산이 기업의 가치로 각광을 받게 된다. ■ 정보화 사회에서 기업 경쟁력의 근원은 새로운 고부가가치를 창출해 내는 개인의 지식 능력 활용 및 생산 능력에 있다. 새로운 지식과 경험을 끊임없이 학습하고 이를 활용하여 새로운 부가가치를 창출해 낼 수 있는 능력을 갖춘 지식 노동자에 대한 수요가 증대할 것이다.

세계화의 가속화	■ 세계화 속에서는 전 세계라는 단일시장을 중심으로 보다 광범위한 경제활동이 이루어진다. ■ 따라서 앞으로는 많은 사람들이 자신의 일을 찾아 세계 각지를 여행하는 등 개인의 구직활동의 범위가 전 세계로 넓혀질 것이며, 국가 간이나 기업 간의 이해관계로 발생하는 여러 문제들을 해결해 주는 국제 관련 전문가의 수요 역시 증가할 것으로 예상된다.
새로운 성장엔진 으로서의 녹색성장	■ 세계 각국 정부는 에너지를 과도하게 사용하는 경제발전이 아니라 에너지를 절약하고 친환경적으로 산업발전을 이루어야 한다는 인식에 도달하였다. ■ 친환경적인 경제생활을 하고 화석에너지에 덜 의존하고 대체에너지를 개발하여 산업과 일상생활에 이용하려는 이른바 녹색성장의 개념이 중시되고 있다. 태양광, 풍력, 지열, 조력을 이용하는 전기 생산, 전기로 움직이는 자동차, 에너지 소모를 최소화한 현대식 건물, 폐기물을 재활용하는 자원 순환기술 등은 대표적인 녹색성장의 내용들이다. 녹색성장은 이제 새로운 성장엔진으로 등장한다.

[출처 : 커리어넷 자료 요약]

늘어나는 직업과 줄어드는 직업

통계에 따르면 우리나라에서 지난 10년간[2008-2018] 가장 빠르게 성장한 직업 중 1위가 연평균 증가율 5.6%를 보인 '여행 및 서비스 관련업'이고 2위가 5.3%를 나타낸 '컴퓨터 시스템 설계', 다음으로 '의료 및 보건 서비스 관련'이 5%의 증가율로 3위다. 반면에 '어업 관련업, 재단 등 의류 제조업, 가구 등 목제품 제조업' 등은 연평균 5% 이상씩 감소하고 있는 직업으로 나타났다.

긱gig 일자리 증가

Gig이란 1920년대 미국의 재즈 공연장 주변에서 필요할 때마다 가수나 연주자를 섭외해 짧은 시간 동안만 공연을 맡기던 관례[이를 gig이라 한대]에서 유래된 용어다. 단기간(시간)동안 일이 필요할 때에만 일을 해주는 임시직으로 디지털 시대 고용의 한 형태이다. Gig 경제는 "일반적으로는 특정한 프로젝트 또는 기간이 정해진 단위업무(task)를 수행하기 위해 노동력이 유연하게 공급되는 경제환경을 의미"[한국은행. 국제경제리뷰. 제2019-2호. 글로벌 긱 경제 현황 및 시사점]한다. Gig 일자리의 대표적 사례가 우버 기사들이며, 간병인, 대리기사, 배달앱, 카카오 택시, 따릉이 자전거, 공유숙박 등도 디지털 Gig 경제의 일자리다. Gig 경제(일자리)는 통신기술을 기본으로 서비스와 노동시장에서 이해관계자들의 이익이 부합되어 그 시장이 날로 커지고 있다. 그러나 사회보장체제에 편입되지 않은 노동환경(배달기사의 사회보험 미가입), 서비스 결과 보장성 위험(우버 택시 강도), 서비스 공급자보다 플랫폼운영자에 유리한 환경(소비자 가격은 오르지만 공급가는 그대로) 등의 문제점은 Gig 경제의 미래에 그늘이 될 수 있다는 우려가 나온다. Gig 경제의 장단점을 비교해보면 장점이 Gig 시장 전반에 걸쳐 영향을 미치고 있으나 단점은 대체로 Gig 시장 노동자와 서비스(상품) 공급자에게만 그 영향을 미치고 있음을 짐작할 수 있다. Gig 경제가 기술과 네트워크의 혁신성을 바탕으로 만들어지고 발전하지만 그 서비스의 완성은 최종 전달자인 Gig 시장의 노동자에게 의존하기에 Gig 경제가 미래 경제사회의 한 부문으로 긍정적 기능을 발휘하기 위해서는 경쟁 공정성, 서비스 신뢰성과 함께 Gig 노동자들의 사회적 제도적 안전망을 보장할 수 있는 방법들에 대한 고민이 필요하다.

Gig 경제의 장단점

장점	단점
■ 저렴한 가격, 서비스 선택의 자유 ■ 유연한 노동시간 ■ 탈 조직, 개성추구 용이 ■ 창의성 자극, 시장 확대 ■ 일자리 창출, 고용률 제고	■ 고용 및 경제적 불안정 ■ 사회보험 수혜 및 단체행동 불리 ■ 기존 일자리 잠식 가능성 ■ 서비스(상품)공급자보다 플랫폼운영자에 더 큰 이익 ■ 서비스 결과의 귀책 모호

Review - 진로결정

1. 진로자기효능감이란 무엇인가? 또 자신의 효능감은 어떤 것들이 있는지 설명하라.

2. 진로결정을 방해하는 것을 진로장벽이라고 하는데, 진로장벽을 어떻게 받아들여야 한다고 생각하는지 자신의 의견을 써라.

3. 자기분석과 자기이해의 차이점을 쓰고, 진로탐구에 있어 자기분석이 필요한 이유를 간략히 설명하라.

4. 포스트잇과 같은 메모지를 이용한 Listing과 Grouping 실행 방법에서 가장 중요하다고 생각되는 점은 무엇인가?

5. 비전, 미션, 핵심가치의 차이점에 대해 간략히 설명하라.

intentionally blank page for your note

2부
직무

Chapter 6
고객서비스직무 탐구

학습목표

1. 서비스란 무엇인지에 대해 자신만의 의견을 표현할 수 있다.
2. 고객이란 어떤 의미인지 자신만의 정의를 내릴 수 있다.
3. 고객서비스 직무에 있어 고객유형과 유형별 고객응대요령을 익힌다.
4. 외부고객과 내부고객을 구분하고 내부고객 마케팅에 대해 이해한다.

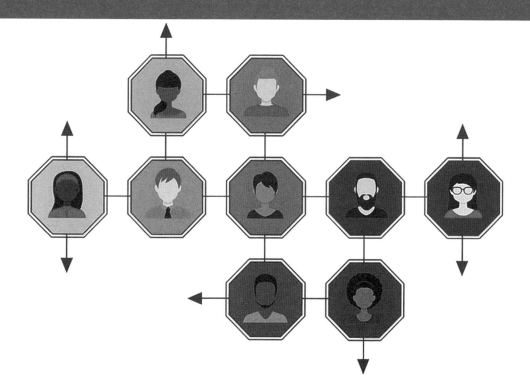

서비스와 서비스 산업

현대 산업의 경제구조에서 서비스산업의 비중은 날로 증가하고 있다. 서비스산업은 타 산업 대비 취업유발효과가 크고°, 저성장으로 인한 고용둔화의 현재의 경제구조에서 서비스의 스마트화(신기술과 서비스의 접목), 제조업의 서비스산업화 등으로 그 성장세가 더욱 높아지고 있다. 고객서비스 직무를 이야기하기에 앞서 서비스산업은 무엇인지, 서비스란 어떤 의미인지, 서비스에는 어떤 성질이 있는지 알아보기로 한다.

> ○ 서비스업의 취업유발계수는 18.0으로 제조업의 6.9에 비해 2배 이상 높다.
> 취업유발계수 : 재화를 10억 원 생산하기 위해 발생하는 직접적인 취업자 수 및 타 부문에서 간접적으로 고용되는 취업자 수의 합 [한국은행]

서비스(Service)의 정의

"서비스란 무엇이라고 생각합니까?"

이 질문에 자신 있게 대답할 수 있는가? 아마 그렇지 않을 것이다. 특히, 미래의 고용주가 될지도 모를 사람으로부터 받는 질문이라면 대답을 하면서도 후속 질문을 두려워하게 마련이다. 고객서비스 직무의 취업면접에서는 서비스와 고객에 관한 의견을 묻는 질문을 받을 가능성이 크다. 따라서 서비스와 고객의 개념을 파악하고 나아가 자신만의 의견을 말할 수 있어야 한다.

정의

정의	출처/학자
서비스는 '물질적 재화 이외의 생산이나 소비에 관련한 모든 경제활동'으로 용역(用役) 또는 복무(服務)로도 쓰인다. The action of helping or doing work for someone.	위키백과 Oxford
생산된 재화를 운반 · 배급하거나 생산 · 소비에 필요한 노무를 제공하는 것이며, 또한 개인적으로 남을 위하여 돕거나 시중을 드는 것, 장사에서 값을 깎아 주거나 덤을 붙여 주는 것	네이버 사전
소유권이 설정될 수 있는 독립된 실체가 아니며, 그 생산과 분리하여 거래될 수 없고, 소비자에게 제공되어야 생산이 완료되는 것	국민계정 인적자원 관리용어사전
■ 용역으로서 제품과 구분되는 것 ■ 비생산적 노동, 비물질적 재화	고전 경제학 (A. Smith, J. B. Say 등)
■ 판매목적으로 제공되거나 또는 상품판매와 연계해 제공되는 모든 활동, 편익, 만족 ■ 시장에서 판매되는 무형의 상품 ■ 인간의 인간에 대한 봉사(마케팅 근시안 이론Marketing Myopia)° ■ 제품은 생산되는 것, 서비스는 수행되는 것	미국 마케팅협회(AMA) William Stanton, John Rathmel Theodore Levitt John Rathmel
■ 고객과 기업과의 상호작용을 통해 고객의 문제를 해결해주는 일련의 활동	이유재
■ 한 개인(또는 기업)이 가진 지식, 기량Skill 등의 역량을 다른 개체를 위해 사용하는 것으로, 모든 제품은 그들이 제공하는 서비스에 의해 가치가 평가되어야 한다. ■ 서비스지배논리(SDL. Service Dominant Logic)를 주창	Stephen Vargo Stephen Vargo & Robert Luch
■ '서비스업'이란 경제주체의 경제활동에 의하여 타 경제주체나 경제객체의 상태를 변화시키는 무형의 경제재 생산 활동	통계청
■ '서비스산업'이란 무형의 재화(서비스)를 제공하는 산업으로서, 농림어업이나 제조업 등 유형의 재화를 생산하는 산업을 제외한 모든 산업을 말한다.	서비스산업총연합회

> ○ Marketing Myopia : 하버드대 교수인 테오도르 레빗의 논문으로 제품이 아닌 고객
> 지향 마인드를 통한 가치창출을 강조한 이론. "드릴을 사는 사람은 드릴이 아니라
> (드릴로 뚫을) 구멍을 원한다People don't want to buy a quarter-inch drill, they want a quarter-
> inch hole."

서비스의 정의가 어떠하던 '누군가를 돕거나 누군가를 위해 일을 하는 행위'라는 의미는 여전히 유효하며 그 '누군가'는 바로 '고객'임은 명확하다. 따라서 고객에 관하여 일찍이

피터 드러커의 "사업의 목적은 단 한 가지, 고객의 창조이다."「경영의 실제」라는 주장을 '기업의 목적은 서비스를 통한 고객 창조다'라고 하더라도 무리가 없다. 즉, 서비스란 고객과 떼어낼 수 없는 그 '무엇'임은 부인할 수 없는 개념으로, 현대 산업경제에서 서비스란 제품에 딸려있는 부수적 가치를 넘어 그 자체만으로도 고객에게 유의미한 가치를 제공할 수 있는 경제적 활동이다.

서비스산업과 서비스기업

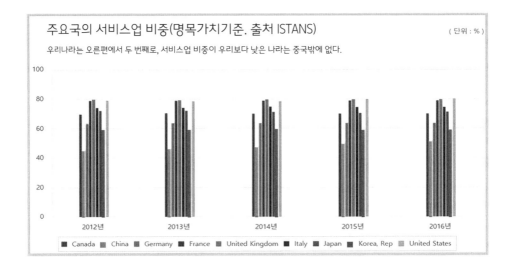

20세기를 지나면서 세계경제의 중심은 전통적 제조업에서 서비스산업으로 빠르게 이동한다. OECD 국가의 생산과 고용에서 서비스산업은 전체의 70% 넘게 차지하고 있고 제조업은 해가 갈수록 감소한다.

전통적 제조기업인 IBM, SONY, GE, 애플과 같은 전자 IT 분야 제조기업들은 스스로 컨설팅, 오락, 금융, 문화 생태계를 만드는 서비스기업으로 변화를 선포한 지 오래전이다. 마케팅의 아버지라 불리는 필립 코틀러Philip Kotler는 "현대의 모든 비즈니스는 서비스업이다."라고 하며 "서비스는 기업의 당연한 소명이고 진실하고 정성이 담긴 마음으로 고객에게 봉사해야 한다."라고 서비스의 중요성을 주장한 바 있다. 서울대 이유재 교수에 따르면 서비스산업이 이처럼 성장하는 이유는 "소비자욕구의 다양화, 정보통신을 비롯한 기술의 진보, 국제화, 정부의 규제완화 또는 규제강화, 여가시간 증가 등"(「서비스마케팅」 2016)의 요인들이 작용하기 때문이다.

서비스산업 분류

영국의 경제학자인 클라크Colin G. Clark의 산업분류 기준에 따라 서비스산업은 공식적으로 3차 산업으로 분류된다. 2000년대 들어 4차 산업(혁명)이 회자되더니 근간에는 1차 산업의 대표적 산업인 농업에서 6차 산업도 거론되고 있다. 6차 산업이란 농업(1차)과 농산품 제조가공(2차)을 문화체험과 유통판매 등의 서비스업(3차)에 연계하여 부가가치를 내고자 하는 농촌 융복합산업을 의미한다.

6차 산업 개념도

1차산업		2차산업		3차산업
농·임산물생산 특산물생산 기타 유·무형 자원	X 융복합	식품 제조·가공 특산품 제조·가공 공산품 제조 등	X 융복합	유통·판매, 체험·관광·축제 외식·숙박·컨벤션 치유·교육 등

[이미지 출처 : 한국임업진흥원]

바야흐로 서비스산업과 제조업(2차 산업), 그리고 농업과 같은 1차 산업 간의 경계가 점점 모호해지고 있다.

서비스산업은 일반적으로 서비스 및 서비스공급자의 특성을 토대로 하여 "1) 생산자 서비스, 2) 유통 서비스, 3) 사회서비스, 4) 개인 서비스의 네 부문으로 분류"(J. Singelmann(1978)]되고 있다.

우리나라도 서비스업을 생산자서비스(정보, 통신, 금융, 부동산 등), 유통서비스(도소매, 운수, 보관 등), 사회서비스(공공행정, 국방, 교육, 보건 등), 개인서비스(음식, 숙박, 예술, 수리 등) 부문으로 분류한다.

통계청은 ① 국내 통계지표 확장성 및 정합성 ② 국제기구 등과의 비교 ③ 부가가치 기준 주된 산업 활동 측면 등을 고려하여 서비스업을 한국표준산업분류상 16개 산업대분류(E,G,H,I,J,K,L,M,N,O,P,Q,R,S,T,U)로 정의하고, 다음과 같이 분류한다.

한국표준산업분류 기준 서비스업 해당 대분류 [분류 코드와 이름]

E : 수도, 하수 및 폐기물 처리, 원료재생업
G : 도매 및 소매업
H : 운수 및 창고업
I : 숙박 및 음식점업
J : 정보서비스업
K : 금융 및 보험업
L : 부동산업
M : 전문, 과학 및 기술서비스업

N : 사업시설 관리, 사업지원 및 임대 서비스업
O : 공공 행정,국방 및 사회보장 행정
P : 교육 서비스업
Q : 보건업 및 사회복지 서비스업
R : 예술, 스포츠 및 여가 관련 서비스업
S : 협회 및 단체, 수리 및 기타 개인 서비스업
T : 가구 내 고용활동 및 달리 분류되지 않은 자가소비 생산활동
U : 국제 및 외국기관

한국표준산업분류[Korean standard industrial classification(KSIC)]

한국표준산업분류는 우리나라의 생산주체들이 수행하는 각종 상품과 서비스의 생산 활동을 일정한 분류기준과 원칙을 적용하여 체계적으로 분류한 것으로, 유엔의 국제표준산업분류에 기초하여 국내의 산업구조와 기술변화를 반영한 한국표준산업분류를 통계청이 제정·고시하고 있으며, 2018년 5월에 10차 분류가 고시되었다. [다음 페이지의 분류표(일부) 참조]

우리나라의 서비스 산업 현황 [통계청. 2018년 12월 발표 기준]

- 전체 사업체 수는 286만 3천 개로 전년 대비 2.2%(6만 2천 개) 증가하였으며, 이는 최근 10년간('07 ~'17년) 사업체 수 연평균 증감률(2.1%)을 상회한다.
- 종사자 수는 1,171만 4천 명으로 전년 대비 2.5%(28만 4천 명) 증가하였으며, 이는 최근 10년간('07 ~'17년) 종사자 수 연평균 증감률(3.5%)을 하회한다.
- 매출액은 2,041조 원으로 전년 대비 7.4%(141조 원) 증가하였으며, 이는 최근 10년간('07~'17년) 매출액 연평균 증감률(8.2%)을 하회한다. [아래 그래프. 출처 : 통계청]

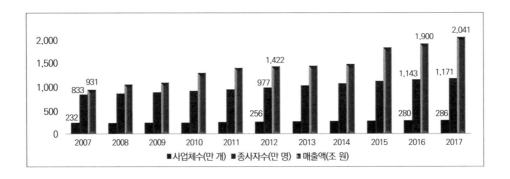

한국표준산업분류 - 대분류표1

한국표준산업분류

A 농업, 임업 및 어업(01~03)
- 01 농업
- 02 임업
- 03 어업

B 광업(05~08)
- 05 석탄, 원유 및 천연가스 광업
- 06 금속 광업
- 07 비금속광물 광업; 연료용 제외
- 08 광업 지원 서비스업

C 제조업(10~34)
- 10 식료품 제조업
- 11 음료 제조업
- 12 담배 제조업
- 13 섬유제품 제조업; 의복 제외
- 14 의복, 의복액세서리 및 모피제품 제조업
- 15 가죽, 가방 및 신발 제조업
- 16 목재 및 나무제품 제조업; 가구 제외
- 17 펄프, 종이 및 종이제품 제조업
- 18 인쇄 및 기록매체 복제업
- 19 코크스, 연탄 및 석유정제품 제조업
- 20 화학물질 및 화학제품 제조업; 의약품 제외
- 21 의료용 물질 및 의약품 제조업
- 22 고무제품 및 플라스틱제품 제조업
- 23 비금속 광물제품 제조업
- 24 1차 금속 제조업
- 25 금속가공제품 제조업; 기계 및 가구 제외

- 26 전자부품, 컴퓨터, 영상, 음향 및 통신장비 제조업
- 27 의료, 정밀, 광학 기기 및 시계 제조업
- 28 전기장비 제조업
- 29 기타 기계 및 장비 제조업
- 30 자동차 및 트레일러 제조업
- 31 기타 운송장비 제조업
- 32 가구 제조업
- 33 기타 제품 제조업
- 34 산업용 기계 및 장비 수리업

D 전기, 가스, 증기 및 공기조절 공급업(35)
- 35 전기, 가스, 증기 및 공기조절 공급업

E 수도, 하수 및 폐기물 처리, 원료 재생업 (36~39)
- 36 수도업
- 37 하수, 폐수 및 분뇨 처리업
- 38 폐기물 수집, 운반, 처리 및 원료 재생업
- 39 환경 정화 및 복원업

F 건설업(41~42)
- 41 종합 건설업
- 42 전문직별 공사업

G 도매 및 소매업(45~47)
- 45 자동차 및 부품 판매업
- 46 도매 및 상품중개업
- 47 소매업; 자동차 제외

2

[출처 : 통계청 제 10차 개정표 리플렛]

Korean Standard Industrial Classification

(H) 운수 및 창고업(49~52)

49 육상운송 및 파이프라인 운송업
50 수상 운송업
51 항공 운송업
52 창고 및 운송관련 서비스업

(I) 숙박 및 음식점업(55~56)

55 숙박업
56 음식점 및 주점업

(J) 정보통신업(58~63)

58 출판업
59 영상 · 오디오 기록물 제작 및 배급업
60 방송업
61 우편 및 통신업
62 컴퓨터 프로그래밍, 시스템 통합 및 관리업
63 정보서비스업

(K) 금융 및 보험업(64~66)

64 금융업
65 보험 및 연금업
66 금융 및 보험 관련 서비스업

(L) 부동산업(68)

68 부동산업

(M) 전문, 과학 및 기술 서비스업(70~73)

70 연구개발업
71 전문 서비스업
72 건축기술, 엔지니어링 및 기타 과학
   기술 서비스업
73 기타 전문, 과학 및 기술 서비스업

(N) 사업시설 관리, 사업지원 및 임대 서비스업(74~76)

74 사업시설 관리 및 조경 서비스업
75 사업지원 서비스업
76 임대업; 부동산 제외

(O) 공공 행정, 국방 및 사회보장 행정(84)

84 공공 행정, 국방 및 사회보장 행정

(P) 교육 서비스업(85)

85 교육 서비스업

(Q) 보건업 및 사회복지 서비스업(86~87)

86 보건업
87 사회복지 서비스업

(R) 예술, 스포츠 및 여가관련 서비스업(90~91)

90 창작, 예술 및 여가관련 서비스업
91 스포츠 및 오락관련 서비스업

(S) 협회 및 단체, 수리 및 기타 개인 서비스업(94~96)

94 협회 및 단체
95 개인 및 소비용품 수리업
96 기타 개인 서비스업

(T) 가구 내 고용활동 및 달리 분류되지 않은 자가소비 생산활동(97~98)

97 가구 내 고용활동
98 달리 분류되지 않은 자가소비를 위한
   가구의 재화 및 서비스 생산활동

(U) 국제 및 외국기관(99)

99 국제 및 외국기관

3

[출처 : 통계청 제 10차 개정표 리플렛]

서비스(산업)의 특성과 대처방안

특성

전통적 의미의 제품(제조업)과 비교할 때 서비스(서비스산업)는 다음과 같은 고유의 성질을 지닌다.

특성	의미
무형성 (Intangibility)	서비스는 보거나 만질 수 있는 형태가 없으며, 직접 경험하기 전에는 상상하기 어렵다. 서비스 회사들은 다양한 '유형적 증거'들로 서비스의 무형성을 극복하려는 노력을 한다. 보험, 유통 등이 대표적 무형적서비스다. [아래 그림 참조]
소멸성 (Perishability)	형태가 없는 서비스는 보관되거나 운반되기 어렵고 정해진 시간이 지나면 그 가치가 일순간 사라져 없어진다.(영화관과 항공기의 좌석, 호텔객실 등) 제조업의 재고관리처럼 서비스기업들은 마일리지 제도, Yield Management를 통해 이런 소멸성을 보완하려고 한다.
비분리성 (Inseparability)	서비스란 상품은 생산과 동시에 소비되고. 서비스가 전달될 때 공급자와 소비자가 상호작용을 하게 된다. 미용실에서의 머리 손질, 학교 수업 등이 해당된다. 이때 제공자와 고객의 참여수준에 따라 서비스 결과가 영향을 받는다. 동시성, 참여성이라고도 부른다.
다양성 (Variability)	서비스는 고객에게 물질적 형태로 소유할 수 없는 경험을 준다. 그런 경험도 다른 사람들과의 상호작용, 환경, 주관 등에 따라 변할 수 있고, 외형적으로 동일한 조건과 환경이라도 결과가 다를 수 있다. 이질성(Heterogeneity)이라고도 한다.

이 외에도 서비스는 소유하기가 어렵다는 특징을 지닌다. 이는 물리적으로 보관할 수 없는 의미의 소멸성과는 다른 개념으로 서비스 상품, 아이디어, 절차, 수준 등에 대한 권리를 독점하기 어렵다는 뜻이다. 호텔 프런트 데스크의 디자인은 그 호텔이 소유할 수 있겠지만 체크인 절차나 직원의 응대방식을 소유하거나 독점할 수 없다. 서

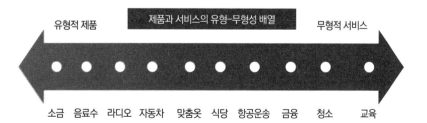

유형적 제품　　제품과 서비스의 유형-무형성 배열　　무형적 서비스

소금　음료수　라디오　자동차　맞춤옷　식당　항공운송　금융　청소　교육

비스를 소비하는 고객 입장에서도 자신이 받은 서비스와 그 가치를 소유할 수 없다. 호텔에서의 기분 좋은 숙박 경험을 마음에 담아두고 표현할 수는 있지만 다음번 투숙 시 그것을 끄집어내어 보여주며 이해시키고 똑같은 서비스를 요구하기는 어렵다.

서비스 특성 대처방안

서비스의 이러한 특성들을 고려하여 기업들은 서비스(서비스 상품)을 만들고 전달하는 과정에서 각 특성이 만드는 문제점과 불리한 점을 보완하기 위해 다양한 노력과 방법을 동원한다.

특성	보완책
무형성 (Intangibility)	형태가 있는 증거를 찾아 보여준다. 구전(Word of Mouth)을 활용하고 기업이미지의 유형화를 시도한다. ■ 매장 인테리어, 유니폼, 컬러, 교육기관의 합격생 현수막, 공인기관의 인증, 유명인 추천 게시 등.
소멸성 (Perishability)	수요 예측 관리기법으로 공급을 조절하거나 수요를 창출, 변화시킨다. ■ 호텔, 항공사들의 마일리지 시스템, 음식점의 Happy Hour, 교육-유다시티, 칸 아카데미, EBS 강의 등.
비(非)분리성 (Inseparability)	직원 채용 선발과 교육 훈련 시스템을 발전시키고, 고객관리체계와 함께 내부 고객관리를 강화한다. ■ Zappos, Northstrom의 고객서비스 사례, 회원제 클럽 등.
다양성 (Variability)	서비스 공업화(Service industrialization), 개별화(Customization)로 극복을 시도한다. ■ 체인 레스토랑의 표준매뉴얼, 항공사나 호텔의 amenity 차별화 등.

서비스 패러독스

휴대폰의 기능과 품질은 매년 진보하고 통신 속도는 해가 다르게 빨라지고 있음에도 고객센터에 접수되는 소비자들의 불만건수는 줄어들지 않는다. 우리나라 항공사들의 서비스와 인천공항의 여행자 환경은 세계 최고 수준이지만 여객들의 불만과 요구사항은 오히려 늘어나고 있다. 기술발달로 인해 기업들의 제품과 서비스상품 자체의 차별성이 줄어듦에 따라 고객들은 부가서비스에서의 만족에 가치를 더 부여하고, 다른 분야의 서비스와 비교하려는 경향이 강해졌다. 통신사의 고객들은 더 이상 통화가 끊긴다고 불평하지 않는다. 대신 단골 카페에서 포인트 사용이 불편하거나 인터넷 TV 결합이 안 되면 미련 없이 통신사를 갈아탄다. 항공여객들은 비행기의 안전성, 좌석의 쾌적성이 항공사마다 비슷해짐에 따라 기내식의 다양성, 공항수속의 신속성, 수하물처리의 신뢰도와 같은 보조적 서비스에 더 가치를 둔다. 이처럼 전반적으로 품질이 향상됨에도 고객이 느끼는 만족도는 오히려 떨어지는 현상을 Service Paradox역설. 모순라고 한다. 제품과 서비스 품질의 향상 속도가 고객 기대치의 증가 속도를 따라가지 못하는 것이다°.

> ○ 붉은 여왕의 역설 : 앨리스는 붉은 여왕과 손을 잡고 미친 듯이 달리다가 놀라 묻는다. "붉은 여왕님, 정말 이상하네요. 지금 우리는 아주 빠르게 달리는데, 주변 경치는 조금도 변하지 않아요." 여왕이 대답한다. "여기서는 제자리에 남아있으려면 죽어라 달려야 해. 어딘가 다른 데로 가고 싶으면 적어도 그보다 두 배는 빨리 달려야 하고." - 루이스 캐럴 「이상한 나라의 앨리스」

서비스공업화

서비스 패러독스 현상이 일어나는 이유 중 하나는 기업들이 서비스효율성을 위하여 공장에서 제품을 생산하듯 서비스를 획일적으로 제공하는 데 있다. 이를 서비스공업화service industrialization라고 한다. 서비스공업화는 표준화된 서비스를 일관되게 공급함으로써 양적인 면에서 효율화를 이루었지만 개별고객에 대한 차별성이 사라지고 서비스 제공 과정에서의 인간성 상실 등의 부작용을 낳았다. 기업의 콜 센터에 전화를 걸었을 때 상담내용의 긴급성과 상관없이 무조건 ARS 질문부터 응답하게 하는 고객응대시스템, 승객이 처한 상태가 어떠하든 무인 키오스크부터 거쳐야 하는 공항의 탑승수속카운터 따위가 대표적 사례다. ⇒ 주위에서 흔히 볼 수 있는 서비스공업화의 예를 찾아보자.

서비스 회복(Recovery)과 서비스회복의 역설

서비스 실패로 잃어버린 고객은 수십 명의 불만고객을 만들고 한 명의 신규고객을 확보하는 것보다 떠난 고객 한 명을 다시 찾는 데 훨씬 많은 시간과 비용이 들어간다. 서비스 회복이란 고객 불만이나 클레임이 발생했을 때 대처하는 과정과 방안을 의미한다. 서비스 실수를 만회한다는 뜻에서 리커버리 서비스라고 부른다. 기업들의 경쟁심화는 서비스 품질을 비슷한 수준으로 만들고 있음에 따라 서비스 자체보다 서비스를 실패했을 때 어떻게 대응하느냐에 따라 기업 간의 차별화가 이루어진다. 서비스 실수(실패)가 오히려 기업 이미지를 높이는 계기가 될 수 있다. 이렇게 실수(불만)의 사후처리를 통해 고객만족도와 기업 이미지가 전보다 오히려 더 높아지면 현상을 서비스 회복의 역설service recovery paradox이라고 한다.

성공적인 서비스 회복 전략

전략	실천방안과 사례
불만발생 전에 불만 유발요인을 찾는다.	무엇이 불만을 만드는지 미리 확인할 수 있다면 더할 나위 없이 좋다. 물컵이 엎질러지기 전에 테이블부터 고정하는 것이 현명하지 않은가? ■ 아파트 준공 전 주부 점검단, 놀이공원의 대기관리 시스템
고객은 불만을 쉽게 제기할 수 있어야 한다.	불만이 있는데 전달할 방법이 어려우면 그 불만은 확장한다. 불만은 생기는 즉시 표출될 수 있는 통로를 열어둔다. ■ 구매는 비회원도 할 수 있지만 불만접수는 회원가입이 필수인 사이트
신속하고 공정하며 진정성 있게 처리한다.	서비스회복 전략의 핵심이다. 불만처리시간을 대응단계별로 정하고, 처리과정을 공개하고(최대한) 불만강도가 아닌 피해강도를 기준으로 공정하게 처리하며, 고객의 감정 상태에 공감하는 태도를 가진다.

"고객 불만으로는 신뢰를 잃지 않는다.
단지 그 대응방법으로 인해 신뢰를 잃게 되는 것이다."

베나소우이찌(部奈壯一)

서비스란 무엇이라고 생각하는지 자신의 의견을 적어보자.

내가 생각하는 서비스란?

자신이 관심 있는 기업 한 곳을 정하여 그 기업이 서비스 특성을 극복하고 보완하기 위한 사례를 확인해보자.

서비스 특성	내용
무형성 (Intangibility)	
소멸성 (Perishability)	
비(非)분리성 (Inseparability)	
다양성 (Variability)	

고객서비스

고객이란?

고객맞춤, 고객만족, 고객감동, 고객경험, 고객관계, 고객서비스, 고객의 소리(VoC. Voice of Customer) 등등, 고객이란 말을 우리는 일상에서 익숙하게 쓰고 듣는다. 우리는 모두 집을 나서는 순간부터 고객을 마주하게 되고 누군가의 고객이 된다. 고객이 빠진 직업, 고객이 없는 기업은 상상할 수 없다. 따라서 고객이란 무엇을 뜻하는지에 대해 자신만의 의견을 가지고 있어야 한다. 그러기 위해서 '나는 이곳에서 무엇을 위해 일하고 있는가?'를 자문하고 답을 찾는다. 고객 앞에 마주한 '나'에 대한 인식에 따라 고객정의가 달라질 수 있기 때문이다. 뚜렷한 직업가치관을 가진 '나'와 그렇지 않은 '나'는 고객인식도 같을 수 없다. 이런 차이는 고객과의 상호작용이 직업만족도에 결정적 요소로 작용하는 서비스 직무에 있어서 특히 중요한 의미를 가진다.

핵심고객	고객이란,
  ■ 매출을 가장 많이 올려주는 고객 ■ 수익을 가장 많이 내주는 고객 ■ 기업가치관에 맞는 고객 ■ ………………?……………… 고객	■ 내 월급을 주는 사람 ■ 나에게 기회를 주는 사람 ■ 나에게 호의를 베푸는 사람 ■ 나를 기쁘게 하는 사람 ■ 나를 아프게 하는 사람 ■ 자신이 원하는 것을 해주기를 바라는 사람 ■ 자신이 원하는 것을 알아주기 바라는 사람 ■ 만족에 인색한 사람 ■ ………………?……………… 사람

100-1은 99가 아니라 0이다.

두 개의 사례가 있다.

"신입직원을 뽑는 면접장 복도에 종이가 떨어져 있다. 종이를 아무도 치우지 않는데 한 지원자가 주워 휴지통에 버린다. 그 종이엔 '입사를 축하합니다.'라고 적혀 있었고, 종이를 주웠던 사람은 나중에 그 회사의 CEO가 된다."

"세계에서 가장 크고 오래된 회사 중 하나인 한 항공사에서 아마추어 가수의 기타를 수하물로 운송 중 부러뜨렸다. 고객의 클레임에 귀를 기울이지 않고 원칙만 고집하던 그 항공사는 고객이 자신이 받았던 불쾌한 서비스의 이야기를 곡으로 만들어 유튜브에 올리고, 그 노래가 히트를 치자 뒤늦게 클레임을 보상하였지만 회사 이미지는 기타 값의 수천 배가 넘는 타격을 입게 된다."

의례적이라 여기는 사소한 실수, 공감이 결여된 규정우선의 업무처리가 고객서비스는 0점이 되고 비즈니스 자체의 무덤이 될 수 있다. 수학계산에서는 [100-1=99]이고, [100-99=1]이지만 고객서비스의 수식은 [100-1]이나 [100-99]나 답은 똑같이 [0]이다. 99%가 만족스러웠더라도 1%의 불만족에 고객은 떠난다. 반면에 Recovery Service에 따라 [-99+1=100]이 될 수도 있다. 고객서비스에 99점은 없으며 100점이 아니면 0점이다. 악마는 디테일에 숨어있다.°

> ° 'God is in the detail' 또는 'Devil is in the detail'.
> ■ 사소한 것 하나가 전부를 흥하게 할 수도, 망하게 할 수도 있다는 의미
> ■ [100-1=0]는 'MoT(Moment of Truth)'의 SAS 얀 칼슨 회장이 주장한 고객만족이론의 하나

고객만족의 3요소

그렇다면 고객이 서비스에 만족할 수 있는 시점 또는 경계선은 어디일까? 고객이 받는 서비스가 자신의 기대를 넘어서는 선, 고객이 기대한 서비스에 부가가치가 더해지는 선이다. 이 선을 넘기 위해 서비스는 3가지 부문에서 고객 기대를 충족시켜야 하는데 일본 최고의 호텔리어라 불리는 구보야마 데쓰오는 이를 "부가가치의 3원칙"「서비스철학」이라고 한다. 서비스 부가가치 요소는 고객만족 요소와 다르지 않다.

1) 하드웨어hardware

고객이 서비스 과정에서 접하는 모든 물리적 증거Physical evidences들이 하드웨어를 이룬다. 건물, 인테리어와 유니폼과 같은 시각적 요소는 물론 기타 감각으로 느낄 수 있는 음악, 향기, 분위기 등도 포함된다.

2) 소프트웨어software

하드웨어의 서비스를 최대한 제공하기 위한 서비스와 기술로, 서비스상품과 부가서비스를 포함하여 서비스 과정과 연관된 A/S, CRM, 고객과의 커뮤니케이션을 의미한다. 최근 활용도가 높아지고 있는 빅데이터Big data 고객관리도 여기에 해당된다.

3) 휴먼웨어humanware

고객만족 3요소 중에 가장 결정적인 요소라 할 수 있다. 휴먼웨어는 그만큼 품질을 지키기 어렵다. 직원들의 서비스태도, 서비스마인드가 대표적 휴먼웨어이다. 개인 인성이 휴먼웨어의 기본이 되지만 기업문화가 받쳐주지 않으면 기대하기 힘들다. 대신 한번 구축되면 쉽게 무너지지 않고 뚜렷한 차별화를 나타낼 수 있는 요소가 된다.

고객에 대한 '나'만의 정의

다음 개념에 대해 자신만의 정의를 시도해보자.

고객이란,			
정의		의미	

서비스 구매 고객의 종류

유통단계에 따른 분류 : 내부고객과 외부고객

좁은 범위의 고객은 서비스를 구매하는 소비자를 뜻하고 넓게 보면 서비스의 생산, 유통, 소비, 평가 전 과정에 관련된 사람 모두를 의미한다. 서비스 생산과 유통을

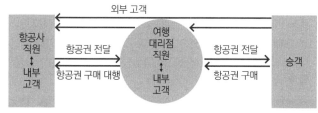

항공여객운송서비스의 내부 고객, 외부 고객

담당하는 사람, 즉 직원을 내부고객이라 하고, 생산된 서비스를 구매, 소비하는 사람, 즉 소비자를 외부고객이라 부른다. 전통적인 고객의 의미는 서비스를 구매하여 이용하는 사람외부고객만을 지칭하지만 현대적 의미의 고객은 조직과 서비스 가치를 생산하고 전달하는 주체내부고객를 포함하여 서비스 가치에 영향을 미치는 모든 사람을 일컫는다. 내부고객과 외부고객 사이에서 서비스를 전달하는 중간자를 중간고객이라고도 하는데 서비스를 생산하는 입장에서는 중간고객도 외부고객으로 여겨야 한다. 요컨대, 서비스 현장에서 고객은 '나' 주위에 존재하는 모든 사람이라 하겠다.

이익 기여도에 따른 분류

기업은 고객이 기업에 이익을 가져다줄 것을 기대한다. 기업 입장에서 고객이 가져다줄 이익의 크기와 창출 가능성을 기준으로 고객을 다음과 같이 분류할 수 있다.

이익 창출 크기에 따른 고객 분류와 흐름

서비스마케팅의 최종목표는 충성고객 확보다. 스타벅스의 20~30대 충성고객들은 기업에 막대한 이익을 가져다줄 뿐 아니라 스타벅스라는 브랜드를 자발적으로 홍보해준다. 직원이 내부에 있는 고객(사내고객)이라면 충성고객은 외부에 있는 직원(사외직원)이다.

<table>
<tr><td colspan="5" align="center">충성고객과 브랜드 관리</td></tr>
</table>

충성고객Loyal Customer은 그 브랜드를 좋아할 뿐 아니라 지지한다. 지지하는 브랜드의 서비스(제품)만을 구매하고 주위에 추천한다. 충성고객은 가격 인상이나 사용 불편함, 구매과정의 수고도 감수한다. 나아가 충성고객은 브랜드의 마케팅에 스스로 참여하고 창의적으로 활동하여 강력한 팬덤fandom을 형성한다.

마케팅 관점의 분류

마케팅 대상이 누구냐에 따라 고객을 분류할 수 있다. 돈을 지불하는 사람과 서비스를 이용하는 사람이 다를 수 있고, 돈을 내지도 않고 서비스를 이용하지도 않는 사람이 구매에 영향을 주기도 한다.

마케팅 관점에서 보는 고객 분류	
구매하는 사람(Purchaser)	구매자, 돈을 내는 사람 아빠가 딸의 여름방학 배낭여행 항공권을 구매
사용하는 사람(End-user)	최종소비자, 서비스 사용자 배낭여행을 하는 딸
영향을 미치는 사람(Influencer)	구매자와 소비자의 구매활동에 영향을 주는 사람 엄마, 아빠 친구, 선배, 여행프로그램 PD, 여행 작가, 유튜버

고객가치제안이란 판매자, 공급자 중심이 아니라 구매자, 소비자가 느끼는 구체적이고 분명한 가치를 의미한다. 고객가치제안을 이루려면 고객니즈Needs를 충족시키고, 고객의 문제를 해결할 수 있어야 함은 물론 다음의 기준을 만족시켜야 한다.

1) 목표고객Target Customer이 명확하다.
2) 목표고객에게 줄 수 있는 가치 있는 구체적 서비스가 있다.
3) 타 사(서비스)에 비해 혜택이 우월하다.
4) 이러한 서비스를 지속적으로 제공할 수 있다.

고객 유형

서비스 직원 모두는 자신의 고객이 만족할 서비스를 제공하고 싶다. 나아가 자신의 서비스가 고객에게 감동까지 주게 된다면 더할 나위 없이 기쁘다. 그러기 위해서 고객의 욕구와 행동에 대한 이해가 필요하다.

고객의 보편적인 욕구

모든 고객은 자신이 구매하는 서비스에 진정성이 담겨있기를 바란다. 카트에 무거운 짐을 싣고 공항카운터로 오는 승객은 낯선 곳으로 여행을 떠나는 자신의 감정을 탑승수속직원이 헤아려주고 출국수속이 원만하게 진행되어 자신의 항공기에 무사히 탑승할 수 있도록 전문가의 태도와 서비스를 기대한다. 만석의 기내에서 승무원이 정신없이 바쁘더라도 승객들은 자신이 부탁하면 갈증을 해소할 물 한잔 정도는 언제든지 가져다주리라는 기대를 한다. 진정성의 기준은 '서비스가 자신의 기대에 부합하는가? 문제가 발생했을 때 자신의 문제에 직원이 공감하는가? 그리고 그 문제가 정당하게 처리되는가?'이다. 이런 기준은 구매할 때 서비스 제공 시간에 우선 가치를 두는 고객인지, 가격을 중요하게 여기는 고객인지, 직원의 태도에 영향을 받는 고객인지 등 고객의 유형에 따라 조금씩 달라진다.

고객유형분류

DiSC 행동 유형

DiSC는 미국의 심리학자 마스턴William Moulton Marston 박사가 개발한 행동패턴 모델이다. 사람은 어떤 행동을 할 때 자기의 힘을 인식하고 나름의 동기에 의해 일정 방식의 경향성을 보이는 데 이를 행동 패턴Behavior Pattern 또는 행동 스타일Behavior Style이라고 한다. 사람들의 일정한 행동스타일을 유형별로 정리한 것이 DiSC 유형이다. DiSC 유형분석을 통하여 자신의 행동유형을 알고 타인 이해력을 높여 서비스 현장에서 만나는 다양한 고객들을 대응할 수 있는 능력을 키울 수 있다. 지적지아(知敵知我), 즉 적과 나의 사정을 알아야 패하지 않는 법이다. DiSC 유형에서는 사람의 성격을 크게 주도형(Dominance), 사교형(Influence), 안정형(Steadiness), 신중형(Conscientiousness)의 네 가지로 분류한다.°

> ° 'DiSC'는 네 가지 유형의 머리글자이다. 사교형을 Interactive(상호교류), 안정형을 Supportive(상호지원)으로 표현하기도 한다. 「사람을 읽는 힘 DiSC」 메직 로젠버그, 대니엘 실버트

체크인 카운터로 오던 승객이 자신의 가방이 카트에서 떨어지며 내용물이 쏟아졌을 때 취하는 반응을 보고 승객의 DiSC 유형을 짐작할 수 있다.

- D형 : 별일 아니라는 듯 개의치 않고 내용물을 주워 담는다.
- I형 : 주위를 먼저 살핀다. 누가 보고 있으면 당황하거나 괜찮다는 듯 웃는다.
- S형 : 가방이 왜 떨어졌을까 하며 카트와 가방을 살핀다.
- C형 : '이런 가방을 여기에 올리는 게 아닌데, 내가 왜 그랬을까?'

Dominance(주도형) – 자기중심 스스로 환경을 만든다.	Influence(사교형) – 관계중심 타인을 설득하고 타인에게 영향력을 행사한다.
■ 빠르게 결정하고 결과를 도출한다. ■ 타인의 행동을 이끈다. ■ 도전을 두려워하지 않는다. ■ 기존 질서에 이의를 제기한다. ■ 요점만 말한다. ■ 상대방의 말을 자주 끊고 자기 말을 한다.	■ 사람들과의 관계를 중시한다. ■ 말솜씨가 좋다. ■ 타인의 동기를 자극한다. ■ 열정적이나 즉흥적이고, 낙관적이다. ■ 사적인 대화를 좋아하고 감정 기복이 크다. ■ 말이 많고 이야기 자체를 즐긴다.
Conscientiousness(신중형) – 과업지향 주어진 환경 안에서 신중하다.	Steadiness(안정형) – 과정지향 타인과의 협력을 중시한다.
■ 기준과 매뉴얼을 중시한다. ■ 정확한 것을 좋아한다. ■ 분석적이고 차분하다. ■ 갈등이 발생하면 간접적으로 접근한다. ■ 비평적이고 사무적이다. ■ 천천히, 건조하게 말한다.	■ 일관되게 말하고 행동한다. ■ 타인을 도와주는 것을 좋아한다. ■ 타인의 말을 잘 듣는다. ■ 조화에 가치를 둔다. ■ 참을성이 강하다. ■ 말하기보다 질문하기를 좋아한다.

DiSC 유형별 행동방향

DiSC 유형	행동	목적	초점	선호하는 보상	비교 동물
D	주로 말한다.	성과	무엇을	공개칭찬	독수리
i		인정	누구와	아이디어 실행	앵무새
S	주로 듣는다.	이해	어떻게	일대일 칭찬	비둘기
C		분석	왜	의미 있는 책	올빼미

출처 : discprofile.com, 「사람을 읽는 힘 DiSC」 발췌 요약

DiSC 유형에 따른 행동패턴

	결과지향, 속도우선		
외부지향 업무우선	Dominance 혁신, 도전, 실행, 지배, 독립	Influence 관계, 사람, 설득, 흥미, 집단	사람우선 내부지향
	Conscientiousness 과업, 정확, 유능, 걱정, 논리	Steadiness 질서, 위계, 지지, 순종, 조화	
	정확우선, 과정지향		

DiSC 유형별 고객 응대 요령

기내에서 음료를 제공하다가 승객의 옷에 흘러내렸다. DiSC 유형별로 고객의 반응을 예상하고, 효과적인 응대 요령을 적어보자.

DiSC	고객 반응	응대 요령
D		
i		
S		
C		

림빅시스템에 따른 고객 유형

우리는 이성적이고 합리적인 존재인가? 소비자로서는 그렇지 않은 경우가 많다. 소비할 때 우리의 이성은 능동적 자세를 멈추고 감성을 따르기 쉽다. 한 병에 10만 원이 넘는 생수를 사 먹고, 품질과는 아무 상관 없는 포장지 디자인에 이끌려 지갑을 열며, 남성과 여성의 지불가치기준은 같은 제품에서도 다르다. 독일의 뇌 신경학자이며 경제학자인 한스-게오르그 호이젤Hans-Georg Hausel은 이런 소비태도가 우리 뇌의 림빅시스템에 의해 결정되는 행동이라고 말한다.「승자의 뇌구조」 림빅Limbic은 인간의 감정과 기억, 동기부여 등을 담당하는 뇌의 한 부분[대뇌변연계]인데, 이 림빅에 의해 인간의 감정이 '균형, 지배, 자극'의 세 가지 욕구에 따라 움직여진다고 한다. 소비행동을 앞둔 고객 감정의 무게 중심이 세 가지 욕구 중 어디에 더 많이 치우치느냐에 따라 고객유형을 조화론자, 규율 숭배자, 전통주의자, 개방주의자, 향락주의자 모험가, 실행가 등 7가지로 분류한다. 이러한 고객성향을 고객서비스에 활용할 수 있다. 해외여행을 생각 중인 사람은 대개 항공사 리스트를 보면서 '이 항공사는 항상 지연이야' '가격은 싼데 위험하지 않을까?' '최신 비행기를 들여왔다고 뉴스에서 봤는데?'하는 생각을 직관적으로 떠올린다. 이러한 생각들은 이성이 분석하기 전에 앞서 떠오르는데 그 사람의 림빅시스템(뇌)이 자신의 감정과 생각을 통제하는 지령을 자동적으로 내리기 때문에 생긴다.

림빅시스템의 3가지 감정과 특성

구분	균형	자극시스템	지배시스템
특성	안정, 보살핌, 질서	호기심, 탐색, 모험	권위, 경쟁, 성장
	변화, 위험, 장애물에 불안감을 가짐 ■ 혼자일 때 불안감정 ■ 대기업, 패키지여행	변화, 모험, 도전에 오히려 안정감을 느낌 ■ 집착, 과도한 열광 ■ Early Adaptor	욕구가 충족되지 못하면 분노와 불안감이 나타남 ■ 모임에서 리더 자청 ■ 명품 소비, 규정 무시

림빅시스템에 따른 고객 유형

세 가지 지령균형, 지배, 자극만으로 사람의 감정을 분류하기엔 뭔가 부족하다. 세 가지 지령사이에 '모험, 개방과 관용, 통제와 규율'을 분포시켜 감정의 혼합 정도를 7개의 유형으로 분류한다.

지령	균형		지배		자극		
유형	만족형	보존형	규율형	성과형	모험형	쾌락형	향유형
이름	조화론자	전통주의자	규율숭배자	실행자	모험가	향락주의자	개방주의자
특징	중립형. 10명 중 3명	일상적, 규칙성 선호	위험에 민감, 꼼꼼히 따짐	성공지향, 브랜드 선호	도전, 새로운 경험 추구	취향 다양, 트랜드 추구	약간의 변화 선호

내부고객 관리

"직원이 첫 번째이고, 고객은 그다음이다.
고객이 항상 옳다는 말은 틀렸다.
그것은 직원을 배신하는 것이다.
가치 있는 고객만이 대접받을 가치가 있다."

– 허브 갤러허

내부마케팅

사우스웨스트의 고객철학

항공운송사업은 이익을 내기가 쉽지 않은 사업이다. 그럼에도 수많은 항공사들이 치열하게 경쟁하는 미국에서 수십 년간 흑자경영을 하는 항공사가 있다. 전 세계 경영대학원에서 연구 대상으로 삼는다는 사우스웨스트 항공사다. 사우스웨스트가 저비용항공사임에도 재무적 경영면에서 성과를 내는 여러 원인 중에 첫 번째는 "고객, 직원, 주주들 가운데 누구를 가장 중요하게 생각해야 하는지 고민하지 않는다. 당연히 직원들이 가장 중요하기 때문이다. 직원들이 스스로 만족하고 열심히 일할 수 있다면, 자연히 고객들에게도 최선을 다할 것이다. 그리고 고객들이 만족하게 되면, 고객들은 우리를 다시 찾게 될 것이다. 그렇게 되면 결국 주주들에게 이익이 되는 셈이다."「숨겨진 힘」, 77p. 라는 허브 갤러허Herb Kelleher (전) 회장의 말처럼 직원의 헌신을 유도하는 사우스웨스트의 기업문화다.

"여러분이 대접받고 싶은 식으로 고객을 대접하세요The secret is so simple, most companies overlook it. Treat your Customers like you'd like to be treated."

사우스웨스트의 성공비결을 묻는 말에 회사가 한 답이다. 사우스웨스트는 고객서비스 부문에서도 항상 수위를 차지한다. 친절도, 초과예약, 정시성, 수하물처리 등 세부운영 면에서도 늘 1~2위에 든다. 사우스웨스트의 서비스는 단거리, 비즈니스, 저렴함과 같은 분명한 목표시장과 그 시장의 고객이 원하는 니즈에 특화되어 있기 때문에 최고의 만족도를 제공할 수 있다. 이런 결과를 만든 바탕에는 고객서비스에 대한 회사의 명쾌한 개념이 깔려 있다. 미국 스탠퍼드대 교수 제프리 페퍼Jeffrey Pfeffer는 그의 책「숨겨진 힘」에서 사우스웨스트의 경쟁력은 애사심을 뭉친 사람에서 나오는 것으로 타사에서 모방할 수 없는 무엇이라고 평가한다. [책의 제2장 사우스웨스트 항공 – 성공의 비결은 단순하다. 그러나 모방은 어렵다. 참조]

7P 마케팅믹스와 People

기업이 마케팅을 위해 사용하는 여러 가지 통제 가능한 수단들을 조합하여 사용하는 것을 마케팅믹스Marketing mix라고 한다. 마케팅믹스의 기본요소에는 4PProduct, Price, Promotion, Place가 있는데 서비스마케팅에서는 여기에 3P(프로세서Process, 물리적 증거Physical Evidence, 사람People)를 더하여 7P°를 활용한다. 이 중 가장 중요한 요소는 People사람이다. 왜냐하면 서비스업에서는 서비스를 제공하는 사람(노동자, 직원)의 질에 따라 흥망이 갈릴 수 있기 때문이다. 오늘날 세계 일류의 서비스기업들이 각자 독특한 내부고객(사람관리) 정책을 고집하는 이유다. 여기서 '직원'은 단순히 고객과의 접점에 있는 사람만을 의미하지 않는다. 일선 직원을 관리하고 지원하는 관리자와 지원부서는 물론 최고경영자까지를 포함하며, 직원관리와 지원에 연결된 제도와 시스템을 망라한다.

> ○ 7P에 Philosophy(철학–경영자의 사업가치관)를 추가하여 8P 믹스라고도 한다.

마케팅이라고 하면 소비자에 초점을 맞춘 외부고객 지향의 마케팅을 의미한다. 그러나 서비스를 파는 회사는 서비스를 고객에게 전달하는 직원(사람)의 인성과 태도에 따라 서비스의 품질과 회사의 명운이 좌우되므로 고객만족 이전에 직원만족을 이루어내야 한다. 즉, 서비스를 만들고 전달하는 것은 직원(사람)이고, 고객을 만족(불만족)시키는 것은 (직원의) 서비스이기에 고객만족을 통한 이익 증가는 결국 직원(사람)에 달려있다. 내부마케팅Internal

Marketing이란 이처럼 직원의 만족이 고객을 만족시키고 고객만족은 기업의 가치를 높인다는 개념을 토대로 한다.

필립 코틀러Philip Kotler는 직원을 회사 내부의 고객으로 여기는 내부마케팅이 고객을 향한 외부마케팅에 우선되어야 직원과 고객 사이의 상호작용 마케팅이 효과를 내어 고객-기업-직원-고객 간의 '가치의 선순환'이 이루어질 수 있다고 주장한다. [서비스마케팅 삼각형 Service Marketing Triangle]

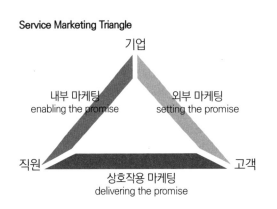

Service Marketing Triangle

기업의 내부마케팅 주요 사례		
	기업	주요내용
해외	REI	블랙 프라이데이에 오프라인 매장과 온라인 쇼핑몰 문을 닫고 직원들에게 휴가를 준다.
	Zappos	홈페이지와 SNS로 내부 커뮤니티인 Inside Zappos를 여과 없이 공개. 각종 체험담, 직무제안, 반려동물 자랑 등 정보와 수다 마당을 제공한다.
	SouthWest	승무원 반바지, 운동화 착용 허용으로 직원이 일하기 좋고, 고객과 소통이 쉬운 근무 환경을 조성한다.
국내	LUSH (Korea)	반려동물에게 가족 수당 지급, 친환경 생산방식 고수로 직원들의 자긍심을 높인다.
	우아한 형제들	월요일엔 오후 1시까지 출근. 줄어든 노동시간보다 직원만족도 상승이 업무효율성으로 연계된다고 한다.
	제주항공	상상비행기, JJ여정클럽 등 직원들의 끼와 열정을 발산하는 공간과 환경을 제공한다.

FedEx사의 P-S-P 철학

세계 최대 물류회사로 항공기만 670대를 보유한 Federal Express는 창업주인 프레드 스미스Fred Smith의 P-S-P 경영철학을 실천한다. Person-Service-Profit 즉, 사람(직원)에 투자하면 서비스가 좋아지고 서비스는 수익을 창출한다는 사람 중심의 경영철학이자 기업문화를 의미한다. 회사가 내부고객인 직원들을 배려하고 즐거운 환경을 만들어주면 직원들은 고객에게 진정어린 서비스를 제공하고 회사의 수익은 자연스레 커진다는 믿음이다.

아울러 FedEx는 PSP의 실천 방법으로 회사운영, 인사관리, 기업문화에 대한 직원들의 생각을 조사하여 경영과 정책에 반영하는 SFA(Survey-Feedback-Action)라는 직원의식조사를 매해 2주 이상 실시하고 있으며, 이 외 무해고 정책, 공정대우 보장 프로그램(GFTP-Guaranteed Fair Treatment Program)을 운영한다.

실천방법

내부고객관리의 핵심은 직원을 '생산자원'으로서가 아닌 회사 내부에 있는 '고객'으로 간주하는 데 있다. 고객만족을 추구하듯이 직원만족을 통하여 직무동기를 부여함으로써 업무지식과 함께 자발적 서비스마인드를 익히게 하여 고객에게 전달되도록 한다. 따라서 효과적인 내부고객관리를 위해서는 직원의 채용부터 교육과 훈련, 직무설계와 성과관리, 인사와 복지 시스템 등 관리체계가 직원의 서비스 마인드에 동기를 부여할 수 있도록 이루어져야 한다.

"사람을 채용하는 데 4시간을 쓰지 않으면 400시간 동안 후회할 것이다."

– 피터 드러크(Peter Drucker)

방법	내용
서비스인(人)을 채용한다.	지식과 기술은 교육으로 습득할 수 있지만 태도는 쉽게 체득하기 어렵다. 채용할 때 서비스정신이 강한 사람을 선발할 수 있는 인사시스템이 필요하다.
교육받을 권리를 보장한다.	충분한 교육과 훈련은 직무능력과 직업 자긍심을 키운다. 교육으로 인한 실무공백이 발생하지 않도록 인력운영과 교육환경에 대한 지원체제를 마련한다.
소통 채널을 구축한다.	조직 내의 소통은 몸의 핏줄과 같다. 서비스 일선직원은 고객의 대변자다. 누구나 언제든지 자신의 의견을 개진하고 아이디어를 제시하며, 그에 따른 피드백과 합리적 보상체계가 이루어지는 환경을 만든다.
직원에게 적절한 권한을 준다.	직원의 의사결정 능력을 키우고, 서비스규범manual을 정립한 후 고객접점 직원에게 실질적이며 합리적 범위의 재량권을 부여한다. 적절한 권한위임Empowerment은 서비스 리커버리의 핵심도구가 된다.
감정노동으로 인한 직원 스트레스를 관리한다.	유형별 고객 응대 훈련을 하고 고객응대 매뉴얼에 불량고객 응대 기준을 명시하고, 부당한 요구나 언행이 반복될 경우 서비스를 거부할 수 있는 근거를 마련하며, 감정노동으로 인한 정서건강관리 프로그램을 정기적으로 시행한다. ☞ 감정노동 : "말투나 표정, 몸짓 등 드러나는 감정 표현을 직무의 한 부분으로 연기하기 위해 자신의 감정을 억누르고 통제하는 일이 수반되는 노동"[고용노동부]

Review - 고객서비스직무 탐구

1. 서비스를 정의하는 관점에서 경제학적 의미와 경영학적 의미의 차이는 무엇인가?

2. 현대의 산업경제에서 서비스 또는 서비스산업이 증가하는 이유는 무엇인지 설명하라.

3. 서비스가 제품과 비교하여 두드러지는 특성에는 어떤 것들이 있는지 간략히 설명하라.

4. DiSC는 성격유형의 한 방법인데, DiSC를 응용하여 고객 유형에 대해 폭넓은 인식을 가질 필요가 있다. DiSC의 4가지 유형별 특질은 무엇인지 적어라.

5. 내부고객의 핵심 개념은 무엇인가? 그리고 내부고객관리에서 탁월한 성과를 거두고 있는 사우스웨스트 항공사의 내부고객관리의 핵심(가치)은 무엇이라고 생각하는가?

intentionally blank page for your note

Chapter 7
항공운송서비스직무의
직업능력

학습목표

1. 항공운송사업의 특성에 대해 이해한다.

2. 항공운송서비스의 특성에 대해 설명할 수 있다.

3. 항공운송서비스 직무에 대해 파악하고 항공운송서비스 직업능력에 대해 이해한다.

항공운송사업

항공운송사업의 정의

운송運送. Transportation은 사람이나 동물, 물건 또는 재화를 태우거나 실어서 한 장소에서 다른 곳으로 나르는[지리적 장애를 줄이는] 것으로, 그 형태와 통로에 따라 육상운송, 해상운송, 항공운송 등으로 나눈다. 항공운송사업은 항공운송으로 경제적 가치를 만드는 사업이다. 항공법에서는 항공운송사업을 "타인의 수요에 맞추어 항공기를 사용하여 유상(有償)으로 여객이나 화물을 운송하는 사업"[제 2조 26항]이라고 정의한다. 즉, 항공운송사업이란 항공기를 소유하거나 임차한 운송사업자가 어느 한 지점에서 다른 한 지점으로 여객이나 화물을 수송해 주고 그 대가로 항공운임을 받아 수익을 추구하는 사업이다.

항공운송사업의 특성

항공운송사업은 서비스산업의 기본적 특성을 지니고 있지만, 이러한 서비스의 특성 외에 항공운송은 다음과 같은 고유의 성질이 있다.

1. 공공성

항공운송에 필수 요소인 항로, 공항시설, 운수권(노선권) 등은 국가의 지원과 투자로 만들어지고 유지된다. 항공운송사업은 항공안전과 국익 보호를 위해 엄격한 면허기준이 요구되고, 국가 간의 항공협정을 전제로 하므로 노선권 배분, 항공종사자 자격, 항공기 운용 안전성 등에 정부가 직접 개입한다. 항공사는 민간 기업이지만 항공운송의 공공성으로 인해 운항법이 인정하는 경우를 제외하고 경영상의 이유로 운항스케줄을 임의로 변경하거나 사업을 중단해서는 안 되며 허가된 노선에서는 일정한 운송공급력을 유지하여야 한다.

→ 우리나라 국제항공운송사업 면허 기준과 최근 운수권 배분 사례를 알아보자.

2. 자본집약적 사업

항공운송사업은 고가의 항공기 구입에 막대한 고정자금이 소요되고 전문화된 인력을 확보·유지해야 하며, 변동성이 큰 유류비와 항공기 투자비 등 고정비용 부담이 많은 자본집약적인 산업이다. 따라서 사업 진입장벽이 높고 규모의 경제가 지배하는 과점적 특성을 지니면서, 한편으로 노선권 배분, 국가뿐 아니라 국제기구의 규제, 공항 항행 시설 이용 조건 준수 등 다양한 정책적 규제를 받는다. 항공운송료가 고가인 것은 항공운송사업의 이러한 특성에 기인하는 바가 있다.

→ 진입장벽으로 인해 사업이 지연(무산)된 사례를 알아보자.

3. 낮은 생산탄력성

운항승무원과 정비사와 같은 고도의 숙련도를 가진 인력과 많은 서비스 인력을 필요로 함에 따라 인적자원의 의존도가 높고, 공공성과 정기성을 유지해야 함에 따라 타 산업에 비해 수요변화에 신속한 공급 조절이 어렵다. 또한 항공기 좌석과 화물칸 공간을 활용한 운송 상품은 재고로 저장할 수 없고 생산과 동시에 판매가 이루어지는 무형성과 소멸성을 지닌 전형적 서비스 산업이다.

→ 항공사의 보편적인 비용구조를 알아보자.

4. 계절성

항공운송시장은 직접적 수요보다 산업과 경제활동 및 여가활동을 위한 여행과 같이 다른 목적을 위한 파생적 수요가 많은 부분을 차지함에 따라 성수기와 비수기, 평일과 휴일의 수요 차이가 크다(항공여객운송과 달리 항공화물운송사업은 계절성이 비교적 약하다). 또한 국제 및 국내의 정치, 사회, 경제상황에 따라 수요탄력성이 높아 경기 전망, 사업계획 상의 불확실성이 큰 산업이다.

→ 계절성 또는 경제적, 정치적 상황이 영향을 끼친 대표적 사례를 찾아보자.

5. 고속성과 안정성

교통운송 수단 중 가장 빠른 속도의 항공기를 이용함에 따라 신속성, 정시성, 쾌적성을 중요한 서비스 가치로 삼는다. 특히 사소한 사고가 치명적 결과를 초래하는 비행의 특성으로 안전성은 모든 요구에 우선하는 핵심가치로 여겨진다. 그럼에도 불구하고 항공기는 인류가 타는 가장 안전한 교통수단으로 평가받고 있다.

→ 비행기의 안전도에 관한 근거를 알아보자.

위에 언급된 성질 외에 항공 산업만이 지니는 성질이 있는지 생각해보고 자유롭게 적어보라.

내가 생각하는 항공 산업의 기타 특성

항공운송서비스

항공운송서비스의 정의

항공운송서비스air transport service는 여객과 화물의 안전을 기본으로 항공기의 고속성과 운송 정시성을 충족함으로써 고객만족을 도모하려는 일련의 과정이다. 고객의 입장에서 항공 예약 시점부터 항공운송을 거쳐 최종 목적지 도착하는 시점까지 자신이 직·간접적으로 소통하며 경험하는 모든 순간을 의미한다. 우리나라 정부에서 실시하는 항공여객운송서비스의 공식 평가를 보면 이러한 관점에서 이루어지고 있음을 알 수 있다.

우리나라의 항공교통서비스 평가(국토교통부)

국토교통부의 항공교통서비스 평가업무지침 [국토교통부훈령 제964호, 2017. 12. 29]에 따르면 다음과 같은 항목을 기준으로 모든 항공사의 서비스를 평가하고 공식 발표한다.

국토교통부의 항공교통서비스 평가 기준	
항공사서비스 : 아래 4개 부문의 21개 항목	공항서비스 : 아래 4개 부문의 18개 항목
1. 정시성 2. 항공교통이용자 보호 충실성 3. 이용자만족도 4. 안전성(외항사 제외)	1. 신속성 2. 수하물 처리 정확성 3. 교통약자 관련 시설 편의성 4. 이용자만족도

항공운송서비스의 구성요소

항공운송서비스를 구성하는 요인을 다음과 같이 정리할 수 있다.

내재적 편익	항공기 탑승과 운항의 안전성, 쾌적성, 편리성 등 운송서비스의 본질적 요소
보조적 편익	승무원의 친절, 기내 인테리어, 시내와 공항의 서비스 수준 등 고객이 인지하는 편익
서비스지원시설	항공기, 공항과 정비, 보안 시설 등 운송서비스에 필요한 물적 자원
서비스 물품	연료, 기내식, 오락 프로그램과 의약품 등 운송서비스에 소요되는 물품

[출처 : Fitzsimmons. J. A. Service Operations Management. 허희영(2003). 『항공산업론』 명경사. p27-28. 재인용]

2018년 항공운송서비스 평가 결과 '최우수 항공사'

구분	정량 평가				정성 평가
	정시성		안전성	소비자보호	이용자만족도
	국내선	국제선			
우리 항공사	대한항공	에어부산	에어부산	에어서울	에어부산
외국 항공사	–	오로라항공	–	캐세이드래곤·캐세이퍼시픽	전일본공수

2018년 공항서비스 평가 결과

구분		수속절차 신속성	수하물처리 정확성	공항이용 편리성	이용자만족도
중추공항	인천공항	매우 우수(A)	매우 우수(A)	매우 우수(A)	만족
거점공항1	김포공항	매우 우수(A)	매우 우수(A)	우수(B)	만족
	김해공항	매우 우수(A)	매우 우수(A)	우수(B)	다소 만족
	제주공항	매우 우수(A)	매우 우수(A)	우수(B)	다소 만족
거점공항2	청주공항	우수(B)	매우 우수(A)	보통(C)	만족
	대구공항	매우 우수(A)	매우 우수(A)	보통(C)	다소 만족

[출처 : 국토교통부]

항공운송서비스의 특성

1. 소멸성

항공기의 좌석과 화물칸은 유형적 공간이지만 해당 항공편의 출발과 동시에 사라지는 무형상품이다. 200석의 마닐라 행 항공기에 40석이 비어있는 채로 운항한다면 비어있는 40석은 다시는 사용할 수 없고 허공으로 사라진 연기와 같다. 또한, 시장의 수요가 급증할 경우 단시간 내 항공기나 항공기를 운영할 자원의 원활한 공급이 어려운, 낮은 공급탄력성을 지닌다.

2. 기본 서비스상품의 차별화 어려움

민간 항공서비스의 기본재인 항공기 제작은 세계적으로 몇 개의 제작사가 과점°하고 있어 항공사들이 보유한 항공기의 좌석과 화물칸의 공간, 항공기 자체의 품질 차이는 거의 없다. 따라서 탑승클래스가 같을 경우 좌석의 쾌적성에 있어 서비스 상품의 차별화가 어렵다. 또 정시출발과 정시도착 비율을 의미하는 정시성은 공항사정과 기상악화 등 공통요인에 의한 영향이 크고 항공기와 항공사 자체 원인 비율은 줄어들고 있다.

> ○ 세계 민간항공기 제작은 Boeing과 Airbus가 시장을 양분하는 과점구조로 매출액 기준으로 두 회사가 약 90%를 점유한다. 기타 10% – Bombardier, Embraer, ATR 등.

3. 상품 구성의 복잡성

기본적 서비스의 차별화가 어려워짐에 따라 보조 서비스의 역할이 중요해지는 추세다. 항공권상 상품의 구성을 보면 같은 날짜, 같은 노선, 같은 탑승등급에서도 항공료가 다르고 사용조건도 달라진다. 승무원의 친절성, 항공기재의 종류, 그리고 예약부터 발권, 공항 탑승수속의 효율성에 이르기까지의 프로세서와 고객과의 다양한 채널 등이 모두 서비스 상품으로서 평가 대상이 된다. 독점 노선이 아니라면 이런 보조적 서비스의 품질이 서비스평가는 물론 경영에도 중요한 영향을 미친다.

4. 치열한 보조적 확장서비스 개발경쟁

최근 외부적 경영환경 악화에도 불구하고 항공사들의 서비스 경쟁은 격화되고 있다. 대표적 예로 겨울철 열대지역으로 가는 여행객들을 위한 외투 보관 서비스, 도착공항의 샤워실 제공, 리무진버스 연계, 일등석 승객 에스코트 서비스, 다양하고 기발한 기내 엔터테인먼트, 기내 인터넷 등을 들 수 있다. 서비스상품은 대체로 특허인정이 되기 어려움에 따라 새로운 서비스가 나오면 타 항공사들이 쉽게 따라 하기에 이러한 경쟁은 더욱 치열하게 전개된다. 고객입장에서 바람직하지만 보조서비스의 과잉경쟁은 항공운송의 핵심적이고 기본적 서비스를 약화시킬 우려도 있다.

5. 서비스 권리 양도 불가

일반적인 서비스 상품과는 달리 항공권은 항공권에 이름이 명시된 승객 본인만이 사용할 수 있다. 승객이 확보한 예약 좌석과 탑승할 수 있는 권리는 환불하거나 포기할 수는 있지만 타인(가족도 포함)에게 양도하거나 판매할 수가 없다. 엄밀히 말하면 불가능하지는 않다. 항공권과 예약상의 한글과 영문이름 철자가 두 사람 모두 동일하면 양도 방법이 없지는 않으나, 이례적인 경우다.

6. 높은 가성비

부산에서 LA까지 선박(상선)으로 갈 경우 약 11일이 걸린다고 한다. 인천-LA 구간의 여객기 비행시간은 12시간 정도이니 굳이 전체요금 비교를 하지 않아도 시간당 비용이 훨씬 경제적이다. 여정이 장거리이고 시간적 여유가 없을수록 항공운송서비스의 경제적 가치는 커진다.

항공운송서비스만이 지니는 특성이 또 있는지 생각해보자.

특성	이유

항공운송서비스의 장점과 단점

항공운송서비스의 특성을 고려할 때 타 운송서비스와 비교하여 항공운송서비스의 장단점을 다음과 같이 정리할 수 있다.

	특성	내용
장점	항공기는 두 장소 사이를 직항으로 연결하기에 이동이 빠르고 효율적이다.	두 장소를 논스톱 또는 가장 빠른 직항편으로 연결된다.
	특히 고가의 화물, 부패성 화물, 소형 화물 운송에 최적이다.	항공운송이 아니면 운송 자체가 불가한 물품이 많다.
	지리적 극복이 쉽다.	산, 바다, 사막 등 철도, 도로, 항로를 만들 수 없는 곳도 운송이 가능하다.
	접근성과 이동 유연성이 우수하다.	활주로(이착륙 가능 장소)만 있으면 어디든지 운송이 가능하다.
단점	운영비와 고정비가 많이 든다.	항공기 구매와 임차비, 유류비, 인건비 등 고정비 비율이 높다.
	운송료가 비싸고 대량수송이 어렵다.	그렇지만 운송 대상과 소요시간과 비교하여 판단되어야 한다.
	날씨에 민감하다.	항공운송의 가장 큰 취약성이다.
	항공기의 소음과 대형화로 공항이 도심과 원거리에 위치한다. 이는 항공운송의 신속성을 낮추는 요인이 된다.	도시 인근 공항은 건설용지가 부족하고, 건설 시 소음 등 환경문제로 지역주민의 반발을 부른다.

항공사 서비스 상품 조사

우리나라 항공사와 우리나라에 취항하고 있는 외국 항공사 각 1개 회사를 정하여 그 회사의 대표적 항공운송서비스 또는 서비스상품 2개를 조사하여 간략히 정리하라.

항공사	서비스	내용	시사점

항공운송서비스직무와 직업능력

직업능력

직업능력이란 직업에서 직무수행에 필요한 능력을 의미한다. 취업도 하지 않은 사람에게 직업능력을 확인하고자 함은 직업인으로서 활동하는 데 기본적 자질이 있는지, 원하는 직무를 수행하는 데 필요한 전문능력을 키울 수 있는지를 알아보기 위한 목적이다. 고용노동부(워크넷 **WORKNET**)는 직업능력을 직업기초능력과 직무수행능력으로 나눈다. 직업기초능력은 직무를 수행하는 데 필수적이고 기본적인 능력으로 인지적, 정의적, 신체적인 능력을 포함하며, 모든 직업에서 공통으로 필요한 읽기, 쓰기, 말하기, 산술, 커뮤니케이션 능력 등이 여기에 해당된다. 직무수행능력은 해당직업과 직무를 수행하기 위해 필요한 능력으로 전공수업, 전공서적 등을 통해 배우는 전문지식과 실습이나 직무체험 등으로 얻는 실제직무지식 등을 의미한다. [NCS 직업능력 요약]

직업능력	=	직업기초능력 + 직무수행능력

직업능력 구성

직업기초능력

NCS(국가직무능력표준)에서는 대학생이 갖춰야 할 직업기초능력을 대부분의 산업 분야에서 공통적으로 요구되는 10개 능력과 34개의 하위영역으로 개발하여 다음 표와 같이 제시한다.

No	개발영역	하위단위
1	의사소통능력	문서이해능력, 문서작성능력, 경청능력, 언어구사력, 기초외국어능력
2	자원관리능력	시간자원관리능력, 예산관리능력, 물적자원관리능력, 인적자원관리능력
3	문제해결능력	사고력, 문제처리능력
4	정보능력	컴퓨터 활용능력, 정보처리능력
5	조직이해능력	국제감각능력, 조직체제이해능력, 경영이해능력, 업무이해능력
6	수리능력	기초연산능력, 기초통계능력, 도표분석능력, 도표작성능력
7	자기개발능력	자아인식능력, 자기관리능력, 경력개발능력
8	대인관계능력	팀워크능력, 리더십능력, 갈등관리능력, 협상능력, 고객서비스능력
9	기술능력	기술이해능력, 기술선택능력, 기술적용능력
10	직업윤리	근로윤리, 공동체윤리

[출처 : NCS]

1번 항목 의사소통능력을 예를 들면, 의사소통능력은 상대방의 말을 이해하고 자신이 의도하는 바를 표현할 수 있는 능력이 어느 수준인가를 알아보기 위한 목적으로, 문서이해, 문서작성, 경청, 언어구사, 기초외국어 등의 능력을 하위능력으로 측정하여 의사소통능력을 평가한다. 직업기초능력 평가는 기업들이 채용 전 실시하는 필기시험 형태의 인·적성검사에서 많이 활용된다.

직업기초능력은 '있다', '없다'로 구분되지 않고 직무나 직급에서 요구하는 수준의 정도를 본다. 본인이 스스로 직업기초능력을 진단할 수 있는 사이트도 있으니 검사를 해 본다. 진단 수준은 각 단위별로 '아는 것을 활용하여 직무를 수행할 수 있는가'를 기준으로 '매우 미흡-미흡-보통-우수-매우 우수'의 5등급 체계로 측정된다.

NCS 홈페이지에는 직업기초능력 향상을 위한 매뉴얼과 동영상 강의도 있으니 활용해 보자.

※ NCS 직업기초능력 사이트 : https://www.ncs.go.kr/

직업기초능력 외에 교육부와 한국직업능력개발원에서 대학재학생들을 상대로 개발한 대학생핵심역량 진단 도구도 있으니 참고한다.

※ 사이트 : https://www.kcesa.re.kr/

직무수행능력

→ 직무수행능력은 다음에 나오는 항공운송서비스직무의 직업능력에서 다룬다.

항공운송서비스직무의 직업능력

항공운송서비스직무

항공운송서비스라 하면 보통 객실승무원과 공항지상직을 떠올리게 되는데 그 외에도 다양한 직무가 있다. 그리고 흔히 지상직이라고 부르는 직무에도 여러 분야가 존재한다.

지상직
지상직이란 말은 아마도 (하늘의) 객실승무직과 비교하여 사용되고 있는 듯하다. 항공사 근무자들은 지상직이란 용어를 쓰진 않고 운송직원이라고 표현한다. 여객운송 또는 화물운송.

한국 표준직업분류표에는 직업 종류가 450여 개가 나온다. 이 중에서 직업항목에 '항공'이란 단어를 가지고 있는 직업은 항공기 조종사, 항공기 정비원, 항공기 객실승무원의 세 종류만 발견된다. 또 항공법에서는 항공기 조종사, 항공사, 항공기관사, 항공교통관제

사, 항공정비사, 운항관리사 등을 '항공종사자'로 규정하고 있는데, 여기서 항공종사자란 항공 관련 업무를 수행하기 위해서는 공인된 자격증°과 일정한 교육훈련과정수료가 필요한 직무에 종사하는 사람을 뜻한다. 그렇지만 실제 항공 관련 직업에는 표준직업분류나 항공법상의 항공종사자에 속하지 않는 다양한 직무가 존재한다. 여기서는 항공종사자 직무를 제외하고 운송서비스 분야의 대표적 직무들에 대해 살펴보기로 한다.

> ○ 항공종사자 자격 취득을 위한 요건
> ■ 조종사 : 자가용, 사업용, 운송용 등으로 나누어, 자격응시를 위해서는 각 단계별로 최소 비행시간이 필요하다. (사업용조종사 200시간 등)
> ■ 항공교통관제사 : 대학의 해당 학과 또는 전문교육기관에서 필요기간의 교육을 이수, 또는 타 항공종사자 자격 소지자.
> ■ 운항관리사 : 대학의 해당 학과 또는 전문교육기관에서 필요기간 교육 이수, 또는 운항관련 경력, 또는 타 항공종사자 자격 소지자.
> ■ 정비사 : 인가를 받은 교육기관에서 지정된 교육시간(이론 및 실기 2,410시간)을 수료한 교육생 대상으로 실기시험 기회 부여.

항공운송서비스직무 종류와 주요 업무

직무	주요 업무
객실승무	■ 항공기 출발 전 승무 브리핑, 비행 준비사항 점검과 운항현황 숙지 ■ 출발 전 기내장비 및 시설, 기내용품과 기내식 탑재, 기내청소 상태 확인과 준비 ■ 승객탑승안내, 비상탈출 안내 및 시범, 승객 안전조치 상태 확인 ■ 기내 보안점검, 예방 및 비상시 대응 ■ 비행 중 승객 서비스(기내식, IFE In Flight Entertainment, 기내서류 등) ■ 면세품 등의 기내판매
지상서비스 사무(공항)	■ 승객 탑승수속 및 수하물접수, 공항예약, 공항발권, 항공기 탑승 및 도착안내 ■ 항공기 출항과 입항 신고 및 허가 취득 ■ VIP 라운지 운영과 VIP 의전서비스 ■ 여객기 탑재관리Load Control 화물기 탑재관리Load Master ■ 수하물사고 처리 및 수하물조업관리 ■ 외국적 승무원 공항출입국 수속 지원, 호텔 예약, 의전서비스 ■ 화물수출입, 통관 ■ Warehouse 관리 ■ ULD 관리 ■ 사고화물 관리(추적, 클레임처리)

일반 행정사무	■ 기획, 인사, 재무, 구매, 고객관리, 홍보, 노무, 마케팅, 안전보안, 계약 등 ■ 객실 및 공항 서비스 현장업무 지원 및 관리 ■ 여객과 화물 영업 및 규정과 시스템 개발 ■ 항공서비스 상품 개발, 유지, 관리 ■ IATA 등 국제기구 업무, Alliance 업무 등
지상조업 (공항)	■ 수하물(手荷物)과 화물(貨物)의 위탁과 분류, 운반, 탑재, 하역, 통관, 보관 등 ■ ULD Unit Load Device 관리, 보관, 수리 ■ 항공기 Push Back, Towing 및 유도 ■ 기내식 운반 및 탑재와 하기 ■ 기내청소 Interior & Exterior Clearing ■ 항공기 제설 및 제방과 제빙 ■ 승객 및 승무원 Step Car 제공, Ramp Bus 운송 ■ 항공기 Water, Lavatory, Toilet, 급유, 전원공급, 에어컨 공급 등 지상지원
경비 및 보안	■ 승객, 휴대물품, 위탁수하물, 항공화물, 보호구역에 출입자 보안검색 ■ 탑승수속 전 및 항공기 탑승 전 승객 2차 검색 ■ 탑승수속 전 및 항공기 탑승 전 의심승객 인터뷰(profiler) ■ X-ray, 폭발물흔적탐지기, 문형탐지기 등 검색장비 사용 및 모니터링 ■ 공항시설 또는 항공사의 중요시설, 항공기 등 경비 ■ 공항시설, 항공기 등에 경계근무, 경비순찰 및 감시활동
GSA	■ 항공사와 여객 및 화물 판매 대행, 인력운영, 기타 행정사무 대행 관련 계약 ■ 항공권 예약, 발권, 판매 및 관리 ■ 화물의 수출, 수입, 통관 업무 [화물GSA] ■ 공항의 여객 및 화물 운송 관련 업무 수행, 지휘
콜 센터	■ 항공예약, 발권, 여행대리점 지원 ■ 항공기 운항안내, 여행정보 안내 ■ 항공사 마일리지 제도 안내 및 회원가입, 회원관리, 마일리지 실적관리
공항 여행객 지원 서비스	■ 공항에서 승객 탑승수속 대행 및 지원[센딩sending] ■ 출입국 승객 의전서비스 ■ 공항귀빈실 ■ 공항안내카운터, 공항방송실 ■ 도착승객 미팅 및 지상교통 탑승 안내 ■ 휴대폰 로밍 ■ 면세점

항공운송서비스직무의 특성과 직업능력

특성	내용	필요 직업능력
대면서비스	■ 고객과 직접 마주하거나 유선으로 대화하는 시간이 길다. ■ 고객이 보는 앞에서 업무 처리와 문제를 해결한다. ■ 감정노동 강도가 높다.	의사소통능력 문제해결능력 대인관계능력
시간 한계	■ 대부분 서비스 프로세서가 정해진 시간에 시작되고 마쳐야 한다. ■ 전체 프로세서의 하위 프로세서에서도 정시성이 요구된다.	수리능력 자원관리능력 조직이해능력
엄격한 규정과 절차	■ 규정과 절차를 지켜야 하는 업무가 많다. 이는 안전이라는 항공운송의 특성상 불가피하다. ■ 대면서비스에서 종종 요구되는 유연성과 상충되는 경우가 발생한다.	직업윤리 문제해결능력 자기개발능력
Team Work	■ 대부분 업무가 팀 단위로 운영된다. ■ 공항의 수속 카운터, 예약센터 직원은 혼자 업무처리를 하지만 소속 팀과 전체 프로세서에 영향을 미친다.	정보능력 기술능력 자원관리능력
교대근무	■ 비행기는 밤낮, 휴일을 가리지 않는다. ■ 거의 모든 직무가 교대근무Shift Schedule로 돌아간다. 주말과 공휴일 근무가 배정되는 경우와 때로 야간근무도 피할 수 없다. ■ 종교적 이유로 일요일 근무가 어려우면 피해야 할 직종이다.	튼튼한 체력 직업윤리
외국인 응대	■ 항공여행객은 외국인 비율이 높다. ■ 외국어 울렁증으로 직무를 포기하는 직원도 드물지 않다.	영어 듣고 말하기 제2외국어 듣고 말하기
제복 Uniform과 Appearance	■ 유니폼을 입고 일하는 직무가 많지만 항공서비스에서는 특히 엄격한 복장 규정이 있다. ■ 유니폼은 항공서비스의 강력한 물리적 증거가 된다. ■ 남녀를 불문하고 특히 국내기업들은 까다로운 복장규정을 운영한다.	조직이해능력 직업윤리

다음 표는 항공객실승무직무에 필요한 직업기초능력 및 직무수행능력을 항목별로 설명한다. 자신의 현 수준에 대해 스스로 판단해보고 부족한 부분이 있는지 생각해보자.

항공객실승무원 직무의 직업기초능력 내용

영역	문항 (요구 수준 - '보통' 이상)	자가 판단수준 (1~5)
의사 소통 능력	직장생활에서 필요한 문서를 확인하고, 읽고, 내용을 이해하여 업무 수행에 필요한 요점을 파악하는 능력을 기를 수 있다.	
	직장생활에서 목적과 상황에 적합한 아이디어와 정보를 전달할 수 있는 문서를 작성할 수 있다.	
	다른 사람의 말을 주의 깊게 듣고 적절하게 반응할 수 있다.	
	목적과 상황에 맞는 말과 비언어적 행동을 통해 아이디어와 정보를 찾고, 이를 효과적으로 전달할 수 있다.	
	외국어로 된 간단한 자료를 이해하거나, 간단한 외국인의 의사 표현을 이해하고, 자신의 업무와 관련하여 필요한 기초외국어능력을 기를 수 있다.	
총점 (5 - 15 - 25)		
수리 능력	직장생활에서 필요한 기초적인 사칙연산과 계산방법을 이해하고 활용하는 능력을 기를 수 있다.	
	직장생활에서 평균, 합계, 빈도와 같은 기초적인 통계기법을 활용하여 자료의 특성과 경향성을 파악하는 능력을 기를 수 있다.	
	직장생활에서 도표(그림, 표, 그래프 등)의 의미를 파악하고, 필요한 정보를 해석하는 능력을 기를 수 있다.	
총점 (3 - 9 - 15)		
문제 해결 능력	직장생활에서 도표(그림, 표, 그래프 등)를 이용하여 결과를 효과적으로 제시하는 능력을 기를 수 있다.	
	직장생활에서 발생한 문제를 해결하기 위해서 창의적, 논리적, 비판적으로 생각할 수 있다.	
	직장생활에서 발생한 문제를 올바르게 인식하고 적절한 해결책을 적용하여 해결할 수 있다.	
총점 (3 - 9 - 15)		
자기 개발 능력	직장생활에서 다양한 방법으로 자신의 장단점, 흥미, 적성 등을 분석하여 자신의 가치를 설명할 수 있다.	
	직장생활에서 직업인으로서 자신의 역할과 목표를 정립하고, 이를 위하여 자신의 행동과 업무수행을 관리하고 통제할 수 있다.	
	직업인으로서 자신의 경력단계를 이해하고 이에 적절한 경력개발 계획을 수립할 수 있다.	

	총점 (3 - 9 - 15)	
자원 관리 능력	직장생활에서 필요한 시간을 확인하고, 확보하여 업무 수행에 이를 할당할 수 있다.	
	직장생활에서 필요한 예산을 확인하고, 확보하여 업무 수행에 이를 할당하는 능력을 기를 수 있다.	
	직장생활에서 필요한 물적 자원을 확인하고, 확보하여 업무 수행에 이를 할당할 수 있다.	
	직장생활에서 필요한 인적자원을 확인하고, 확보하여 업무 수행에 이를 할당하는 능력을 기를 수 있다.	
	총점 (4 - 12 - 20)	
대인 관계 능력	직장생활에서 다른 구성원들과 목표를 공유하고 원만한 관계를 유지하며, 자신의 역할을 이해하고 책임감 있게 업무를 수행할 수 있다.	
	직장생활 중 조직구성원들의 업무향상에 도움을 주며 동기화시킬 수 있고, 조직의 목표 및 비전을 제시할 수 있다.	
	직장생활에서 조직구성원 사이에 갈등이 발생하였을 경우 이를 원만히 조절할 수 있다.	
	직장생활에서 협상 가능한 목표를 세우고 상황에 맞는 협상전략을 선택하여 다른 사람과 협상하는 능력을 기를 수 있다.	
	고객서비스 이해를 바탕으로 실제 현장에서 다양한 고객에 대처할 수 있으며, 고객만족을 이끌어 낼 수 있는 능력을 기를 수 있다.	
	총점 (5 - 15 - 25)	
정보 능력	직장생활에서 컴퓨터 관련이론을 이해하여 업무수행을 위해 인터넷과 소프트웨어를 활용할 수 있다.	
	직장생활에서 필요한 정보를 찾아내고, 업무수행에 적합하게 조직 · 관리하여 활용할 수 있다.	
	총점 (2 - 6 - 10)	
기술 능력	기본적인 직장생활에 필요한 기술의 원리 및 절차를 이해하는 능력을 기를 수 있다.	
	기본적인 직장생활에 필요한 기술을 선택할 수 있다.	
	기본적인 직장생활에 필요한 기술을 실제로 적용하고 결과를 확인할 수 있다.	
	총점 (3 - 9 - 15)	

조직 이해 능력	직장생활에서 직업인으로서 다른 나라의 문화를 이해하고 국제적인 동향을 파악하는 능력을 기를 수 있다.	
	직장생활에서 직업인으로서 자신이 속한 조직의 구조와 목적, 문화, 규칙 등과 같은 조직 체제를 파악하는 능력을 기를 수 있다.	
	직장생활에서 직업인으로서 자신이 속한 조직의 경영목표와 경영방법을 이해하고, 경영의 한 주체로서 조직경영에 참여하는 능력을 기를 수 있다.	
	직장생활에서 직업인으로서 자신에게 주어진 업무의 성격과 내용을 알고 업무처리절차에 따라 효과적으로 업무를 수행할 수 있다.	
총점 (4 - 12 - 20)		
직업 윤리	직업윤리를 실천하기 위하여 근면하고 정직하며 성실하게 업무에 임하는 자세를 배양할 수 있다.	
	직업윤리를 실천하기 위하여 봉사하며, 책임 있고, 규칙을 준수하고, 예의 바른 태도로 업무에 임하는 자세를 배양할 수 있다.	
총점 (2 - 6 - 10)		
종합 점수 (34 - 102 - 170)		

자신의 평가 점수를 적고, 부족한 점 또는 잘하는 점을 각각 적어본다. 종합 점수 :	
부족한 점	
잘하는 점	
소감	

[출처 : NCS. 일부 수정]

항공객실승무원 직무의 직무수행능력 내용

영역		문항 (진단 수준은 '보통'이 필요함)
항공여객 서비스 고객 응대	고객서비스 마인드 함양하기	항공운송서비스 규정에 따라 고객만족 서비스를 위한 서비스 마인드를 함양할 수 있다.
		항공운송서비스 규정에 따라 고객만족 서비스를 위한 원활한 소통을 할 수 있다.
		항공운송서비스 규정에 따라 고객만족 서비스를 위한 다양한 문화적 특성을 파악할 수 있다.
	불만고객 대처하기	불만 고객 사례에 따라 고객행동유형을 파악할 수 있다.
		항공운송서비스 규정에 따라 불만고객을 유형별로 대응할 수 있다.
		항공운송서비스 규정에 따라 불만고객 대처결과를 보고할 수 있다.
	항공운송 서비스 매너 관리하기	항공운송서비스 규정에 따라 필요한 용모복장을 단정히 할 수 있다.
		항공운송서비스 규정에 따라 필요한 호감을 주는 표정을 관리할 수 있다.
		항공운송서비스 규정에 따라 필요한 호감 주는 음성을 표현할 수 있다.
		항공운송서비스 규정에 따라 필요한 상황별 기본 매너를 지킬 수 있다.

[출처 : NCS. 일부 수정]

객실승무직무에서 가장 중요한 직업능력과 덕목이 무엇이라고 생각하는가? 자신의 의견을 아래에 적어보라.

항공여객운송직무의 직업기초능력 내용

다음 표는 공항에서 근무하는 항공여객운송직무에 필요한 직업기초능력 및 직무수행능력을 항목별로 설명한다. 자신이 부족한 부분이 있는지 생각하여 스스로 판단해보자.

영역	문항 (진단 수준은 '보통'이 필요함)	자가 판단수준 (1~5)
의사소통능력	직장생활에서 필요한 문서를 확인하고, 읽고, 내용을 이해하여 업무 수행에 필요한 요점을 파악하는 능력을 기를 수 있다.	
	직장생활에서 목적과 상황에 적합한 아이디어와 정보를 전달할 수 있는 문서를 작성할 수 있다.	
	다른 사람의 말을 주의 깊게 듣고 적절하게 반응할 수 있다.	
	목적과 상황에 맞는 말과 비언어적 행동을 통해 아이디어와 정보를 찾고, 이를 효과적으로 전달할 수 있다.	
총점 (4 - 12 - 20)		
수리능력	직장생활에서 필요한 기초적인 사칙연산과 계산방법을 이해하고 활용하는 능력을 기를 수 있다.	
	직장생활에서 도표(그림, 표, 그래프 등)의 의미를 파악하고, 필요한 정보를 해석하는 능력을 기를 수 있다.	
	직장생활에서 도표(그림, 표, 그래프 등)를 이용하여 결과를 효과적으로 제시하는 능력을 기를 수 있다.	
총점 (3 - 9 - 15)		
문제해결능력	직장생활에서 발생한 문제를 해결하기 위해서 창의적, 논리적, 비판적으로 생각할 수 있다.	
	직장생활에서 발생한 문제를 올바르게 인식하고 적절한 해결책을 적용하여 해결할 수 있다.	
총점 (2 - 6 - 10)		
자원관리능력	직장생활에서 필요한 시간을 확인하고, 확보하여 업무 수행에 이를 할당할 수 있다.	
	직장생활에서 필요한 물적 자원을 확인하고, 확보하여 업무 수행에 이를 할당할 수 있다.	
총점 (2 - 6 - 10)		

대인관계능력	직장생활에서 다른 구성원들과 목표를 공유하고 원만한 관계를 유지하며, 자신의 역할을 이해하고 책임감 있게 업무를 수행할 수 있다.	
	직장생활 중 조직구성원들의 업무향상에 도움을 주며 동기화시킬 수 있고, 조직의 목표 및 비전을 제시할 수 있다.	
	직장생활에서 조직구성원 사이에 갈등이 발생하였을 경우 이를 원만히 조절할 수 있다.	
	직장생활에서 협상 가능한 목표를 세우고 상황에 맞는 협상전략을 선택하여 다른 사람과 협상하는 능력을 기를 수 있다.	
총점 (4 - 12 - 20)		
정보능력	직장생활에서 컴퓨터 관련 이론을 이해하여 업무수행을 위해 인터넷과 소프트웨어를 활용할 수 있다.	
	직장생활에서 필요한 정보를 찾아내고, 업무수행에 적합하게 조직·관리하여 활용할 수 있다.	
총점 (2 - 6 - 10)		
직업윤리	직업윤리를 실천하기 위하여 근면하고 정직하며 성실하게 업무에 임하는 자세를 배양할 수 있다.	
	직업윤리를 실천하기 위하여 봉사하며, 책임 있고, 규칙을 준수하고, 예의바른 태도로 업무에 임하는 자세를 배양할 수 있다.	
총점 (2 - 6 - 10)		
종합 점수 (19 - 57 - 95)		

자신의 평가 점수를 적고, 부족한 점 또는 잘하는 점을 각각 적어본다.	종합 점수 :

부족한 점	
잘하는 점	
소감	

[출처 : NCS. 일부 수정]

항공여객운송직무의 직무수행능력 내용

영역	문항 (진단 수준은 '보통'이 필요함)	자가 판단수준 (1~5)
항공 여객 서비스 고객 응대	**고객서비스 마인드 함양하기** 항공운송서비스 규정에 따라 고객만족 서비스를 위한 서비스 마인드를 함양할 수 있다.	
	항공운송서비스 규정에 따라 고객만족 서비스를 위한 원활한 소통을 할 수 있다.	
	항공운송서비스 규정에 따라 고객만족 서비스를 위한 다양한 문화적 특성을 파악할 수 있다.	
	불만고객 대처하기 불만 고객 사례에 따라 고객행동유형을 파악할 수 있다.	
	항공운송서비스 규정에 따라 불만고객을 유형별로 대응할 수 있다.	
	항공운송서비스 규정에 따라 불만고객 대처결과를 보고할 수 있다.	
	항공운송 서비스 매너 관리하기 항공운송서비스 규정에 따라 필요한 용모복장을 단정히 할 수 있다.	
	항공운송서비스 규정에 따라 필요한 호감주는 표정을 관리할 수 있다.	
	항공운송서비스 규정에 따라 필요한 호감주는 음성을 표현할 수 있다.	
	항공운송서비스 규정에 따라 필요한 상황별 기본 매너를 지킬 수 있다.	

[내용 출처-NCS. 일부 수정]

항공운송직무에서 가장 중요한 직업능력과 덕목이 무엇이라고 생각하는가? 아래에 적어보라.

Review - 항공운송서비스직무의 직업능력

1. 타 운송 산업과 비교하여 대비되는 항공운송사업의 특성은 무엇인가?

2. 일반적 서비스와 비교하여 가장 두드러지는 항공운송서비스만의 특성 하나만을 든다면?

3. 직업능력이란 무엇인지 본인의 생각을 써라.

4. NCS의 직업기초능력에 나오는 의사소통능력은 구체적으로 어떤 능력을 뜻하는지, 사례를 들어 설명하라.

5. 항공운송서비스 직무에서 공통적으로 요구하는 직무수행능력은 무엇인지, 사례를 들어 설명하라.

intentionally blank page for your note

Chapter 8

항공운송서비스 기업

학습목표

1. 기업의 의미와 형태에 대해 이해한다.
2. 항공사업 분류체계를 이해한다.
3. 국내 항공운송서비스기업 현황과 채용동향에 대해 파악한다.
4. 항공운송서비스 분야의 해외취업 방법을 파악한다.
5. 항공운송서비스 직무에서 요구하는 채용 요건에 대해 이해한다.

기업이해

기업의 의미

기원

현대 자본주의 기업企業. 회사會社의 기원에는 여러 의견이 있다. 이탈리아의 메디치가가 기업의 시초라거나, 네덜란드의 동인도 회사가 기업의 기원이라고도 한다. 누구는 아메리카 신대륙에서 엄청난 금괴를 약탈한 스페인 정복자들의 모험항해가 기업의 원조라고 말하기도 한다. 기업이 어떻게 시작되었던 간에 경제적 이익을 도모하기 위한 사람들이 모여 만든 조직이었음은 분명하다.

정의

기업의 사전적 정의에 의하면 "영리를 목적으로 물품이나 서비스의 생산·판매 등의 활동을 계속적으로 행하는 조직체"로 "출자형태에 따라 사기업(私企業), 공기업(公企業), 공사합동기업(公私合同企業)"으로 분류된다. 상법에서는 회사(기업)를 "상행위나 그 밖의 영리를 목적으로 하여 설립한 법인"[상법 169조]으로 명시하고 있다. 즉, 기업은 이윤을 창출하기 위해 사업이라는 활동을 하는 법적요건이 필요한 조직이다. 기업이 이윤을 추구하는 조직임은 틀림이 없으나 이윤추구만이 기업의 궁극적 목적이 되어서는 곤란하다. 그것은 마치 '삶의 목적은 돈을 버는 것'과 다를 바 없기 때문이다.

사업의 목적

기업의 사업은, 첫째 무엇을 만들어 파는가? 둘째 그 무엇을 사는 고객에게 어떤 가치를 주는가? 두 가지로 요약할 수 있다. 즉 사업의 목적은 무엇을 팔아서 이윤을 남기는 것보다 무엇을 판매함으로써 고객에게 어떤 가치Customer Value를 줄 수 있는가에 집중해야 한다는 뜻이다. 홀푸드 마켓Whole Foods Market이란 회사는 미국과 캐나다에서 존경받는 착한기업이자 직원이 일하고 싶은 회사 조사에서 매년 수위에 오르는 슈퍼마켓이다. 이 회사의 창업자인 존 매키John Mackey는 "사람이 먹지 않으면 살 수 없듯이 기업도 수익을 내지 못하면 지속되지 못한다. 하지만 사람이 먹기 위해 살지 않듯이 기업 또한 수익을 내기 위해 존재해서는 안 된다."고 하면서 이는 "고객만족[직원행복과 지역사회의 지지를 포함] 없는 이윤은 기업의 지속성장이 불가능하기 때문"이라고 역설°하였다. 매키의 주장은 현대기업의 존재이유와 부합하며, 앞서 언급한 바 있는 피터 드러커의 "사업의 목적은 고객 창출"의 의미와 맥이 통한다.

> ○ 존 매키는 경제학자 밀턴 프리드먼Milton Friedman의 '자본주의 사회에서 기업의 책임은 어디까지나 주주 이익 극대화'라는 말을 반박하면서 "수익을 내는 것은 질 좋고 영양가 높은 식품을 공급한다는 우리의 미션을 실천하기 위한 '수단'일 뿐이다."라고 주장한다. 「돈, 착하게 벌 수는 없는가」

사회적 욕구 충족

사람은 태어나면서부터 사람들과 관계를 맺고 사람들과 함께 소속되고 싶은 사회적 욕구를 가진다. 개인의 입장에서 볼 때 기업은 사회적 동물로 태어난 인간의 이러한 원초적 욕구를 해결하고 충족시켜주는 대표적 도구이자 장소다. 비록 특정 기업에 직접적으로 속하지 않더라도 어떤 직업이든지 기업과 직간접으로 연결되지 않는 개인이 있을 수 없기에 직업을 탐구하는 모든 이들이 기업이란 무엇인가를 생각해보고 기업에 대한 나름의 가치관을 가져야 한다.

기업의 형태 분류

분류기준	형태	내용
출자자	공기업	국가나 지방자치단체와 같은 공공단체가 공익(公益)을 목적으로 출자하고 경영하는 기업형태로 공공기관이라고도 부른다. ■ 코레일, 한국전력, 인천공항공사, 국민건강보험공단 등
	사기업	일반 개인들의 자본과 경영으로 영리를 목적으로 운영되는 기업으로, 자본주의 경제체제의 전형적 기업형태이며, 대부분의 기업을 의미한다. ■ 삼성전자, 대한항공, 모두투어, 쿠팡 등
	조합	다수의 사람이 자금을 모아 특수한 목적으로 공동으로 경영하기 위하여 만든 단체로 사업목적을 영리보다 조합원의 경제적 상호부조에 둔다. ■ 주택사업조합, 신용협동조합, 택시사업조합 등
소유와 지배 구조	개인기업	회사의 지분 전부가 1명에게 있는 회사. 지분소유자가 곧 사원이 된다. 일인회사라고도 부른다.
	주식회사	기업설립 자본금을 주식으로 발행하고 주주는 자신의 주식의 인수가액(引受價額) 내에서만 책임을 지는 형태의 회사를 말한다. 이런 의미에서 '주식, 자본금, 주주의 유한책임'을 주식회사의 3요소라 부른다. 주식회사는 설립과 운영에 관해 상법상의 엄격한 규제를 받는다.
법률	주식회사	위의 주식회사 참조
	유한회사	각 사원(출자자)이 출자금액을 한도로 책임지는 회사로 합명회사와 주식회사의 특징을 결합한 회사형태이다. 실질적으로 주식회사와 유사하나 법률 규제를 덜 받는다. 사원은 1인~50인 이하로 구성된다. ■ BMW 코리아, 구글 코리아, 영농법인 등.
	합명회사	출자자(사원)가 무한책임을 지는 회사로 가족이나 친척처럼 믿을 수 있는 사람들이 공동사업을 하는 데 적합한 회사다. 책임이 무거운 반면 경영 권한을 넓게 인정한다. ■ 법무법인, 회계법인, 세무법인 등
	합자회사	회사경영은 무한책임사원이 맡고 자본은 유한책임사원이 담당하는 구조로 이루어진 회사로서 서로 믿을 수 있는 사람들이 공동으로 사업을 하는 데 적합하다. ■ 벤처사업 회사
	유한책임 회사	유한회사와 비슷하나 1인 이상의 사원이면 설립할 수 있어 초기 청년벤처 회사에서 주로 채택한다.

규모	대기업	대기업에 대한 법률적 공식적 정의는 없지만 통상 자산, 종업원, 매출액이 일정 규모 이상인 민간 기업을 뜻한다. 법적인 의미로는 중소기업기본법에 나와 있는 중소기업과 중견기업의 요건에 해당하지 않는 기업을 대기업이라고 부른다. 2017년 기준으로 우리나라의 대기업 수는 2,191개로 숫자로만 볼 때 전체 기업의 0.3%에 불과하다.

[2018. 12월 통계청 '영리법인 기업체 행정통계 잠정 결과']
- 전체 영리법인은 66만 6,163개이며, 중견기업이 3,969개(0.6%), 중소기업이 66만 3개(99.1%)
- 임직원 수는 1,005만 2,000명이며, 대기업 204만 7,000명(20.4%), 중견기업 125만 2,000명(12.5%), 중소기업 675만 3,000명(67.2%)
- 전체 영리법인의 총매출액은 4,760조 원, 영업이익은 290조 6,000억 원으로, 대기업 매출액이 2,285조 원으로 전체의 48.0%, 중견기업은 671조 원으로 전체 매출의 14.1%, 중소기업은 1,804조 원으로 전체의 37.9%로 집계
- 기업 당 매출은 대기업이 1조 430억 원으로 중소기업(27억 원)의 382배

공정거래위원회는 자산 10조 원 이상이면 대기업집단으로 정하고 집단 내 상호출자제한 등 강화된 규제를 적용한다. 대기업집단에 속하게 되면 기업의 규모에 상관없이 대기업으로 분류된다. 2018년 2월 기준 대기업집단에 속한 기업 수는 1,991개라고 보도된 바 있다. [공정위 2018.2.1. 보도자료]

	중소기업	중소기업기본법 상의 중소기업 요건을 충족하는 회사를 말한다. 근로자 수 1천 명 이상, 또는 자산총액 5천억 원 이상, 또는 자기자본이 1천억 원 이상, 또는 직전 3개 사업연도의 평균 매출액이 1천5백억 원 이상이면 중소기업에 해당되지 않는다.
	중견기업	규모가 대기업과 중소기업 사이의 기업으로 '상시직원 수 1,000명 이상, 자산총액 5,000억 이상, 자기자본 1,000억 이상, 직전 3년 평균 매출 1,500억' 4개 중 하나라도 해당되면 중견기업으로 본다. 중소기업에서 중견기업이 되면 세제혜택은 축소되고, 각종 규제 대상이 된다.

참고 : 기업을 뜻하는 영어 단어

회사	company / corporate / business / firm / enterprise / industry
주식회사	a joint-stock corporation / a joint-stock company
유한회사	a limited company

항공사업 분류 체계와 기업현황

항공사업법에 따르면 항공사업은 12종류로 분류되어 있다. 항공사업의 분류체계에 따른 회사 및 기타 항공 관련 업체에 대하여 알아보자.

항공법에 따른 항공사업 분류

대한항공, 아시아나항공과 같이 우리가 흔히 항공사라고 부르는 회사는 항공법상 의미로는 국내항공운송사업자 또는 국제항공운송사업자°라고 한다. 제주항공을 비롯한 저비용항공사들도 여기에 해당되며, 포항항공이나 에어필립은 소형항공운송사업자에 속한다.(2018년 말 기준)

> ○ 2018년부터 국제항공운송사업의 면허기준이 강화됨.
> 항공사업법의 「국제항공운수권 및 영공통과 이용권 배분 등에 관한 규칙」 개정으로 과거 저비용항공사 진입 촉진을 위해 완화된 상태인 면허기준을 현재 여건에 맞게 현실화함. – 등록 자본금 150억 원 이상(법인) / 항공기 요건 5대 이상 / 기타 인력확보계획 적정성 등 [국내항공운송사업 및 국제항공운송사업의 면허기준]

항공운송사업 외에 항공기를 직접 사용하거나 항공기 운영을 직접 지원하는 사업으로 항공기사용사업, 항공기취급업, 항공기정비업, 소형항공운송사업 등이 있다. 이러한 사업은 일반승객과 화물의 운송사업 외의 목적으로 항공기를 사용하여 운송 사업을 하거나 항공운송사업자와 계약을 맺고 항공기의 원활한 운용을 지원하는 사업을 말한다. 항공사들은 대체로 자사의 항공기운영을 위해 항공운송사업과 함께 이러한 사업들을 병행하고 있지만 경영효율성을 위해 일반적으로 그 지역(공항)의 전문사업자에게 많은 부분을 위탁한다.

※ 우리나라의 국적 항공사 현황 [2019.1월 기준]

항공사		ICAO	IATA	취항년도	항공사		ICAO	IATA	취항년도
대한항공	Korean Air	KAL	KE	1946	티웨이항공	T'way Air	TWB	TW	2010
아시아나항공	Asiana Airlines	AAR	OZ	1988	에어서울	Air Seoul	ASV	RS	2016
제주항공	Jeju Air	JJA	7C	2005	코리아익스프레스에어	Korea Express Air	KEA	KW	2009
진에어	Jin Air	JNA	LJ	2008	에어포항	Air Pohang	KAB	RN	2017
에어부산	Air Busan	ABL	BX	2008	에어필립	Air Philip	AVP	3P	2018
이스타항공	Eastar Jet	ESR	ZE	2009	에어 인천	Air Incheon	AIH	KJ	2013

(FSC: 대한항공, 아시아나항공 / LCC: 제주항공, 진에어, 에어부산, 이스타항공 / LCC: 티웨이항공, 에어서울 / 소형항공사: 코리아익스프레스에어, 에어포항, 에어필립, 에어 인천)

항공법에 따른 항공사업 분류표

구분	정의	사업체 수
국내항공운송사업	국내 정기편 운항 : 국내공항–국내공항 사이 일정한 노선을 정하고 정기적인 운항계획에 따라 항공기를 운항하는 사업	9
	국내 부정기편 운항 : 국내에서 이루어지는 국내 정기편 운항 외의 항공기를 운항하는 사업	
국제항공운송사업	국제 정기편 운항 : 국내공항과 외국공항 사이 또는 외국공항과 외국공항 사이에 일정한 노선을 정하고 정기적인 운항계획에 따라 항공기를 운항하는 사업	
	국제 부정기편 운항 : 국내공항과 외국공항 사이 또는 외국공항과 외국공항 사이에 이루어지는 국제 정기편 외의 항공기를 운항하는 사업	
소형항공운송사업	국내항공운송사업 및 국제항공운송사업 외의 항공운송사업	8
항공기사용사업	항공운송사업 외의 사업으로서 타인의 수요에 맞추어 항공기를 사용하는 사업으로 농약 살포, 건설 또는 사진촬영 등 국토교통부령으로 정하는 업무를 하는 사업	54
항공기취급업	항공기 급유(給油), 항공 화물 또는 수하물(手荷物)의 하역(荷役), 그 밖에 정비 등을 제외한 지상조업(地上操業)을 하는 사업	39

항공기 정비업	항공기 등, 장비와 비품 또는 부품의 정비 등을 하는 사업 항공기 등, 장비품 또는 부품의 정비 등, 기술관리 및 품질관리 지원 사업	40
상업서류 송달업	타인의 수요에 맞추어 유상으로 우편법 제1조의2제7호 단서에 해당하는 수출입 등에 관한 서류와 그에 딸린 견본품을 항공기를 이용하여 송달하는 사업	660
항공운송 총대리점 업	항공운송사업을 경영하는 자를 위하여 유상으로 항공기를 이용한 여객 또는 화물의 국제운송계약 체결을 대리(代理)[여권 또는 사증(査證)을 받는 절차의 대행은 제외한다]하는 사업	179
도심공항 터미널업	공항구역이 아닌 곳에서 항공여객 및 항공화물의 수송 및 처리에 관한 편의를 제공하기 위하여 이에 필요한 시설을 설치 운영하는 사업	2
항공기 대여업	다른 사람의 수요에 맞추어 유상으로 항공기, 경량항공기 또는 초경량비행장치를 대여(貸與)하는 사업	9
항공레저 스포츠 사업	타인의 수요에 맞추어 유상으로 비행선, 활공기, 경량항공기 또는 초경량비행장치를 사용하여 조종교육, 체험 및 경관조망, 항공레저스포츠를 위하여 대여, 경량항공기 또는 초경량비행장치 정비, 수리 또는 개조 등의 서비스를 제공하는 사업	99
초경량 비행장치 사용사업	다른 사람의 수요에 맞추어 국토교통부령으로 정하는 초경량비행장치를 사용하여 유상으로 농약살포, 사진촬영 등 국토교통부령으로 정하는 업무를 하는 사업	1,105
합계		2,204

[2017년 3월 기준 / 출처 : 항공정보포털]

사업 분류별 항공기업 수

구 분	기업체 수	구성비(%)
항공운송사업	100	27.9
항공기취급업	27	7.5
항공기정비업	14	3.9
항공운송총대리점업	168	46.8
항공기사용사업	42	11.7
공항운영업	2	0.6
도심공항터미널업	2	0.6
기타	4	1.1
전체	359	100.0

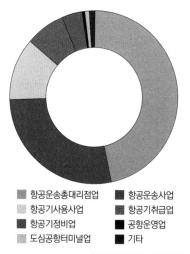

■ 항공운송총대리점업   ■ 항공운송사업
□ 항공기사용사업   ■ 항공기취급업
■ 항공기정비업   ■ 공항운영업
□ 도심공항터미널업   ■ 기타

[항공일자리 포털 내용 정리]

우리나라에 항공운송사업자, 즉 항공사가 100개나 되는 것은 일반승객들을 대상으로 하는 정기운항항공사 외에 화물전용항공사, 전세기 항공사, 교육기관 등을 포함하기 때문이다. 기업 수는 전체 항공 관련 기업의 27%이지만 규모가 큼에 따라 종사 인력은 가장 많은 사업이다. 그러나 개별 기업별 종사자 수로 본다면 대한항공과 아시아나 항공 2개사가 항공운송사업자[항공새] 전체 종사자 수의 절반 이상을 차지한다.

항공운송 총대리점사업은 국내외 항공사와 독점계약을 맺고 그 항공사를 대리하여 특정 국가 또는 지역에서 항공권 판매, 광고, 홍보, 마케팅, 항공기운영, 공항 인력 운용, 공항 운송서비스 대행 등의 업무를 전담하는 회사이다. GSAGeneral Sales Agency라고 부르며 우리나라에 취항하는 대부분 외국 항공사들은 자사의 GSA를 지정하여 영업 전반과 서비스 운영은 물론 자금관리와 인력 채용 및 관리까지 대행시키고 있다. 실질적으로 그 항공사의 지사Branch 역할을 하므로 상당한 권한을 가지고 있는 셈이다. 항공 관련 산업에서 기업 수가 가장 많은 업종으로 사업의 진입장벽이 비교적 낮고 자격요건이 까다롭지 않아 창업과 폐업 역시 비교적 빈번하게 이루어진다. 단순히 항공사의 항공권 판매만을 대행하는 GSA도 있지만 항공여객, 화물영업 전 분야업무 대행과 더불어 마케팅, 홍보, 인력관리와 함께 항공기운영과 공항지상조업까지 담당하는 GSA도 있다. 규모가 큰 GSA는 10개 이상의 외국 항공사의 업무를 대리한다. 종사자 수도 회사별로 적게는 10명 미만에서 많게는 수백 명에 이른다.

항공기취급업은 항공기가 공항에 머무를 때 급유, 청소, 화물 하역과 탑재 및 운반, 항공기 견인과 유도, 항공기 정비 등의 지상지원서비스 업무와 여객의 탑승수속, 탑승, 도착 및 수하물 서비스 등을 포함, 항공기 운영에 필요한 제반 지원서비스를 지상조업이라 하며, 지상조업을 전문적으로 수행하는 회사를 지상조업사Ground Service Handling Company라고 부른다.

항공서비스관련 주요기업 현황

분류	회사
공항운영	인천국제공항공사, 한국공항공사, 도심공항터미널, 공항철도
항공사(정기항공사)	대한항공, 아시아나항공 제주항공, 진에어, 티웨이항공, 에어부산, 이스타항공, 에어서울 싱가포르 항공, 남방항공, 에어프랑스, 일본항공, 델타항공 등
항공사(국내 및 국제 부정기사업, 전세 및 관광사업)	에어인천, 에어포항, 에어필립, 엔에프에어, 유아이헬리제트, 코리아익스프레스에어, 스타항공우주, 헬리코리아
지상운송 및 조업	한국공항, 아시아나에어포트, 에어코리아, 스위스포트코리아, 샤프에비에이션, JAS, TAS, 이스타포트서비스, 한화에어로스페이스, 공항철도, 도심공항
항공기 제작 및 정비	한국항공우주산업, 보잉코리아, 에어버스코리아
항공보안 경비	조은, 유니에스, 삼구아이엔씨, 건은, 서운에스티에스, 월드유니텍 등
예약 및 발권 서비스 (Call Center)	유니에스, 삼구, 씨앤스, TAS, 트랜스코스모스 코리아, 윌앤비전
항공대리점(GSA)	퍼시픽에어에이전시, 동보항공, 샤프에비에이션케이, 국제항공운송, 범아항운, 보람항공, 델타에이전시, 미방항운 등,
기타	인터비즈, 건원, 고암, 삼구, 유니에스, 시큐어넷, 월드유니텍, 이케이맨파워, 맨파워코리아, 제니앨 (항공사 인력 운영, 공항 안내, 공항 방송, 공항 라운지 등)

위의 분류에서 GSA, Call Center, 항공보안경비 분야에서 1개의 회사를 선택하여 조사해보자.

분류		회사이름	
주요 직무 (하는 일)			
성장 전망			

사업별 일자리 수

2018년 기준

구 분	일자리 수	구성비(%)	구 분	일자리 수	구성비(%)
항공운송사업	52,230	66.5	항공기사용사업	1,767	2.2
항공기취급업	9,056	11.5	항공기정비업	1,282	1.6
공항운영업 및 도심공항터미널업	6,532	8.3	항공운송총대리점업	2,539	3.2
			기타 유관기관°	5,175	6.6
전체				78,581	100

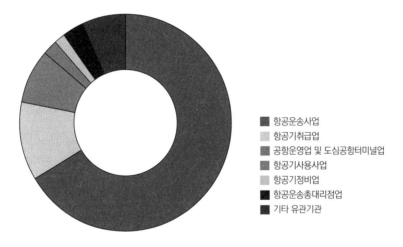

■ 항공운송사업
▨ 항공기취급업
▤ 공항운영업 및 도심공항터미널업
▨ 항공기사용사업
▥ 항공기정비업
■ 항공운송총대리점업
■ 기타 유관기관

[항공일자리 포털 내용 정리]

> ○ 기타 유관기관 : 항공우주산업(주), 항공안전기술원, 항공우주연구원, 한국항공협
> 회 등

사업 종류에 따른 일자리 수를 보면 항공운송사업과 항공기취급사업이 80%를 점유(기업
수는 전체의 35%)하고 있음을 알 수 있다. 전체 기업수의 절반을 차지하는 GSA는 회사 규모가
작아 고용 규모 역시 그리 크지 않은 것으로 나타난다.

국내 항공사 채용 규모

구 분	조종사	객실승무원	정비사	운항관리사	일반°	합 계
대한항공	200	650	140	5	155	1,150
아시아나항공	128	226	91	3	60	508
제주항공	126	225	77	9	95	532
진에어	98	240	100	6	73	517
에어부산	81	187	64	6	45	383
이스타항공	79	105	59	12	118	373
티웨이항공	87	117	35	8	63	310
에어인천	20	–	25	2	15	62
에어서울	29	65	10	4	28	136
합 계	848	1,815	601	55	652	3,971

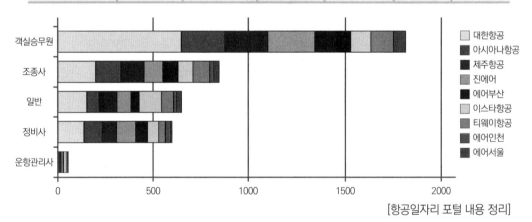

[항공일자리 포털 내용 정리]

○ 일반 : 경영, 재무, 인사, 영업, 운송 등 일반 행정 및 서비스 직무

우리나라 항공사들의 2018년도 전체 채용 인원은 약 4,000명인데 객실승무원이 절반 가까운 46%를 차지한다. 다음으로 운항조종사(21%), 일반직(16%), 정비사(15%) 순이다.

전문직인 조종과 정비, 운항관리직을 제외하면 대학전공과 비교적 상관없이 진출할 수 있는 직종은 객실승무직과 일반직으로 전체의 약 60%를 차지한다. 또 2018년 기준 사업별 일자리 수(78,581명. 앞 page) 대비 2018년 한해 국내 항공사의 채용인원(3,971명)은 전체의 약 5% 수준임을 알 수 있다.

지원자격 및 요건

앞서 살펴본 바와 같이 항공운송서비스 사업에는 비교적 다양한 직무가 필요하다. 여기서는 채용 응시에 국가공인자격이 필요한 운항승무, 정비, 운항관리 직무를 제외한 항공서비스 및 일반직에 도전하기 위해서 기본적으로 갖추어야 할 자격과 요건에 대해 알아보기로 한다.

공통요건

공통 필수 요건	공통 우대 요건
■ 병역 필 또는 면제(남) ■ 공항출입증 발급에 지장이 없는 자(또는 해외여행 결격사유가 없는 자)	■ 보훈대상 ■ 보훈대상자는 독립유공자, 국가유공자, 참전유공자, 5.18 민주유공자, 고엽제 후유(의)증, 특수임무수행자, 제대군인 본인과 그의 유가족 등 ■ 보훈대상 등록여부는 국가보훈처에서 확인 가능 ■ 사이트 : http://www.mpva.go.kr/ ■ 장애인(일부 기업)

직무별 기본요건

직무	필수 자격	우대 자격	기타 구체적 요건
객실 승무	■ 교정시력 1.0 이상 ■ TOEIC 550(또는 TOEIC Speaking LV 6, 또는 OPIc LV IM) 이상 ■ 대졸(또는 전문대졸) 이상	■ 영어 (또는 제2외국어 능통) ■ 타 항공사 승무 경력	■ 체력 : 제자리높이뛰기, 심폐지구력, 윗몸일으키기, 눈감고 외발서기, 윗몸 앞으로 굽히기, 악력, 수영 25m 완주 등 ■ 외모 : 표면적 요건은 아니나 면접에서 중요 평가 요소임
	■ 필수요건은 '최소한'의 자격으로 기준에 미달하면 지원접수 자체가 불가하다. ■ 외국어 우대 조건인 '능통'의 기준은 토익과 같은 정량적 점수의 높음보다 실제 인터뷰에서 듣고 말하며 자기 생각을 표현할 수 있는 유창한 수준 정도에 둔다.		

지상 서비스 사무 (공항)	■ TOEIC 평균 550 이상 (회사마다 기준이 조금씩 다름) ■ 대졸(또는 전문대졸) 이상	■ 중국어, 일본어 ■ 산업위생관리산 업기사, 간호사, MS Office, CRS	■ 신체검사 : 결핵, 간염 등 전염병
지상조업 (공항)	■ 1종 운전면허 ■ 고졸 이상	■ 외국어능통 ■ 대형운전면허	
일반 행정사무	■ 대졸 이상 ■ TOEIC 750 이상	■ 군 장교복무	
경비 및 보안	■ 「경비업법」상 특수경비원 결격사유 없어야 함 ■ 교대근무와 야간근무 가능	■ 특수경비 경력 ■ 특수경비 신임교 육 이수	■ 신체 건강 ■ 별도의 체력 테스트를 하지는 않지만 면접에서 판단
	■ 특수경비원 결격사유는 만 18세 미만이거나 범법행위로 일정 수준 이상의 처벌을 받 은 것을 뜻한다. 상세한 내용은 'http://www.law.go.kr/법력/경비업법' 참조 ■ 특수경비신임교육은 공항, 항만 등의 일정 보안등급 이상의 국가중요시설물을 경비하 는 업무는 경비업법에 의거 『특수경비원』이 하게 되어 있고, '특수경비신임교육'을 이 수해야 특수경비원 자격이 주어진다. ■ 특수경비신임교육은 공인된 교육기관에서 88시간을 이수해야 하는데, 회사에 따라 특수경비직 채용 기본 요건으로 요구한다.		
GSA	■ 대졸(또는 전문대졸) 이상 ■ 토익 700(평균) 이상	■ 영어 능통 ■ 제2외국어 우수	■ 항공화물업무인 경우 운전면 허 필수
콜 센터	■ 전문대졸 이상 ■ 토익 500(평균) 이상	■ 관련 직무 경력	

여행객 지원 서비스	직무 종류	필수 및 우대 요건
	■ Sending ■ 로밍 ■ 면세점 판매 ■ Tax Free 안내	■ 학력요건 고졸 이상 또는 없음 ■ 영어 및 외국어 가능 ■ Tax Free 안내는 중국어 가능
	■ 공항안내 ■ 공항방송 ■ 공항귀빈실 ■ 비즈니스 라운지	■ 전문대졸 이상 ■ 토익 550 이상(최소) ■ 영어 능통, 제2외국어 가능 우대
	■ Sending : 공항에서 주로 단체여행객 대상 항공권 교부, 탑승수속 지원 서비스 수행 ■ Tax Free 안내 : 외국인 여행객 대상 국내에서 구매한 물품의 부가세 환급 업무 ■ 공항안내 및 방송 : 공항이용 승객 대상 일반적 안내 및 공항 탑승, 보안 관련 방송		

채용공고문으로 보는 직무 및 주요 기업별 채용요건

[사례 1] 대한항공 2018년 하반기 신입채용공고문 (일반직 및 객실승무원)

"세계 항공업계를 선도하는 글로벌 항공사" 대한항공에서 2018년 하계 대학생 인턴을 모집합니다. 진취적이고 창의력 있는 여러분의 많은 지원 바랍니다.

1. 모집 기간 : 2018년 6월 25일(월) ~ 2018년 7월 3일(화) 18:00

2. 모집분야 및 대상 전공

모집분야	대상전공
기술	항공/기계공학, 전자/전기/제어공학
일반	상경계열, 수학, 통계
전산	컴퓨터공학, 전산학 등 IT 개발 관련 전공

＊ 모집 대상전공 복수/이중전공자도 지원 가능합니다.

3. 지원자격

o 모집 대상학과 기졸업자 또는 2019년 2월 이내 졸업 예정자
o TOEIC 750점, TEPS 630점, OPlc LVL IM 또는 TOEIC Speaking LVL 6 이상 자격 취득한 분
  - 2016년 7월 10일 이후 응시한 국내시험에 한함
  - 해외대 학사/석사/박사 학위 취득자 중 상기 영어 성적이 없으신 경우, 영어성적을 미입력하여 제출 가능하나 인턴종료 전까지 반드시 제출하셔야 합니다.
o 병역필 또는 면제자로 학업성적이 우수하고, 해외 여행에 결격사유가 없으신 분
※ 전공 관련 자격 보유자, 외국어 능통자 및 장교 출신 지원자 우대

신입 객실승무원 모집 안내

"세계 항공업계를 선도하는 글로벌 항공사" 대한항공에서 기내 안전, 서비스 업무를 수행할 객실승무원을 아래와 같이 모집하오니 많은 지원 바랍니다.

1. 지원서 접수 기간 : 2017년 7월 21일(금) ~ 8월 1일(화) 18:00

2. 지원서 접수 방법
  ○ 대한항공 채용 홈페이지(https://recruit.koreanair.co.kr)를 통한 인터넷 접수
    ※ 우편, 방문 접수 및 E-mail을 통한 접수는 실시하지 않습니다.

3. 지원 자격
  ○ 해외여행에 결격사유가 없고 병역필 또는 면제자
  ○ 교정시력 1.0 이상인 자
  ○ 기 졸업자 또는 2018년 2월 졸업예정자
  ○ TOEIC 550점 또는 TOEIC Speaking LVL 6 또는OPlc LVL IM 이상 취득한 자
    - 2015년 8월 15일 이후 응시한 국내시험에 한함

4. 전형 절차

서류전형 ⇨ 1차면접 ⇨ 2차면접 영어구술Test ⇨ 3차면접 체력/수영 ⇨ 건강진단 ⇨ 최종합격

특징
- 정규직이 아닌 인턴, 통상 2년 후 일정기준을 충족하면 정규직으로 전환된다.
- 특정전공의 정규학사 이상의 학력조건이 명시되어 있다.
- TOEIC 점수보다 영어구사능력이 중요 평가 기준 중 하나다.(기준 점수는 필수 요건)

특징
- 학력기준은 명시되어 있지 않다.
- 2년제 전문학사 이상 지원 가능

[사례 2] 제주항공 2018년 하반기 신입채용공고문 (객실승무원, 제주캐스팅)

· 객실 정규직 전환형 인턴승무원

모집구분	직무분야	근무지	채용인원	직무내용	지원자격
정규직 전환형 인턴사원	인턴 객실승무원	서울/인천	00	객실승무 일반	(공통필수) · 전문학사 이상의 학력을 가진 자 　(사이버대학 및 학점은행제 학위 인정) · 기졸업자, 2017년 2월 졸업예정자 · 공인어학 성적 　(TOEIC 550점 또는 TOEIC SPEAKING 　5급(110점) 이상
			00	객실승무 중국어 특기	· 공통 필수 사항 및 新HSK 5급(180점) 또는 HSK회화 중급 이상
			00	객실승무 일본어 특기	· 공통 필수 사항 및 JLPT N2 또는 JPT 600점 이상
		부산	00	객실승무 일반	(공통필수) · 전문학사 이상의 학력을 가진 자 　(사이버대학 및 학점은행제 학위 인정) · 기졸업자, 2017년 2월 졸업예정자 · 공인어학 성적 　(TOEIC 550점 또는 TOEIC SPEAKING 　5급(110점) 이상

○ 인턴(수습)기간은 최대 2년이며, 기간 종료 시점에 전환 평가 후 정규직 전환 실시
※ 중국어 및 일본어 특기자는 입사지원서 작성시 어학 특기 구분 중 중국어, 일본어 필수 선택
※ 접수일 기준 취득 2년 이내의 공인어학점수에 한함 (필수사항)
※ 상기 공인어학점수외 이에 상응하는 공인어학점수로 대체 가능
※ 해외 체류자 혹은 이민자, 유학자의 경우에도 어학성적표 필수

특징

■ 정규직이 아닌 인턴으로 2년 후 정규직 전환 평가를 시행한다.
■ 2년제 전문학사 이상 지원 가능
■ 서울 외 지방공항 Base 승무원을 별도로 채용한다.(부산, 대구, 무안 등)
■ 토익점수는 기준을 초과하면 영어점수 자체보다 기타 외국어를 포함 다양한 방면의 역량을 기준으로 평가한다.
■ 면접 비중이 특히 높으며, 기존 항공사와 차별화되는 전략적 준비가 필요하다.

모집구분	직무분야	근무지	채용인원	직무내용	지원자격
정규직 전환형 인턴승무원	인턴 객실승무원	서울 인천	00	객실승무 일반	**[공통필수]** · 전문학사 이상의 학력을 가진 자 (사이버대학 및 학점은행제 학위 인정) · 기졸업자, 2017년 8월 졸업예정자 · 공인어학 성적 (TOEIC 550점 또는 TOEIC SPEAKING 5급(110점) 이상)

○ 인턴 객실승무원 및 다른 일반전형과 중복지원시 불이익이 있습니다.
○ 아래 사항 및 동봉된 제주캐스팅 채용가이드 참고하시어 지원 바랍니다.

※ 제주캐스팅 지원방법
1) 채용홈페이지 접속 후 이력서 작성 및 인스타그램 아이디를 기입해 주세요.(자기소개서 1번에 본인 아이디만 기재)
　- 올바른 예 : jhyoon_1
　- 잘못된 예 : 제 아이디는 jhyoon_1입니다/ ID: jhyoon_1/ jhyoon_1이에요~ 등
2) 인스타그램에서 제주항공 채용 계정(jejuair_recruit)을 찾아 팔로우 해주세요.
　비공개 계정이므로 직접 검색을 해주셔야 합니다. 팔로우 수락은 서류전형 마감일 1일전 00:00까지 입니다.
3) 지원번호와 성명, 연락가능한 연락처를 DM으로 남겨주세요.
　지원번호와 연락처를 남겨주셔야 지원이 완료됩니다.
　(지원번호는 이력서 작성이 완료되면 개인메일로 자동발송 됩니다)
4) 제주항공 승무원에 어울리는 본인의 재능과 열정을 인스타그램 영상으로 만들어 보내주세요.
　(영상 최대길이는 1분이며, 형식은 자유입니다)
5) 서류와 1차면접 심사는 여러분의 영상으로 결정됩니다.

제주캐스팅 특징
- 지원자격 기준과 직종은 동일하나, 서류심사와 1차 면접을 지원자가 직접 제작한 영상으로 대체하는 채용 방식으로, 영상에 나타난 지원자의 외모, 직무적합성, 지원동기, 직무의지 등을 판단한다.
- 전문 영상제작자에 의뢰하여 만들거나 과도한 이미지 편집 등은 오히려 감점 소지가 있으니, 처음부터 스스로의 콘텐츠를 기획하여 촬영, 편집 모두 직접 제작하는 것이 바람직하다.

[사례 3] 중국남방항공(CZ) 2018년 12월 영업직 채용공고문

○ 모집분야 및 자격요건

모집분야	담당업무	자격요건

영업관리	- 직판대리점 및 BSP 판매 관리
	- 여행사 박람회 및 상품설명회 등 행사주관
	- Sales 분석, 전략 수립
	- Market Research
	- 상용고객 (기업 고객) 관리
		- 경영학 관련 대졸 이상(4년)
		- 해당직무 근무경험 1년 이상
		  (대리점, BSP 여행사 관리)
		- HSK 5급 이상 소지
		- TOEIC 650점 이상
		- 기본 OA 활용 능숙자
		  * 외국인의 경우 영주권 소지 필수
		
		[우대사항]
		- 컴퓨터 활용능력 2급이상 보유자
		- 통계분석 우수자

특징

- 국내 취항 외국계 항공사 일반직무(영업, 운송, 행정 등)의 보편적 채용 기준을 보여준다.
- 신입직원이 경우 학력기준을 통상 4년제, 상경계열(법정계열 포함) 학사 이상으로 설정하고 있다. 그러나 대부분 항공사는 경력직의 경우에는 학력보다 실제 업무경험을 우선한다.
- 외국어는 영어를 기본으로 하고, 중국어(일본 항공사는 일본어)를 상당한 수준으로 요구하고 있다.

[사례 4] 이스타포트 2018년 12월 신입채용공고문

지원구분	근무공항	자격요건

신입
(계약직사원)
	인천팀
	(인천국제공항)
		• 초대졸 이상 (졸업예정자 가능)
		• 외국어 공인 어학점수 소지자 (우대)
		  - 영어 TOEIC 650점 이상
		    (TOS LVL 5, OPIC IM 이상)
		  - 일본어 JLPT 4급 이상 (JPT 550점 이상)
		  - 중국어 HSK (신HSK) 4급 이상
		
		• 우대사항
		  - 영어회화 가능자, 유관업무 경험자,
		    컴퓨터활용능력 우수자,
		    인근거주자, 장기근무 가능자,
		    인천국제공항 근무 경험자

특징

- 항공사의 공항지상업무를 대행하는 여객운송부문 지상조업회사
- 외국승객이 많은 인천공항 특성으로 외국어 요건이 비교적 높은 편이다. 중국어나 일본어와 같은 2외국어 능력은 우대된다.

[사례 5] MPK 김해공항 출도착 및 출입국 지상직 사원모집

주요 업무

1) 입/출입(탑승, 도착) 서비스 지원 업무
2) 탑승구 내 탑승객 신원 확인
3) 여객기 도착 시 도어오픈
4) EDI 전산보고

자격조건 및 우대사항

1) 초대 졸 이상 (졸업예정자 무관 / 고졸 불가)
2) TOEIC 550점 이상 자
3) 서비스 정신이 투철하며, 밝은 성격 및 성실한 성격 보유자
4) 남성의 경우 군필 / 면제자 한
5) 해외 여행 결격사유가 없는 자

근무조건

1) 고용형태 :
   - 인턴 (교육 및 인턴 기간 : 3~6개월 소요 / 업무 평가 후 결격사유 없을 시 소속 전환형)
   - 경력직의 경우 직급 및 고용형태 협의
2) 근무시간 : 주 40시간 근로 (항공기 스케줄에 따른 탄력적 근무)
3) 급여조건 : 약 2,100만 (인턴/신입 기준) / 경력직의 경우 연봉 협의
4) 복리후생 : 당사 내규에 따름 (4대보험, 퇴직금, 연차휴가, 경조금, 경조휴가, 명절/생일선물 등)

우대사항

1) 기타 외국어 가능자 및 공인어학성적 (OPIC, HSK, JPT 등) 보유자 우대
2) 인근거주자 및 관련학과 기 졸업자 우대

특징

- 항공사(대한항공)의 공항지상업무 중에서 항공기의 출발과 도착 서비스를 대행하는 전문회사
- 기본 영어 자격을 넘으면 서비스 직무 적합성이 평가 주요 기준이 된다.

[사례 6] 유니에스 인천국제공항 항공사 2차 검색직원 모집

■ 모집 분야 및 자격요건

모집 분야 : 항공사 검색팀 게이트/카운터
담당 업무 : 항공사 미주 2차 검색 / 항공사 체크인 카운터 안내 업무 및 보안 통제 (사원급)

자격 요건
 – 학력 : 학력 무관
 – 경력 : 경력 무관
 – 성별 : 무관
 – 모집인원 : 0명
 – 인천국제공항 근무 가능자
 – 경비업법상 특수경비원 결격사유가 없는 자
　■ 팔, 다리가 완전한 자
　■ 맨눈시력 0.2 이상 또는 교정시력 0.8 이상
　■ 색약/색맹이 아닌 자
　■ 신원에 결격 사유가 없는 자(성범죄 관련 포함)
 – 나이 제한 대상 : 만 18세 미만, 또는 만 60세 이상인 자는 제한대상 (경비업법)
 – 기타 : 면접합격 후 특수경비원 신임교육 7박 8일 합숙위탁교육 실시
　　　　(경비업법상 특경훈련 미이수 시 근무 불가 / 교육비 자사 부담)

우대사항
 – 유관업무 경험자(인턴·알바)
 – 즉시 출근 가능자
 – 인근 거주자

■ 근무조건
　■ 근무형태 : 계약직(무기계약직)
　■ 근무지　 : 인천 〉중구
　■ 근무요일 : 2일 근무 1일 휴무, 월 2회 오전 or 오후 3시간 근무
　■ 근무시간 : 06시 00분 ~ 20시 00분, 07시 00분 ~ 21시 00분
　　　　　　(항공사 스케줄에 따라 변동 가능)
　■ 급여　　 : 연봉 2,500만 원 ~ 2,600만 원 (퇴직금, 식권 별도)

특징
■ 2차 검색이란 Air-side 진입 보안검색 외에 탑승수속 카운터 또는 출발 Gate 입구에서 해당 항공사의 위탁을 받아 승객의 항공권, 여권 등을 확인하고 통제하는 업무를 말하며, 회사에 따라 보안검색 요원 교육 이수 후 일반 보안검색 업무를 병행하기도 한다.
■ 학력이나 어학능력은 큰 비중을 차지하지 않고, 체력이 주요 평가 요인이 된다.

[사례 7] 대한항공 국제선 예약/발권 센터 상담직 모집

1. 업무 내용
   - 국제선 항공권 예약/발권 및 서비스 전화상담

2. 지원 자격
   * 필수
     - 초대졸 이상의 학위소지자
     - TOEIC 470점 이상 또는 아래 어학점수 소지
     - (유효기간 2년 이내 점수 미달 시 지원 불가/ 어학점수, 취득 일자 기재 필수)
     - (대체 가능 : TEPS 394, TOEFL 50, TEPS-S 27, OPIc IL, IELTS 5.5, KE영어 정3급 이상)
   * 우대
     예약/발권/체크인 프로그램(CRS, DCS) 자격증 소지자 우대, 항공(여행)사 관련 업무 경험자 우대

3. 근무시간 (선택 1)
   * 주간근무
     - 주 5회, 07:00~22:00 중 스케줄 근무 (7시간 근무 + 2시간 점심, 휴식시간)
     - 주말 근무 시(월 3~4회 정도) 평일 대체휴무 지급
   * 야간 격일근무
     -22:00~07:00 중 고정 근무 (7시간 근무 + 2시간 식사, 휴식시간)

4. 근무지
   * 대한항공 전산센터
     - 지하철 : 5호선 개화산역 2번 출구 도보 5분 KE 전산센터/한국공항빌딩
     - 버스 : 개화산역 정류소 하차 (605/672/6631/6647 등 이용 가능)

5. 소속직군
   - TCK 정규직

6. 급여
   * 주간근무
     - 입사 2개월 : 월 187만 원 (수습)
     - 3개월 이상 : 월평균 221만 원=월 207만 원+인센티브+각종 프로모션수당
   * 야간 격일근무
     - 입사 2개월 : 월 216.9만 원 (수습/심야 근무수당 포함)
     - 3개월 이상 : 월평균 255만 원=월 241만 원+인센티브+각종 프로모션수당
   * 공통
   * 인센티브는 업무평가에 따라 차등 지급
   * 인센티브+각종 프로모션수당 = 최대 80만 원

7. 복리후생
  – 4대 보험, 퇴직금(퇴직 연금 제도) 별도 지급
  – 휴가 제도 – 연차, 경조 휴가 및 경조금 지급, 장기 근속자 Refresh 휴가, 산전/산후 휴가, 육아 휴직 등
  – 명절 선물 연 2회, 창립 기념일, 생일 선물 지급, 직원 콘도미니엄 지원(한화, 대명, 리솜 리조트 등)
  – 건강 검진 실시, 제휴 의료 병원 이용(치과, 안과, 한의원, 피부과 등)
  – 업무 성과 및 적성에 따른 관리자, QAA, 교육 강사 등의 다양한 Career Path 기회 제공
  – 직원 영어 능력 계발을 위한 교육 프로그램 운영, 사내 동호회 운영
  – 각종 프로모션, 우수 사원 포상, 우수 사원 해외 연수 기회 제공
  – 장애인 지원금 지급(월 5만 원 – 15만 원, 근속 기간별 차등 지급)

  # 대한항공 고객센터만의 복리후생
  * 항공권 근속별 40~80만 원 차등 지급(1년 이상 근무 시)
  * 구내식당 이용가능(지문/급여 공제)

8. 제출서류 및 접수방법
  – 제출서류 : 이력서, 자기소개서
  – 접수방법 : 온라인 지원

9. 면접일정
  – 면접일 : 1/2(수)~1/16(수) 사이 매일 평일(월~금) 16:00
  – 면접장소 : 대한항공 전산센터 3층
  * 지하철 : 5호선 개화산역 2번 출구 도보 5분 KE 전산센터/한국공항빌딩
  * 버 스 : 개화산역 정류소 하차 (605/672/6631/6647 등 이용 가능)

10. 교육일정
  * OT 일정 : 1/21(월) 13~18시, 교육 관련 사항 사전 안내 및 입사 서류 안내
  * 교육일정 : 1/22(화)부터 약 3개월간 평일 9~18시(이론교육+전산교육)
  * 교육비 일 50,000원 (식대 포함) _교육수료자 월 단위로 10일에 교육비 지급
    단, 교육 총 3개월 중 (1개월 이론교육+2개월 전산교육), 1개월 이론교육 수료 후 TCK 입사처리

특징
■ 항공사(대한항공)의 항공예약 및 발권업무를 대행하는 소위 Call Center이다.
■ 국내선 또는 국제선 업무로 구분되어 있는데, 응시기준의 토익 470점은 아마도 항공사의 최소 요구조건으로, 영어 구사능력보다 직무능력을 판단하기 위한 요소로 보인다.
■ CRS 자격증(TOPAS 등)이 있으면 우대된다.

[사례 8] 부일링크-에어부산 예약 상담직원 2019년 1월 신입채용공고문

| 모집개요

모집부문	인바운드 상담사
담당업무	항공권 예약 발권업무 / 고객상담 및 안내
근무지역	초량동 YMCA빌딩 (1호선 부산진역 5분 거리)

| 지원자격

학력	초대졸이상
경력	경력무관
우대조건	항공사/여행사/예약발권 업무 경력자, 장애우 및 보훈 대상자,
	신용정보에 이상이 없는자, 장기 근무 가능자

특징
- 항공사(아시아나)의 항공예약 및 발권을 대행해주는 소위 Call Center 이다.
- 국내선 또는 국제선 업무로 구분되어 있으며, 학력(전문대학 졸업) 외의 지원요건은 없다.
- CRS 자격증(ABACUS 등)이 있으면 우대된다.

| 근무조건

근무형태	부일정보링크㈜ 정규직
근무일	주5일 근무+주 2일휴무 (스케줄 근무有, 휴일 근무시 평일 휴무 적용)
근무시간	센터운영시간(07:00~21:00)중 1일 8시간 로테이션 근무

급여수준

2019년 급여인상예정

구분	월급여	고정급여 (기본급+식대)	인센티브 개인	근속수당
국내선	162~196만원	160만원	2~22만원	0~14만원
국제선	173~203만원	167만원	6~22만원	

	* 연차수당 및 시간외 수당 별도지급 / 명절 상여금 및 선물지급
	* 교육비 : 일 35,000원 (교육 이수시 지급)
	* 수습기간 3개월적용 (수습기간동안 기본급의 90% 지급)
	* 국내선 근무 후 국제선 이동 배치 가능
복리후생	에어부산 항공운임료 직원가 할인, 4대보험, 퇴직금, 연차수당, 경조사비 지급
	법정휴가(육아,출산). 회사콘도 이용, 문화공연할인, 사내대출제도 운영, 사내 복지몰이용

[사례 9] JAL 기내 통역원(승무원) 모집 공고문

- **담당업무**
  - 기내통역원 (Interpreter)

- **자격요건**
  - 학력 : 고졸 이상 지원 가능
  - 경력 : 무관 (신입도 지원 가능)
  - 성별 : 무관
  - 모집인원 : 0명

- **우대사항**
  - 일본어 능력 우수자
  - 복잡한 회화의 소통이 가능한 자 (일본어 불가자 지원 불가)
  - JLPT N1급, JPT Level A등급(800점) 이상 수준의 언어 소유자(자격 사항이 없어도 수준 확인)
  - 인천공항 및 김포공항 출·퇴근 용이한 자
  - 20세 이상 남/여 (남성 군필자 및 면제자)
  - 기내통역요원 업무 수행이 가능하며, 건강상에 이상이 없는 자
  - 고졸 이상 학력 소지자, 대학 졸업자
    (재학생 및 휴학생 / 대학 졸업 예정자 지원 불가)
  - 전직 및 현직 승무원 경력자 우대
  - 서비스 마인드 갖추고 책임감 투철한 자

- **근무조건 및 환경**
  - 근무형태 : 파견직-1년 (최초 1년 계약 체결/추후 업무 평가에 따른 연장 가능 (+1년))
  - 근무부서 : 김포공항 및 운항하는 한일노선 및 공항
  - 근무요일/시간 : 탄력근무제
  - 근무지역 : 서울 – 강서구
  - 급여   : 2,600~2,800만 원
  - 인근전철 : 서울 5호선 김포공항에서 100m 이내

특징
- 외국항공사(일본항공)의 기내객실승무원으로 시내에서 일본승객 및 승무원과의 통역을 겸한 서비스 업무를 수행한다.
- 학력(고졸 이상)이나 어학자격(일본어) 보다 실제 회화수준을 중요시하며, 일상 대화에 무리가 없어야 한다.
- 항공사가 아니더라도 서비스직무에서의 경험이 평가에서 우대되는 경향이 있다.
- (외국계 항공사 기내승무원의 경우) 대체로 1~2년 단위의 계약직이다.

[사례 10] 싱가포르 항공 Cabin Crew 모집 공고문

Singapore Airlines has earned a reputation for service excellence, and we welcome individuals who are customer-orientated, displays initiative, and a team player to join us as a cabin crew.

Our crew are a talented group of individuals who hail from different walks of life. Find out what inspired them to take on this job, how they balance a flying career with their interests outside of work, and how they have developed themselves both professionally and personally.

Training
Successful applicants will undergo a four-month training programme, one of the longest and most comprehensive in the airline industry.

Our training programme covers topics such as:
· Product Knowledge including Food &Beverage
· Service Procedures
· Passenger Handling
· Deportment &Grooming
· Language &Communication Skills
· Safety Equipment Procedures
· First Aid

Upon successful completion of training, flying duties will commence.

Remuneration & Service Benefits
During training, you will receive a basic salary. Upon graduation and commencement of duties, you will be given an attractive salary package with allowances based on your flight patterns and flying hours.

You will be based in Singapore and offered a 5-year employment contract initially. Additional 5-year contracts may be offered based on job performance. Apart from competitive remuneration, you will be granted free travel to any SIA destination once a year and enjoy discounted travel at other times. There is an attractive annual leave scheme, medical and dental treatment scheme, as well as comprehensive training programmes.

Korea

We will be conducting a recruitment exercise for cabin crew in Seoul in late July 2019. If you meet the following requirements, we will be pleased to meet you at our interviews:

* Fulfil the minimum height requirement of at least 1.58m for females in order to carry out safety and emergency procedures onboard
* University degree holder
* High level of English proficiency
* Willingness and commitment to serve a compulsory service bond
* Willing to be based in Singapore
* Children of patriots and veterans are encouraged to apply

Application Details

If you are interested to join us, please submit an online application by 27 June 2019. Short-listed candidates will be invited for online video interviews in mid July. Candidates who passed the preliminary video interview round will be invited for further interviews in person in Seoul in late July 2019.

We thank all candidates for their interest in Singapore Airlines and regret that only short-listed candidates will be notified.

Please note that Singapore Airlines does not request for payment or fees for the processing of job applications either directly or through its appointed agencies. Should you be advised otherwise, please email us the details via http://singaporeair.com/en_UK/feedback-enquiry/

특징
- 4개월간의 훈련 수료 후 5년 계약
- 영어능력에 관한 정량적 기준은 없으나 영어를 모국어로 하는 사람들과 원활하게 의사소통을 할 수 있는 수준 이상을 요구하고 있다.
- 신장 158cm 이상 – 기준치 이상이면 키가 상대적으로 크다고 반드시 유리하지는 않으며, 기내 서비스와 안전요원으로서의 체력적 요건을 중요시한다.
- 채용은 온라인으로만 접수하고, 1차 통과자와 온라인 비디오 인터뷰를 거쳐(2차) 최종 면접을 한다.
- SQ, CX, EK 등 중국과 일본을 제외한 아시아계 항공사를 포함하여 영어권 외국계 항공사들은 일반적으로 채용공모와 소통을 영어로 진행한다.

기업분석과 정보 얻기

관심기업 분석은 아무리 해도 지나치지 않다. 요즘 같은 정보화 시대에는 기업정보를 구하는 일은 어렵지 않다. 대부분 기업들이 공식적으로 공개하는 자료들만으로도 자기소개서와 지원동기, 그리고 면접에서 쓸 수 있는 정보들을 확보할 수 있다. 문제는 오히려 과잉정보다. 필수정보를 효율적으로 얻는 방법과 함께 그 정보들을 가지고 기업분석을 어떻게 하는지 알아보자.

기업분석

경영전략과 마케팅에서 많이 쓰는 프레임워크 분석도구로 VRIO와 PEST 분석기법이 있다.

VRIO 분석

SWOT 분석[98p]이 자신(기업)의 내부와 외부 환경 분석을 전략도출의 근거로 삼는 데 비해 VRIO 분석은 기업 내부자원을 분석Internal analysis하여 경쟁우위를 파악하는 것을 목적으로 한다. VRIO란 Value(가치), Rarity(희소성), Imitability(모방가능성), Organization(조직화)의 앞글자를 딴 말로 한 기업이 보유한 자원이 경쟁우위의 가치가 있는지를 알아보기 위한 4가지 질문주제를 의미한다. VRIO 분석을 활용하면 관심기업의 핵심역량을 확인할 수 있고 현재 상황과 미래 전망에 대해 나름의 의견을 가질 수 있다.

예를 들어, 'A 항공사의 신규노선진출 검토'라는 주제를 VRIO 분석 방법을 이용하여 다음과 같은 질문을 만들 수 있다.

1) A사의 자원(항공기, 노선권, 마케팅능력, 기재운영효율성, 인적자원 등)이 기회를 살리고 위협을 방어할 수 있는가? – **Value**
2) A사의 그러한 자원을 가진 타 항공사가 있는지, A사의 자원이 타 항공사와 비교할 때 얼마나 우위에 있는가? – **Rarity**
3) 현재는 A사의 자원과 같은 자원이 없는 항공사가 그러한 자원을 보유하기까지 얼마나 걸릴 것인가? – **Imitability**
4) A사가 그 자원을 활용할 수 있을 만큼의 조직과 시스템이 준비되어 있는가? – **Organization**

이러한 4가지 질문에 'Yes'라고 답할 수 있다면 A사의 신규노선진출 전략은 경쟁우위 요소를 확보했다고 판단한다. 물론 우리의 궁극적 목적은 A사의 전략우위성 확인보다 이러한 분석과정을 통해 관심기업인 A사의 핵심역량과 경쟁우위 요소들을 찾아내는 데 있음을 명심하자.

VRIO 분석 절차

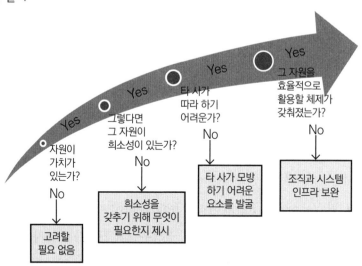

VRIO 분석기법은 비단 기업분석할 때뿐 아니라 자기분석에도 유용하게 사용할 수 있다. 앞서 SWOT를 응용했듯이 VRIO 분석기법을 응용하여 자신이 보유한 자원에 대해 분석해보자.

PEST 분석

PEST는 기업의 거시적 환경분석의 한 도구이다. 기업경영에 영향을 미치는 전체적 환경을 정치적(Political factors), 경제적(Economic factors), 사회적(Social factors) 그리고 기술적 (Technological factors) 요소로 분류하여 이들을 찾아내어 나열하고 분석한다. 여기에 Legal factors(법적 요소)와 Environmental factors(환경 생태적 요소)을 더하여 PESTLE로 부르기도 한다.

PEST 분석 요소

Political factors	Economic factors
■ 생태적 환경, 정부정책, 산업동향, 국내외 관련 법령, 외교동향, 전쟁과 재난 등	■ 국내외 경제 환경과 추세, 금리, 환율, 유가, 계절적 요인, 관련 산업 세금과 세율 등
Social factors	Technical factors
■ 라이프스타일 변화, 안전 및 노동 환경, 인구 통계적 추세, 고령화, 윤리적 이슈, 브랜드 이미지 등	■ 특허, 지적자산 문제, 기술적 진입장벽, 경쟁 기술과 보안/대체 기술 동향, 정보와 소통 채널 등

PEST 분석은 기업 및 기업이 속한 산업과 연관 산업을 둘러싸고 있는 광범위한 분야의 정보를 취합해서 정리해야 하므로 작업 범위는 넓지만 자료를 체계화하는 효과가 있다. 신뢰할 수 있는 공표자료를 구하기가 어렵지 않고 난이도도 그렇게 높지 않으므로 시간을 가지고 하나씩 노트에 정리해두자.

VRIO 및 PEST 분석을 SWOT 분석과 함께 활용하면 효과가 크다.

자신의 관심기업 하나를 정한 다음 VRIO 분석을 이용하여 기업분석을 해보라.

VRIO 분석 - 관심기업에서 최근 추진하고 있는 사업을 주제로 한다.

VRIO 분석	사업 명 :

VRIO	질문	보완과 대책
Value		
Rarity		
Imitability		
Organization		
결론(의견)		

PEST 분석

우리나라 LCC 한 곳을 택하여 그 회사의 경영환경에 대해 PEST분석을 시도해보자.

PEST 분석	회사 이름 :

정치적	경제적
사회적	기술적

결론	

기업정보 얻기

정보과잉은 학습능력을 오히려 약화시킨다. 취업준비에 도움이 될 수 있도록 정확하고 핵심적 정보, 신뢰할 수 있는 정보, 면접관들이 좋아할 정보, 면접에서 활용할 수 있는 정보가 필요하다. 그러한 정보를 구할 수 있는 방법을 알아보자. [출처: 「실전면접노트」 윤원회]

1. 뉴스 알림

지원하고자 하는 기업의 최신 정보를 항상 접할 수 있도록 해당 기업을 키워드로 하는 뉴스지원서비스를 휴대폰과 이메일에 설정해놓는다. 매일 알림뉴스를 보고 정리한다. 뉴스알리미 서비스는 구글, 네이버, 다음 등 검색포털에서 지원한다.

⇒ 지금 휴대폰을 꺼내 설정한다.

2. 홈페이지 활용

기업 홈페이지는 그 기업 정보의 보고(寶庫)다. 집의 대문 상태를 보면 그 집안의 상태까지 짐작할 수 있듯이 기업의 홈페이지가 얼마나 잘 관리되고 있는지를 통해 그 기업의 고객서비스 마인드를 엿볼 수 있다. 이러한 내용을 지원동기에 넣을 수도 있다. 항공사 홈페이지는 스케줄과 예약 기능 위주로 구성되어 있지만 회사규모, 사업실적과 계획, 경영이념과 철학, BI(Brand Identities)와 CI(Corporate Identities) 등을 망라하여 상세한 정보를 가지고 있다. [주로 홈페이지 하단의 '회사소개'란에 있다.]

※ 진에어의 경우 홈페이지 메인화면 아래의 기업개요, CI소개 등에서 파악할 수 있다.

<	🎫 지니쿠폰	🦋 나비포인트	✈ 예약 확인	>	나비포인트와 지니쿠폰을 통해 더욱 합

회사안내	공지사항	채용정보	CEO인사말	기업개요	CI소개	항공기 소개	투자정보
약관 및 안내	**개인정보 처리방침**	홈페이지 이용약관	여객운송약관	항공교통이용자 서비스 계획			
고객서비스	자주 묻는 질문(FAQ)	고객의 말씀(Q&A)	기내 유실물 찾기				

3. SNS

기업 홈페이지 외 페이스북, 인스타그램, 트위터 등 SNS 채널 중에 하나는 회원으로 가입하여 수시로 읽고 쓰고 참여하라. 한 달만 꾸준히 해도 그 회사의 직원처럼 생각할 수 있다.

▲ 대한항공의 페이스북 '정보'란의 메인화면. 회사의 기본 정보와 그날의 역사를 알려주고 있다. 각 메뉴별로 클릭해 보면 회사의 주요 정보를 다양하게 찾을 수 있다.

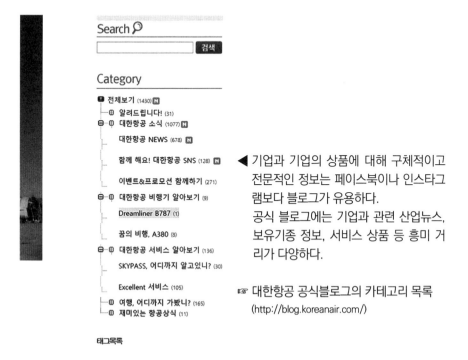

◀ 기업과 기업의 상품에 대해 구체적이고 전문적인 정보는 페이스북이나 인스타그램보다 블로그가 유용하다.
공식 블로그에는 기업과 관련 산업뉴스, 보유기종 정보, 서비스 상품 등 흥미 거리가 다양하다.

☞ 대한항공 공식블로그의 카테고리 목록
(http://blog.koreanair.com/)

4. DART(http://dart.fss.or.kr/)

DART는 금융감독원에서 운영하는 전자공시시스템(Data Analysis, Retrieval and Transfer System)을 말한다. 기업이 인터넷으로 제출한 공시서류를 인터넷을 통해 조회할 수 있도록 해놓은 종합 기업공시 시스템으로 기업의 기본 정보부터 세부 경영현황까지 알 수 있다. 회원가입을 하지 않고도 누구나 열람할 수 있으니 가장 최근에 제출된 보고서에서 필요한 정보를 찾아서 정리해보자.

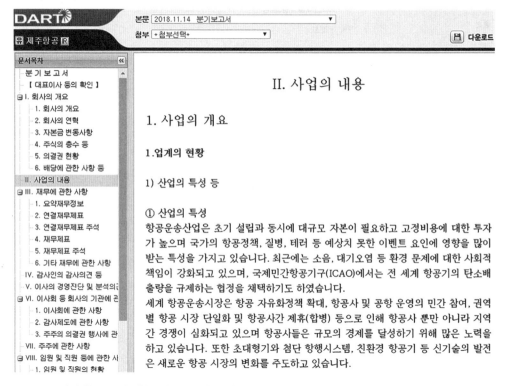

▲ DART에서 찾아본 제주항공의 2018년 분기 보고서 중의 사업 내용 도입 부분.
제주항공의 사업현황분 아니라 항공산업과 LCC의 산업 동향도 알 수 있다.

국내 주요항공사 경영이념과 비전 (각사 홈페이지 및 지속경영보고서 등 참조, 요약정리)

항공사	**KOREAN AIR**
CEO 이념	▪ 기업의 이익은 그것을 가능케 한 사회에 반드시 환원되어야 한다. ▪ 환경과 미래를 먼저 생각하고 투자하는 대한항공
사업개요	▪ 주요 사업 부문 – 여객 및 화물운송, 항공우주, 기내식, 기내판매 ▪ 매출액 11조 8,028억 원, 임직원 수 20,363명 ▪ 항공기 보유 대수 161대, 취항지 43개국 123개 도시(여객 37개국 111개 도시 / 화물 25개국 40개 도시) ▪ 수송승객 2,676만 명, 수송화물 168만 톤
Key Word	50주년, SkyTeam, morning calm, 우주사업
슬로건	Excellence in flight
비전	세계 항공업계를 선도하는 글로벌 항공사
미션	**EXCELLENCE IN FLIGHT** 고객 감동과 가치 창출 ▪ 대한항공만의 독창적인 서비스 개발을 통한 서비스 경쟁력 강화 ▪ 서비스 전 과정의 고품질/차별화 달성 ▪ Kosmo Suites 2.0, Prestige Suites 등 최고급 좌석장착, 기내 엔터테인먼트 서비스(AVOD/IFE) 확충 ▪ 글로벌 서비스 기업 브랜드 이미지 정착 ▪ SkyTeam과 연계, 글로벌 서비스 표준 정립과 최고 서비스 제공 ▪ 글로벌 공익사업을 통한 사회공헌 활동 지속 수행 **최상의 운영체제** ▪ 절대 안전 지속 ▪ 상시 원가 절감을 통한 수익성 지속 제고 ▪ 고효율 신기재 도입 확대 및 기재운영 효율성 극대화 ▪ SkyTeam을 적극 활용한 글로벌 네트워크 경쟁력 강화 ▪ 전사적 통합 IT 구축으로 경영 Infra 확충 ▪ 글로벌 인재 양성을 위한 교육/훈련 강화 **변화 지향적 기업문화** ▪ 창의성과 자유로운 사고가 존중받는 조직문화 조성 ▪ 민주적이고 수평적인 근무 분위기 구축 ▪ 글로벌 경쟁시대를 선도할 역량을 갖춘 인적 자원 확보 ▪ 조직 이기주의 타파 및 변화와 혁신 독려 ▪ 수익성 있는 신규 사업 개발 육성

[출처 : 대한항공 홈페이지, 2018 지속가능보고서]

항공사	**ASIANA AIRLINES**
CEO 이념	자강불식(自强不息)의 정신, 창업초심(創業初心)
경영이념과 기업철학	■ 경영 이념 : 최고의 안전과 서비스를 통한 고객 만족 ■ 기업 철학 : 고객이 원하는 시간과 장소에 가장 안전하고, 빠르고, 쾌적하게 모시는 것 ■ 경영 철학 : 고용 증대를 통한 사회 기여와 합리성에 기반한 경영 ■ 취항지 : 국내선 10개 도시 / 국제선 여객부문 24개국, 74개 도시 / 국제선 화물부문 12개국, 26개 도시
Key Word	아름다운 사람, star alliance, 아시아나 클럽
슬로건	아름다운 사람들
비전	업계 1등의 기업가치를 창출하는 아름다운 기업
미션	■ 아름다운 기업 : 직원들이 즐겁게 일하고 만족할 수 있는 직장을 최우선으로 추구하며 미션과 비전달성을 위해 모든 직원과 함께 고민하고 노력하는 '직원과 함께 하는 기업' ■ 아름다운 사람 : 열정과 집념을 가지고 각자 자기 분야에서 자기 역할을 다하는 사람 ■ 사회에 공헌하는 기업 : 사회적 책임과 기업으로서의 역할 수행 ■ 고객에게 신뢰 주는 기업 : 고객에게 최고의 서비스, 품질, 기술 제공, 고객과의 약속 준수, 늘 고객의 믿음 유지 ■ 직원과 함께하는 기업 : 비전과 미션 달성을 위해 모든 직원과 함께 고민하고 노력
서비스모토	■ 참신한 서비스 : 최신 기종의 새 비행기와 진부하지 않고 언제나 신선함을 잃지 않는 새로운 마음으로 고객을 모십니다. ■ 정성어린 서비스 : 눈에 보이지 않는 작은 일까지도 한국적인 미덕이 몸에서 배어나는 세심한 배려와 친절로 고객을 모십니다. ■ 상냥한 서비스 : 마음에서 우러나는 밝고 환한 미소와 항상 상냥한 모습으로 고객을 모십니다. ■ 고급스러운 서비스 : 기내식과 작은 비품, 행동까지도 품격을 생각하는 최고급의 정신으로 고객을 모십니다.

[출처 : 아시아나 홈페이지, 2016년 지속가능성보고서

항공사	**JEJUair**
BI(brand identity)	■ 진취적이고 신뢰감을 주는 항공사 이미지를 추구 ■ 아시아 최고의 LCC로 발돋움하기 위한 의지를 제주의 자연을 형상화한 디자인으로 표현 ■ 영문 로고 중 'i'에 깃발 형상을 나타내 제주항공을 이용하는 소비자들을 맞이하는 반가움과 환영의 의미를, 제주항공 임직원들에게는 전 세계로 뻗어 나가는 리더십과 대표성을 상징 ■ 오렌지 단일색상에서 새로운 추가된 블루색상을 추가해 다양화함으로써 아시아 전역으로 노선망을 확대해 소비자에게 다양한 서비스를 제공한다는 의미 함축 ■ 항공기 꼬리 날개 디자인은 제주를 상징하는 돌, 바람(파도) 그리고 본 섬과 부속 섬들을 새로운 무늬(pattern)로 형상화
사업개요	
슬로건	New Standard! JEJUair
Key Word	애경(愛敬), New Standard, Fun & Joy, 기업문화
비전	■ 동북아 No.1 LCC (Low Cost Carrier) ■ Start 2020 핵심가치를 동력으로 연매출 20%의 성장과 매년 20개의 노선 연계 상품을 개발하여, 2020년까지 매출 1조 5천억, 60여 개의 노선을 달성한다.
미션	신선한 서비스와 부담 없는 가격, 안전하고 즐거운 비행으로 고객과의 약속을 지키는 항공사
핵심가치	안전, 저비용, 도전, 팀워크, 신뢰

[출처 : 제주항공 홈페이지]

항공사	✤ JINAIR
Fly, better fly 정신	**더 나은 항공 여행이란?** 핵심적인 서비스는 세련된 감각으로 강화하고, 불필요한 서비스는 과감하게 버리고, 복잡한 수속이나 규정은 심플하게 변경하고, 열정과 혁신으로 철저한 비용 절감을 통하여 매우 합리적이며 경쟁력 있는 항공요금을 제공하는 것
심벌	나비 자유롭게 날아다니는 나비의 형상에 비행기를 결합하여, 한 자리에 머무르지 않고 새롭고 이국적인 곳을 향해 떠나는 여행자의 특성을 상징
BI (brand identity)	나라(Nara) ■ 의미 : 두근두근! 여행길! 여러 친구들과 국내 및 해외 여러 나라로 날아가요! ■ 직업 : "너의 여행은 내가 책임진다!" 안전한 여행을 위한 여행 지킴이 ■ 성격 : 친절하고 배려심이 깊어 주변 사람들을 잘 살피고 친구들이 많음 매사에 꼼꼼하며 안전이 최고! ■ 취미 : 문화 탐방, 사진 찍기, 각종 스포츠	올라(Olla) ■ 의미 : 설레는 여행길! 하늘로 오르면 기분도 올라! 경험도 올라! ■ 직업 : "그곳이 가고 싶다!" 즐거운 여행을 위한 여행 도우미 ■ 성격 : 매우 활달하고 긍정적인 성격으로 모험심이 강해 끊임없이 새로운 여행에 도전함. ■ 취미 : 봉사 활동, SNS 활동, 맛집 탐방
슬로건	Fly, better fly
Key Word	JAID, 그린윙스, 그린도네이션
비전	■ 아시아 대표 실용 항공사 ■ 즐거운 여행의 시작과 끝 ■ 더 나은 여행을 위한 가장 스마트한 선택
미션	■ 합리적인 소비자가 선택하는 스마트 & 실용 항공사 ■ 다양하고 차별화된 서비스와 즐거움을 제공하는 딜라이트 항공사 ■ 글로벌 스탠다드 수준의 안전하고 신뢰가 가는 항공사

[출처 : 진에어 홈페이지]

항공사	**t'way**	
BI brand identity	■ 모두 소문자로 구성된 티웨이항공의 메인로고는 기성세대의 틀을 깨고 세련되면서도 합리적인 태도로 고품격 항공 서비스를 제공하겠다는 항공사의 의지를 내포한다. ■ 경쾌하고 즐거운 축제를 떠올리게 하는 카니발레드(carnival red) 및 스코틀랜드와 잉글랜드의 합병으로 그레이트브리튼 왕국이 성립. 영국 전성기를 상징하는 퀸앤그린(Queen Anne)컬러를 이용, 티웨이 정신을 바탕으로 항공 업계의 새로운 미래를 창조해 나가겠다는 다짐을 의미한다.	
	티웨이항공의 고객에 대한 열린 태도와 고객의 목소리에 귀 기울이는 모습을 티웨이항공 로고의 핵심 부분인 t와 소유격의 의미이자 말풍선을 연상시키는 어포스트로피로 형상화	■ a. 소유격을 나타내거나, ■ b. 생략된 글자나 숫자를 대신하기도 하며 ■ c. 글자나 숫자의 복수를 나타낼 때 쓰이는 문장 기호. ■ 고객 개인의 전용기와 같이, 고객만을 위한 티웨이항공의 프리미엄 서비스를 제공하고자 하는 고객중심주의 서비스정신을 내포한다.
슬로건	하늘 위의 쉼표, Happy T'way it's yours	
Key Word	t'ravel, t'ogether	
비전(경영이념)	**함께하는 우리들의 항공사** ■ 여러분의 항공사 티웨이입니다. ■ 가장 합리적인 가격으로 가장 세련된 서비스를 준비하였습니다.	
미션(실행목표)	■ 첫째도 안전, 둘째도 안전 ■ 가족같이 편안한 서비스 ■ 화합하고 배려하는 기업문화	

[출처 : 티웨이항공 홈페이지]

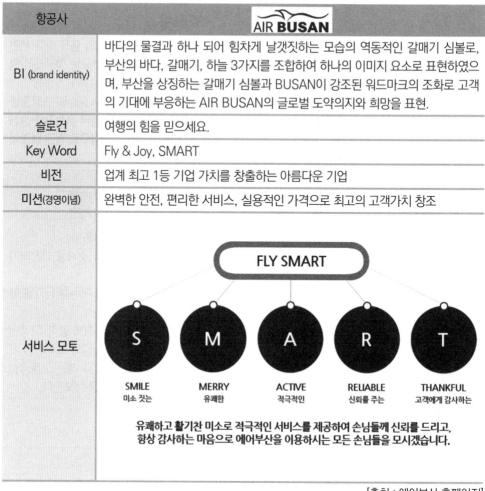

항공사	AIR BUSAN
BI (brand identity)	바다의 물결과 하나 되어 힘차게 날갯짓하는 모습의 역동적인 갈매기 심볼로, 부산의 바다, 갈매기, 하늘 3가지를 조합하여 하나의 이미지 요소로 표현하였으며, 부산을 상징하는 갈매기 심볼과 BUSAN이 강조된 워드마크의 조화로 고객의 기대에 부응하는 AIR BUSAN의 글로벌 도약의지와 희망을 표현.
슬로건	여행의 힘을 믿으세요.
Key Word	Fly & Joy, SMART
비전	업계 최고 1등 기업 가치를 창출하는 아름다운 기업
미션(경영이념)	완벽한 안전, 편리한 서비스, 실용적인 가격으로 최고의 고객가치 창조
서비스 모토	FLY SMART **S** SMILE 미소 짓는 **M** MERRY 유쾌한 **A** ACTIVE 적극적인 **R** RELIABLE 신뢰를 주는 **T** THANKFUL 고객에게 감사하는 유쾌하고 활기찬 미소로 적극적인 서비스를 제공하여 손님들께 신뢰를 드리고, 항상 감사하는 마음으로 에어부산을 이용하시는 모든 손님들을 모시겠습니다.

[출처 : 에어부산 홈페이지]

세계의 주요 항공사들의 Slogan

슬로건slogan은 조직이나 개인이 목표로 하는 대중이나 구성원에게 어떤 사상, 철학, 아이디어 등을 쉽게 기억하게 하고 전달하기 위해 만든 구호다. 모토motto, 캐치프레이즈catch phrase라고도 부르며 사회적, 정치적, 상업적, 종교적 등 거의 모든 분야에서 활용된다. 슬로건은 기업의 비전, 미션, 경영이념 등을 하나의 단어, 하나의 문장에 집약시켜 기업의 정체성identities을 나타내어주고, 브랜드의 핵심가치를 고객과 직접 소통하게 해주는 전략적 마케팅 도구로 큰 효과를 발휘한다. 이러한 관점에서 세계의 유명 기업들과 주요 항공사들의 슬로건들을 살펴보고 앞서 나온 우리나라 항공사들의 슬로건과 비교해보자.

기업	대표 Slogan
Google	Don't be evil
Walmart	Save money, Live better
3M	Innovation
Play station 2	Live in your world, Play in ours
Disneyland	The happiest place on earth
adidas	Impossible is nothing
McDonalds	I'm lovin it
Loreal	Because you're worth it
iMax	Think big
Foxvagen	Think small
삼성	또 하나의 가족
LG	Life is Good
SK 하이닉스	We Do Technology
현대차	Together for a better future

항공사	대표 Slogan
American Air	The World's Greatest Flyers Fly American
United	Fly The Friendly Skies
Southwest	Low fares. Nothing to hide. That's Transparency
Air Asia	Now Everyone Can Fly
Ryanair	Low fares, Made simple
Singapore Airlines	A Great Way to Fly
All Nippon Airways	Inspiration of Japan
Air China	Land Your Dream
SAS	We are travelers
Lufthansa	Say yes to the world
KLM	Journeys of inspiration
Finair	The nordic way
Kenya Airways	The pride of Africa
Qantas Air	The Spirit of Australia

기업정보 요약하기

자신이 지원하고자 계획하고 있는 회사를 선정하여 아래 빈칸을 작성하라.

회사명	한글 :		영문 :
	의미 :		
CEO 이념			
비전			
	의미 :		
미션			
	의미 :		
핵심가치			
	의미 :		
사업 현황	주력사업		
	주 고객		
	경쟁상대		
	차별적 서비스 상품		
	개선 필요 서비스		
내가 관심을 갖는 세 가지 이유 – 나와의 케미Chemi	1. 2. 3.		

항공서비스 부문 해외 취업

해외취업

개념

어느 나라나 자국민의 일자리를 보호하기 위해서 외국인이 자국에서 취업을 포함한 경제활동을 엄격히 통제한다. 학생, 어학연수생의 단기간 워킹홀리데이 등 제한적 취업을 사전에 허가받은 경우가 아니면 그 나라의 영주권 또는 취업비자Working Permit가 없는 외국인의 취업이나 취직은 불법이다. 여기서 해외취업이라고 함은 취업비자를 이용하여 최소 1년 이상 외국에서 외국기업 또는 한국기업의 외국지사에서 일하는 경우를 말한다.

항공 관련 직무로 해외 취업을 할 수 있는 방법으로는 국내 에이전시를 통해 외국기업의 현지 직원으로 가는 방법과 국내기업의 해외 인턴으로 가는 방법이 있다. 두 경우 모두 처음부터 정규직원으로 입사하기보다 대체로 계약직으로 시작한다. 그러나 적성에 맞고 근무실적이 나쁘지 않으면 계약 종료 시점에 정규직 전환을 노려볼 수 있다. 급여를 비롯한 처우 수준은 회사에 따라, 그리고 직무별로 다르나 현지 물가와 급여 수준 등을 적용할 때 특수 전문직이 아니면 동종직무의 국내 기업과 격차가 크지는 않다.

그렇지만 직무경험을 쌓고 외국어 실력을 향상시키는 효과는 분명히 있다. 외국 근무 후 현지에서 정규 직업을 구해서 정착하기도 하고 국내로 돌아와서 경력인정을 받고 동종 직무에 경력직원으로 채용되는 사례도 많다. 일정 기간 이상의 해외취업 경력이 있으면 동종직무의 경력직으로 전환하기는 어렵지 않으며, 해외에서의 생활경험 자체가 본인의 커리어에 마이너스가 되지는 않는다.

왜 외국회사에 우리나라 청년을 고용할까?

가장 중요한 이유는 언어 소통 때문이다. 구직을 원하는 자국민을 두고 굳이 한국인을 채용하려는 것은 비즈니스 활동과 거래에 그 나라 언어와 한국어 간의 의사소통을 맡기기 위함이다. 따라서 단순한 일상생활에 요구되는 수준 이상의 외국어 구사 실력이 필요하다. 직무의 난이도에 따라 그 능력 수준이 다를 뿐, 영어권이면 영어와 한국어의 통역, 번역 능력이 필수다. 외국 항공사의 객실승무원 분야 역시 한국인 승객과의 통역과 함께 외국인 승객 서비스도 해야 하기에 높은 수준의 외국어 구사력을 요구한다. 전문적 통역, 번역 업무가 아니라도 주 고객이 한국인인 해외기반 콜 센터, 호텔 F&B, 투어 가이드, 공항 및 시내 면세점, 한국식당 등 분야에 주로 진출하게 됨으로 한국어와 영어 또는 현지어와의 의사소통 능력은 기본적으로 필요하다. 일본의 경우에는 최근에 청년인구 부족으로 일본어 구사 실력이 조금 떨어지더라도 채용하는 사례가 증가하고는 있지만 그런 직무는 대부분 단순 용역직무다.

해외취업 전 고려사항

자신의 도전의지 수준을 파악한다.

외국생활, 특히 미국, 일본, 서유럽과 같은 선진국가에 대한 막연한 동경과 기대는 갖지 말아야 한다. 과거와 달리 선진국이라고 해서 우리나라의 생활수준보다 높지 않고 문화적 차이, 생활방식의 차이로 인해 예상치 못한 여러 문제와 마주치기 쉽다. 우리나라에서 취업이 어려우니 해외로 가야겠다는 도피성 취업, 돈도 벌면서 여행도 다니겠다는 안이한 생각은 위험하다. 분명한 목표의식을 가지고 중장기적인 계획을 세운 후 가족, 해외경험이 풍부한 은사, 선배 등 주변 사람들과 의논을 한 다음 결정한다.

취업허가Work Permit를 받은 후 출국한다.

해외취업은 그 나라의 입국허가, 취업허가, 노동법 적용, 취업처의 신뢰도 확인 등 까다로운 절차를 거쳐야 하고 복잡한 서류가 요구된다. 이런 모든 절차와 준비를 개인이 처리하기에는 어려움이 따르므로 해외취업을 중개하는 많은 중간업체들을 통할 수밖에 없다. 그러나 때로 업체의 준비부족으로 입국심사에서 입국거절Inadmissible을 당하는 경우도 있다. 우리나라의 여권자유도°가 높아서인지 일단 관광비자로 출국한 후 취업비자를 현지에서 받을 수 있다는 업체도 있는데 취업비자 발급 절차에 대해서는 업체 말만 믿지 말고 충분히 확인한 후 결정한다.

> ° 비자를 받지 않고 여권만으로 여행할 수 있는 국가 수의 지표. 우리나라는 2018년 기준 182개국이며 실질 활용도 면에서 세계 최고 수준이다.

본인이 직접 조사한다.

자신이 알아볼 수 있는 정보들은 직접 확인한다. 업체가 제공하는 정보들을 정부운영 해외취업사이트에서 비교하고 현지 업체의 담당자와 이메일을 통해 직접 확인한다. 이메일을 보냈는데도 수신확인이 되지 않거나 회신이 없다면 신뢰할 수 있는 업체로 보기 힘들다. 특히, 연봉과 복지, 근무환경 등에 과장된 내용이 있는지 냉정하게 평가한다. 취업성공을 전제로 주거비, 항공료 등 명목으로 선금을 요구하는 업체는 피한다. 국내 유사직무 대비 과다하게 높은 급여는 실제 업무 내용과 급여 체계를 확인해본다. 본인이 확인하기 어려우면 학교의 취업센터를 통하여 전문가의 상담지원을 받도록 한다.

서류written documents로 확인한다.

해외 현지 업체와의 근로계약은 물론 중간회사와의 모든 계약은 서류로 처리하고 서명이 되어야 한다. 영문이나 현지어로 된 계약은 전문적 번역을 통해 조건과 의미들을 명확히 파악한다. 이런 과정도 하나의 경험이자 공부라는 인식으로 준비한다.

고용노동부에서 운영하는 월드잡플러스 사이트에 들어가면 구직과 구인 정보는 물론 해외 주요 12개국의 취업 가이드, 영문과 일문 이력서 작성 등 해외취업 과정에서 필요한 다양한 정보를 구할 수 있으니 참고하자.

2018년 해외취업자 수 현황

정부 차원에서 해외취업을 위해 지원하는 정책이 K-Move 사업인데, 이 사업을 주관하는 산업인력공단에 의하면 K-Move를 통한 해외취업자수가 2016년 한해에 4,811명이며 매년 취업자 수가 증가한다고 한다. 2013년부터 3년간 11,000명이 해외에서 취업하였고, 직무 분야별로 보면 사무 및 서비스 분야가 6,150여 명으로 56%를 차지하고 있으며, 취업국가별로 보면 일본이 2,370명으로 가장 많고 다음으로 미국, 호주 캐나다 순으로 나타나고 있다. 아시아에서는 일본 다음으로 많이 취업한 나라가 중국이 아닌 영어권인 싱가포르임이 눈에 띈다.

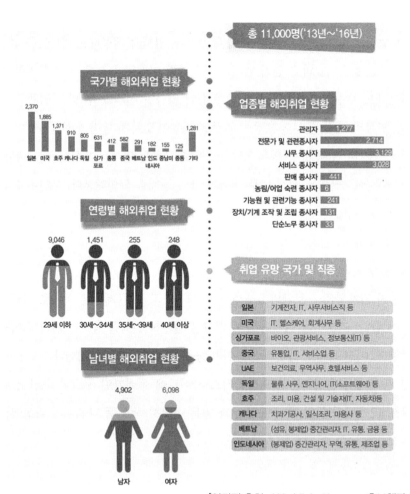

[이미지 출처 : Worldjob. K-move 홍보책자 갈무리]

항공서비스 부문 해외취업

우리나라 항공여행객의 꾸준하고도 폭발적인 증가세로 항공서비스 부문에서 해외취업 수요도 늘고 있는 편이다. 항공서비스 분야에서는 국내 취항 중인 외국항공사의 객실승무원과 통역승무원, 해외 주요공항에서 한국승객 운송서비스가 대표적인 직무분야다. 특히 미국, 싱가포르, 일본, 캐나다, 호주 등의 주요공항은 한국 여행객들의 증가에 따라 한국어 서비스 자원수요도 늘고 있다. 현지 한국인들에게도 취업 기회를 주지만 1~2년 단기간 일자리는 현지 노동 환경, 경영 필요성 등으로 한국에서 오는 구직자들의 도전도 환영한다.

직무 구분	주요 업무	응시요건
지상사무직(여객, 화물)	여객운송, 화물운송, 지상조업, 공항운영	영어, 일본어(일본기업) 우수
객실승무직	외국계회사의 한국승객 서비스, 방송, 통역	영어, 해당국 언어(프랑스어, 독일어, 중국어 등)
항공기제작, 정비직	싱가포르, 미국, 일본, 홍콩 등의 MRO° 회사, 지상조업사의 라인정비 보조	항공정비학과 졸업, 항공정비기능사 자격, 미 FAA A&P 정비사자격

> ° MRO : Maintenance Repair Overhaul. 항공기 정비와 수리 및 조립 사업을 뜻한다. 아시아 지역에서 대표적인 MRO 사업국은 싱가포르와 홍콩이며 우리나라는 항공운송산업 규모에 비하여 MRO 사업 발달이 늦은 편이다.

항공서비스와 유사한 직무로 해외 선사의 크루즈 승무원 직무가 있다. 크루즈는 수개월 이상 선박에서 생활하며 승객들의 숙박과 식사, 오락과 쇼핑 등을 서비스하는 직무로 근무 장소가 비행기가 아닌 배라는 점만 빼면 서비스 형태, 근무조건, 일

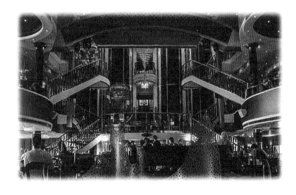

의 내용, 취업요건 등이 항공 객실승무원이나 호텔리어와 유사하다. 장기간 집을 떠나 생

활하는 불편함을 극복할 수 있으면 비교적 높은 복지혜택, 하선 후 장시간의 휴가를 받아 자기계발이나 프리랜서 직업을 병행할 수 있는 장점이 있다.

미국 공항의 지상사무직 모집공고문 일부

직종 : 공항지상직 모집인원 : 10명	국가 : 미국 근무지역 : Los Angeles 외 다수 공항

주요 업무

- Responsible for providing customer service
- Stand behind ticket counter, assist passengers who are waiting in line to check-in
- Using computer system to verify passenger list, check passenger's ticket, passport, visa
- Issue boarding pass and baggage tags, lounge tickets
- Assist in handling special requests
- Walking to the gate area
- Make boarding announcements
- Assist passengers in boarding the aircraft, collecting boarding passes
- Assist making final preparation in flight departure, check any irregularities before closing the gate/aircraft door
- Assist passengers who arrive at the designated airport in the customs area prior to exiting the airport
- These services include translating English into Korean for passengers who do not speak English, providing family service, assisting passengers with completing customs forms, ets.
- Create club membership for passengers
- Gate filing

특징

- 근무기간(계약기간)은 대체로 1년부터 시작하고, 후에 연장 또는 정규직 전환 가능성도 있다.
- 급여 : 시간당 11~16달러 (주 40시간) / 연봉 2,500~3,700만 원
- 한국어-영어의 기본적 통역과 영어구사 능력을 기본 요건으로 한다.
- 관광, 항공, 상경계열 졸업 후 1년 미만자 또는 서비스 업무 경력자 우대 경향

Emirates 항공사의 모집공고 중 응시요건

WHAT YOU'LL NEED

- At least 21 years of age at the time of joining
- Arm reach of 212 cm while standing on tiptoes
- Minimum height of 160 cm
- High school graduate (Grade 12)
- Fluency in English (written and spoken)
- No visible tattoos while you're in Emirates cabin crew uniform (cosmetic and bandage coverings aren't allowed)
- Can adapt to new people, new places and new situations
- Physically fit for this demanding role with a healthy Body Mass Index (BMI)

EK 응시자격을 186p의 'JAL기내승무원 모집공고문'과 비교해보자.

Jetstar 객실승무원 모집공고 중 응시요건

To be considered for this role, you will be:

- Experienced in a customer service environment (ideally face to face)
- Comfortable in a position selling products and services
- A reliable team player who is available for shift work which includes a combination of early starts, evenings and late finishes.
- Able to meet the criteria for an Aviation Security Identification Card including clearance of an international security check
- Demonstrate excellent health with the ability to perform all minimum requirements of the role
- Ready to meet the challenge of dealing with people and demanding situations
- Able to work under pressure and coordinate multiple time sensitive issues
- Willing to undertake drug and alcohol testing and a full medical assessment as part of the application process

Jetstar 응시자격을 186p의 'JAL기내승무원 모집공고문' 및 앞 페이지의 EK 응시자격과 함께 비교해보자. 정량적 요건은 없으나, 서비스와 판매(in-flight sale)업 적합성, 체력과 건강 등에서 까다로운 평가가 이루어진다. 영어구사능력은 기본이다.

크루즈승무원 모집 공고문

자격요건	근무조건	접수기간
경력　무관 학력　무관 외국어　[필수] 영어(중상) : 회화 및 관련 전문용어 이해	고용형태　정규직 근무지역　미국 근무시간　9 시간/일 급여(한화)　면접 후 결정	등록일　2018-09-17 마감일　2018-10-28

주요업무내용

선내 기항지 투어 상품 세일즈, 기항지 투어 관련 커뮤니케이션을 주도하며 기항지 상품 판매 수익 관리 및 보고

대표적 해외취업 정보 및 구직 사이트

https://www.worldjob.or.kr/new_index.do#none

https://www.work.go.kr/seekWantedMain.do

Review – 항공운송서비스 기업

1. 기업의 존재하는 궁극적 이유는 무엇이라고 생각하는가?

2. 항공법에서 정의하고 있는 사업 중 항공기취급업에 대해 아는 대로 설명하라.

3. 항공객실승무직무와 공항운송서비스직무와의 장단점을 설명하라.

4. 기업정보를 구할 때 자신에게 가장 적합한 방법 또는 도구는 무엇인가? 그 이유는?

5. 해외취업을 고려할 때 가장 중요한 마음가짐은 무엇이라고 생각하는가?

intentionally blank page for your note

Chapter 9
취업전략

학습목표

1. 취업역량에 대해 이해한다.

2. 자신의 역량수준을 확인하고 개발할 수 있는 방법을 파악한다.

3. 효과적인 자기소개서 작성방법을 이해하고 작성할 수 있다.

4. 면접의 개념을 이해하고 효과적으로 준비할 수 있다.

역량개발

역량

역량(力量)은 흔히 능력(能力)과 혼용된다. 사전적으로 능력은 "어떤 일을 감당해낼 수 있는 힘", 역량은 "어떤 일을 해낼 수 있는 힘"[표준국어대사전]을 뜻하지만 그 차이가 중요하지는 않다. 굳이 구분하면, 능력이 그 자리에서 버티는 맷집이라면 역량은 능력을 바탕으로 헤쳐 나가는 힘이다. 기업에서 말하는 역량Competencies은 특정 직무나 역할에서 '성과를 내어 목표를 달성할 수 있는 힘'을 구성하는 지식, 기술, 비전, 태도, 의지 및 특성 등을 의미한다.

역량 [학문적 정의]

역량(Competencies)이란 개념은 하버드대의 맥클리랜드David McClelland 교수가 처음 정립하였는데, 역량에 대한 주요 학자들의 정의는 다음과 같다.
- '업무에서 효과적이고 탁월한 성과를 내는 개인의 기저 특성' 클렘프(George Klemp)
- '어떤 역할을 수행함에 있어 성공적인 결과를 산출할 수 있는 개인의 내재적 특성' 보야치스(Richard Boyatzis)
- '역량의 5가지 유형 : 기술, 지식(보이는 역량), 자아개념, 특질, 동기(보이지 않는 역량)' Spencer and Spencer. 「Managing Employee Performance and Reward: Concepts, Practices, Strategies」By John Shields.

역량에는 확인할 수 있는 역량과 확인이 어려운 역량이 있는데 기업들은 채용 과정에서 이 둘을 함께 파악하려고 한다.

보이지 않는 역량은 '정신력'을 의미한다. 기업에서 요구하는 정신력은 세 가지다.

1. 조직 목표를 위해 버티고 지속하는 끈기

와 인내심 (맷집)

2. 부정직한 지시를 거부하는 용기 (청렴)

3. 기술과 환경의 변화에 적응하는 유연성 (팀워크)

미국의 심리학 강사인 에이미 모린이 말하는 정신력이 강한 사람의 기준에 자신의 수준
을 체크해보자. [⑤ '그렇지 않다' ~ ① '그렇다']

정신력 강한 사람들이 하지 않는 13가지		
항목	나의 수준	연결되는 역량
1. 누구(무엇) 탓을 하며 시간을 허비한다.	① ② ③ ④ ⑤	1. 책임감, 계획성, 논리력
2. 남의 주장(의견)에 휘둘린다.	① ② ③ ④ ⑤	2. 독립심, 리더십, 성실성
3. 변화를 거부(싫어)한다.	① ② ③ ④ ⑤	3. 진취성, 유연성, 협상력
4. 통제할 수 없는 일에 에너지를 낭비한다.	① ② ③ ④ ⑤	4. 동기부여. 전략화, 집중력
5. 모든 사람에게 잘 보이려고 한다.	① ② ③ ④ ⑤	5. 영향력, 관계구축, 설득력
6. 위험을 회피한다.	① ② ③ ④ ⑤	6. 사업적 인식, 결과지향
7. 지나간 일에 집착한다.	① ② ③ ④ ⑤	7. 판단력, 성취동기, 기획력
8. 같은 실수를 반복한다.	① ② ③ ④ ⑤	8. 문제해결, 리더십, 자기계발
9. 다른 이의 성공을 시기한다.	① ② ③ ④ ⑤	9. 포용력. 의사소통, 팀워크
10. 한 번 해서 실패하면 포기한다.	① ② ③ ④ ⑤	10. 끈기, 조직력, 의지
11. 혼자 있는 것을 겁낸다.	① ② ③ ④ ⑤	11. 적응력, 사고력, 혁신성
12. 세상이 뭔가 해주기를 바란다.	① ② ③ ④ ⑤	12. 자존감, 자율성, 책임감
13. 즉각적인 결과를 바란다.	① ② ③ ④ ⑤	13. 학습능력, 의지력, 추진력

[출처 : 13 Things Mentally Strong People Don't Do. by Amy Morin.
https://www.success.com/13-things-mentally-strong-people-dont-do/]

자신의 평가 점수를 적고, 부족한 역량 또는 우수한 역량을 각각 적는다.	종합 점수 :
정신력 수준	13 → 40 → 65 약함　　　보통　　　강함
부족한 역량	
우수한 역량	
소감	

"힘은 육체적인 역량에서 나오지 않는다. 그것은 불굴의 의지에서 나온다."

– 마하트마 간디(Mohandas Karamchand Gandhi)

인재상

인재의 요건

대부분 기업들은 채용공고를 할 때 원하는 인재상(人材像)을 알린다. 신입직원을 뽑을 때 추상적이지만 선발 잣대가 되는 가치가 인재상이다. 인재상이란 말 그대로 기업이 필요로 하는 자질을 갖춘 인재의 모습이다. 인재(人材)의 자질은 경영 환경과 시장 변화에 따라 바뀌기도 하지만 창의성, 조직적응력, 성실성 등은 변함없이 요구되고 있다. AI 중심으로 산업구조가 변화하는 미래 직업에서도 인적자원의 중요성과 인재로서의 자질요소는 변하지 않는다.

대한상공회의소는 2018년 100대 기업들을 대상으로 조사한 인재상이 '소통과 협력'이라는 키워드로 압축된다고 분석하였다. 5년 전인 2013년의 키워드는 '도전정신'이었다고 한다.

100대 기업이 꼽은 '인재의 조건'… 도전정신(2013년) → 소통·협력(2018년)

국내 100대 기업이 꼽은 인재의 첫 번째 덕목이 5년 전 '도전정신'에서 올해는 '소통과 협력'으로 바뀐 것으로 조사됐다. 대한상공회의소가 27일 국내 매출액 상위 100대 기업의 인재상을 분석한 결과, '소통과 협력'을 인재가 갖춰야 할 역량으로 꼽은 기업이 63개사로 가장 많았다. 이어 '전문성' 56개사, '원칙과 신뢰' 49개사, '도전정신' 48개사, '주인의식' 44개사, '창의성' 43개사 순으로 나타났다. '열정' 33개사, '글로벌역량' 31개사, '실행력' 22개사 등의 역량은 그 뒤를 이었다.
이번 분석은 100대 기업이 홈페이지에 공표한 인재상을 토대로 이뤄졌다. 100대 기업의 구성은 제조업 43개사, 금융보험업 27개사, 무역운수업 8개사, 건설업 7개사, 도·소매업 6개사, 기타서비스업 9개사다. [출처 : 대한상공회의소. 2018.8.27.]

채용방식 변화

수시채용 확대	신입직원은 매년 정기공채(대기업)에서 수시채용으로 채용방식이 변화하고 있다.(SK그룹은 2019년 이후 3년 내 공채방식을 폐지할 예정) 항공사들도 승무원과 일부 전문직은 공채에서 수시채용으로 전환 추세에 있다.
능력 중심	지금도 스펙을 중요시하지 않는 것은 아니지만 과거처럼 기업들이 무조건 스펙에 가치를 두지는 않으며, 스펙을 아예 보지 않는 기업도 있다.
블라인드 면접	이력서나 자기소개서에 스펙(학교, 학력, 출신 지역, 나이, 부모 관련 정보 등)을 기록하지 않은 채 면접을 본다. NCS 기반 면접의 영향을 받아 공기업 중심으로 확산 추세
경력 우대	서비스 직무는 감정노동에 의한 정서적 피로도가 높아서인지 서비스 적성에 맞는 사람을 선발하려는 경향이 강한데 이런 역량은 서비스 직무 경험이 강력한 증거가 된다.
기계에 의한 심사	AI 이용한 검증도 속속 도입되고 있다. 자기소개서의 내용과 이력서의 내용 불일치, 자기소개서의 기본 요건(글자 수 등) 미달 등을 (사람이 아닌) 기계가 걸러낸다. 서류심사에 나아가 데이터 기반으로 하는 AI면접도 도입되고 있다.

역량 평가의 기준

성과를 내면 역량이 우수하다는 평가를 받고 보상이 따라온다. 그렇지만 역량과 성과의 인과관계를 공정하고 객관적으로 측정하는 것이 쉬운 일이 아니고 구성원들의 인정을 받기는 더 어렵다. 성과를 내면 역량이 있다고 평가되지만 근로환경, 조직문화, 지원 체계 등, 성과에 영향을 끼치는 변수가 다양하고, 직무 성격에 따라 역량 정의가 다를 수도 있기 때문이다. 태양왕 루이14세는 300년 전에 이미 "내가 직위를 하나 줄 때마다 불만을 품는 자 백 명과 은혜를 모르는 자 한 명이 생긴다."라고 일갈하지 않았던가?

면접에서 역량을 평가하는 체크리스트에는 피면접자의 행동특성, 직관력, 판단력 등을 측정하는 항목이 있는데 개인의 성격을 짧은 시간에 판단하는 것이 가능한가에 대한 논란도 많다. 기업은 대체로 외향적인 사람을 선호한다고 알려져 있지만 판단력은 빠르지 않으나 깊이 사고하는 능력을 지닌 사람이 뛰어난 성과를 이루는 분야도 많이 있다. 더욱이 외향적이다 내향적이다 하는 판단을 신뢰하기에는 구조화 면접에서 요구되는 충분한 시간이 주어지지 않는 점도 꺼림칙하다. 그렇지만 항공서비스 직무에서 요구하는 역량의 유형은 어떠한지 알아둘 필요는 있다.

항공서비스직무의 역량 분류

Chapter 7 [항공운송서비스직무의 직업능력]에서 직무의 특성과 직업능력을 살펴보았는데 여기서 세부적인 역량과 그 역량을 측정하는 기준요소는 다음과 같다.

역량	측정 요소
팀워크	■ 동료들과 정보를 교환하고 효율적으로 활용하는가? ■ 개인보다 팀이나 조직의 목표를 우선하는가? ■ 팀, 조직 내에서 동료와 선후배 간에 협력하는가?
의사소통	■ 자신의 아이디어를 효과적으로 표현하는가? ■ 남의 말을 경청하는 자세가 되어있는가? ■ 이해당사자들과 효과적으로 소통하고 협력하는가?
적응력	■ 일의 우선순위를 빨리 파악하는가? ■ 직무와 관련된 학습과 자기계발에 시간을 투자하는가? ■ 정보와 자료를 적절하게 전달하는가?
판단력	■ 결정전에 적합한 근거와 대안들을 생각하는가? ■ 수집, 분석된 정보를 이용하여 문제점을 파악하는가? ■ 정보를 이용하여 올바른 의사결정을 할 수 있는가?
동기부여	■ 목표를 향해 가용역량을 집중하는가? ■ 자발적으로 높은 수준의 생산성을 설정하고 지향하는가? ■ 회사의 비전과 핵심가치를 충분히 이해하는가?
신뢰성	■ 실패를 책임지려고 하는가? ■ 꾸준한 자세로 몰입하는가? ■ (학교)회사와 조직의 규칙과 정책을 이해하는가?
문제해결	■ 업무와 연관된 정보들을 수집, 분석할 수 있는가? ■ 일이나 사건의 인과관계를 파악할 수 있는가? ■ 문제에 적절한 해결책을 제시하는가?
조직력	■ 목적달성을 위한 임무를 부여하고 책임을 정할 수 있는가? ■ 주어진 자원을 효과적으로 배정하고 사용하는가? ■ 우선순위와 실천계획을 세울 수 있는가?
인내력	■ 압박과 스트레스를 견디며 감정을 통제할 수 있는가? ■ 다양한 상황을 예측하고 다룰 수 있는가? ■ 적절한 기술을 사용하고 주위 지원을 요청할 수 있는가?
창의력	■ 기회를 포착하고 아이디어를 제시하는가? ■ 문제해결에 영향을 주는가? ■ 문제나 상황을 새로운 시각으로 해석하려고 하는가?

성실성	■ 높은 수준의 자기 성취목표가 있는가? ■ 일에 대한 관심이 높고 학습의지를 가지는가? ■ 어렵고 힘든 과제에 대해 뚜렷한 해결의지를 지니는가?
서비스마인드	■ 용모와 자세가 고객 서비스에 적합한가? ■ 말씨와 말투가 예의에 어긋나지 않는가? ■ 고객 문제를 해결하기 위해 자원을 동원하고 활용하는가?
국제적 감각	■ 전통과 현대의 특질들을 이해하고 유연하게 수용하는가? ■ 국가 또는 지역별 문화 차이를 이해하고 있는가? ■ 국제노선과 해외시장을 어느 정도 이해하는가?

기업이 채용전형에서 가장 중점적으로 평가하는 7가지 핵심역량 [한국표준협회(KSA)]

자기관리, 전문성, 의사소통, 대인관계, 문제해결, 조직이해, 글로벌.

나의 역량 찾기

역량에 대해 간략히 알아보았지만 자신이 어떤 역량이 있는지 확신이 없거나 자신이 보유한 역량을 자신이 모르고 있을 수 있다. 보이지 않는 역량은 특히 그렇다. 모래더미 속에서 사금을 찾는 마음으로 자신이 지닌 지식, 능력, 기술, 특성, 경험, 취미 등에서 자신의 직무역량을 찾아보자.

다음 표의 항목들과 같은 힘과 기술은 역량으로 연결할 수 있다. 자신이 생각하는 보유 수준을 함께 체크해보라. 역량을 가지고 있으면 'Y', 없다면 'N', 개발할 수 있다고 생각되면 'A'에 표시한다.

잘하는 것	역량	나의 수준
SNS를 잘 활용한다.	자신만의 테마 블로그나 홈페이지가 있다. 전문성이 있다. SNS 콘텐츠를 위해 시간과 돈을 투자한다. – 생산성, 전문성	Ⓨ Ⓝ Ⓐ
결정을 빨리한다.	해야 할 일과 하지 않아도 될 일을 빨리 결정한다. 지난 일은 크게 신경 쓰지 않고 다음 과제를 한다. – 결정력, 판단력	Ⓨ Ⓝ Ⓐ

감독하는 사람이 없어도 일하는데 불안하지 않다.	일을 맡기 전에 절차서나 매뉴얼을 잘 파악한다. 자율진행을 좋아한다. - 자율성, 성실성	Y	N	A
글씨를 잘 쓴다.	서예, 손글씨, 차트 글씨, 캘리그래피를 한다. 구체적 결과물이 있다. - 기획력, 표현력	Y	N	A
글을 잘 쓴다.(문학)	어떤 장르든지 글을 기고한 적이 있다. 글을 써서 입상한 경험이 있다. 매일 일기를 쓰거나 메모와 그리기가 습관이다. - 창의력, 설득력	Y	N	A
기획문서 작성을 잘한다.	학교, 동아리에서 문서로 제안하여 채택된 적이 있다. 기획공모전에 나간 적이 있다. - 기획력, 설득력	Y	N	A
맡은 일의 결과에 책임을 진다.	책임을 지고 개인적 손실을 감수한 적이 있다. 그 과정에서 배운 점이 있다. - 책임감, 신뢰성	Y	N	A
무슨 일이든 결론이 나거나 더 이상 할 수 없을 때까지 한다.	한 가지 일에 몰입을 한다. 지구력이 강하다. 마니아 소리를 듣는다. - 집중력, 끈기	Y	N	A
사람들과 대화하는 걸 즐기며 잘한다.	남들이 세 번 말할 때 한 번 말한다. 남들이 말할 때 피드백을 잘해주고 다음 화제를 유도한다. 말하기보다 듣는다. - 배려심, 설득력	Y	N	A
세부적인 항목까지 잘 챙긴다.	단체 활동에서 항상 총무나 회계담당을 한다. 메모하고 필기를 잘한다. 집 안의 물건이 어디 있는지 모두 안다. - 사고력, 성실성	Y	N	A
순발력 있게 대처한다.	단거리 경주, 스포츠에 소질이 있다. 대화를 잘하고, 상황 판단력이 빠르다. - 적응력, 판단력	Y	N	A
숫자나 계산을 잘한다.	수학, 회계, 통계를 전공했다. 암산을 잘한다. 주산급수가 높다, 바둑을 잘 둔다. 수리력이 좋다. - 분석력, 논리력	Y	N	A
스스로 찾아서 한다.	남들이 움직이기 전에 먼저 주도한다. 올바르다고 생각하면 남들의 시선을 신경 쓰지 않는다. - 자율적, 신뢰성	Y	N	A

압박과 스트레스를 잘 견딘다.	아파도 할 일은 끝까지 한다. 시간에 쫓기더라도 하던 일은 마무리한다. 누가 뭐라고 해도 옳다고 여기면 주장을 굽히지 않는다. 맷집이 좋다. 스트레스 내성이 강하다. – 지구력, 인내력	Ⓨ	Ⓝ	Ⓐ
이메일을 활용하여 효율적으로 일을 처리한다.	이메일로 일정관리를 한다. 모든 메일을 정리, 보유한다. 분류하고 정리하는 능력이 있다. – 계획성, 분석력	Ⓨ	Ⓝ	Ⓐ
일머리를 빠르게 익힌다.	농촌에 가서 조금만 배우면 스스로 모내기를 한다. 이사를 도우러 가면 스스로 포장하고 옮긴다. 어떤 분야에서는 설명을 듣지 않아도 처리 절차를 알 수 있다. – 적응력, 자율성	Ⓨ	Ⓝ	Ⓐ
일을 주도하는 타인의 지시에 잘 따른다.	잘 모르거나 익숙하지 않은 일은 전문가에게 잘 묻는다. 팔로워십이 있다. 일을 정확하게 처리한다. 정밀한 작업을 잘한다. – 성실성, 근면성	Ⓨ	Ⓝ	Ⓐ
일의 순서를 잘 정한다.	무슨 일이든 계획부터 세운다. 노트나 컴퓨터를 이용해 타임플랜을 잘 짠다. 긴급성, 중요도를 잘 구분한다. 실행 후에도 다른 사람들에게 진행사항을 알려준다. 계획적이고 순위 매김을 잘한다. – 계획성, 팀워크	Ⓨ	Ⓝ	Ⓐ
전기, 공구, 목공 손재주가 있다.	집안이나 직장의 간단한 장애는 다 처리한다. 각종 공구를 많이 알고 가지고 있다. 작품 내지는 그에 버금가는 창작물이 있다. – 창의력, 집중력	Ⓨ	Ⓝ	Ⓐ
정보를 빨리 이해하고 처리한다.	신문, 인터넷 등을 이용하여 정보검색을 잘한다. DB를 이용하여 사용 목적과 유형을 분류하여 보관한다. 디지털 마인드가 뛰어나다. – 분석력, 의사결정	Ⓨ	Ⓝ	Ⓐ
조직 구성원과 협업을 잘한다.	자신이 알고 있는 지식과 자원을 공유한다. 그런 식으로 처리한 일의 경험이 있다. 공동의 일을 우선으로 둔다. – 팀워크, 소통력	Ⓨ	Ⓝ	Ⓐ
일을 주어진 시간이나 기간 내에 마무리한다.	할 일이 생기면 끝나는 시기에 일정을 맞춘다. 할 일을 항상 일찍 마치고 다른 사람들을 돕는다. 배려심이 있다. – 팀워크, 판단력	Ⓨ	Ⓝ	Ⓐ

컴퓨터를 이용한 문서 작성을 잘한다. (MS오피스 등)	관련 자격증이 있다. MS오피스를 사용하여 완성한 프로그램을 사용한다. 문서작성으로 성취감을 이룬 경험이 있다. – 분석력, 문제해결	Ⓨ Ⓝ Ⓐ
컴퓨터를 잘 다룬다.	컴퓨터 언어를 할 줄 안다. 프로그래밍을 한다. 게임이나 그래픽 프로그램을 만든 적이 있다. 컴퓨터를 분해하고 조립할 수 있다. – 창의력, 이해력	Ⓨ Ⓝ Ⓐ
타인에게 동기부여를 잘 한다.	작은 모임이라도 적극 주도한다. 약속을 잡고 확인하고 사후 피드백을 해준다. 학교, 사회에서 작더라도 조직의 장(長)을 해본 경험이 있다. – 리더십, 영향력	Ⓨ Ⓝ Ⓐ
타인에게 설명을 잘 한다.	남들 앞에서 발표를 잘한다. 대화를 주도한다. 사물이나 사건을 보고 빨리 이해하고 판단한다. – 표현력, 설득력	Ⓨ Ⓝ Ⓐ
타인에게 작업을 잘 가르친다.	아는 기술을 남들에게 알려주기를 좋아한다. 가방에 항상 관련된 뭔가를 가지고 다닌다. – 적극성, 협상력	Ⓨ Ⓝ Ⓐ
타인에게 조언을 잘 한다.	항상 책을 가까이 두고 읽는다. 강연이나 토크쇼를 좋아한다. 어떤 주제든지 대화에 적극 참여한다. – 외향성, 의사소통	Ⓨ Ⓝ Ⓐ
타인을 배려하며 일을 진행한다.	남들에게 피해가 가지 않도록 조심한다. 엘리베이터 문을 닫기 전에 항상 바깥을 살핀다. 공동작업 시에는 다른 사람의 의견을 확인하고 진행한다. – 팀워크, 성실성	Ⓨ Ⓝ Ⓐ
타인을 잘 돕는다.	버스를 탈 때 노약자가 탄 다음에 탄다. 무거운 물건을 내리는 택배기사를 보면 도와준다(주고 싶다). – 배려심, 협동심	Ⓨ Ⓝ Ⓐ
타인의 말을 잘 듣고 이해한다.	다른 사람이 말하면 내 말을 멈추고 듣는다. 상대의 말에 집중한다. 눈을 보고 고개를 잘 끄덕인다. 관련된 질문을 꼭 한다. 다음에 만나면 지난번 대화 내용을 기억하고 묻는다. – 경청, 설득력	Ⓨ Ⓝ Ⓐ
팀이나 조직의 결과에 대해 책임을 진다.	결과의 성공 여부에 상관없이 자기 역할의 기여도는 따지지 않는다. 실패로 끝난 사례에서 배우고 다음을 대비한다. – 책임감, 진취성	Ⓨ Ⓝ Ⓐ

정확한 판단을 선호한다.	식당을 고르거나 여행지를 선택하거나 영화를 볼 때 결정을 하기 전에 정보를 수집하고 분석한다. – 판단력, 협상력	Ⓨ Ⓝ Ⓐ
퍼즐이나 낱말풀이 같은 지적 게임을 잘한다.	특히 좋아하는 종목이 있으며, 관련 서적을 탐독한다. 카드, 보드게임, 바둑, 크로스워드, 체스, 퀴즈 대회에 참가한다. 취미로 즐기며 사람들과 시합을 한다. – 사고력, 논리력	Ⓨ Ⓝ Ⓐ
프로그램 언어나 기타 소프트웨어를 잘 다룬다.	코딩, 파이썬, 자바 컴퓨터 언어를 한다. 프로그래밍을 해본 적이 있다. 실제 학업이나 업무에 사용한다. – 논리력, 학습능력	Ⓨ Ⓝ Ⓐ
협상(조율, 조정)을 잘한다.	갈등 상황이 발생하면 상대방의 입장에서 본다. 현상을 사례를 들어 비유를 잘한다. 다른 사람과 협상하여 크든 작든 문제를 해결한 적이 있다. – 협상력, 설득력	Ⓨ Ⓝ Ⓐ
환경 변화에 바르게 적응한다.	예상된 변화에는 미리 조사하고 준비한다. 이사, 유학, 편입, 이직, 직종 변경, 환경이 바뀌어도 사람들과 빨리 친해지고 지리와 분위기를 빨리 파악한다. – 적응력, 팀워크	Ⓨ Ⓝ Ⓐ
회의나 대화를 하면서 결론을 잘 도출해낸다.	형식이 있는 모임에서는 항상 종료시간을 지킨다. 참석자와 회의 주제에 대해 사전 조사를 많이 한다. 대안을 준비한다. 참석자들의 의견을 잘 조율한다. – 의사소통, 리더십	Ⓨ Ⓝ Ⓐ
취미이자 특기가 있다.	노래를 좋아하고 잘하며, 남들 앞에서 부르는 것을 겁내지 않는다. 판소리나 창을 할 수 있다. 암기력이 좋다, 시나 명문장을 즐겨 외운다. – 열정, 창의성	Ⓨ Ⓝ Ⓐ

'Y'와 'A'에 해당되는 자신의 '잘하는 것'과 '역량'을 적는다.		
	잘하는 것	역량
Y		
N		

경험이 차별성이다

경험은 지식보다 강하고 상대방의 공감을 부르는 힘이 있다. 경험은 '자신이 실제로 해보거나 겪어 보는 것 또는 거기서 얻은 지식이나 깨달음'이기에 "수업료는 비싸지만 최고의 교사"로 불린다.[토마스 칼라힐Thomas Carlyle] 20여 년 이상을 살아온 사람이라면 내세울 경험이 없는 사람은 없다. 자신이 보잘것없다고 여기는 자신만의 경험에서 자신만의 교훈을 뽑아낼 수 있다. 좋은 결과를 남긴 경험이든 실패한 경험이든 상관없다. 경험의 결과보다 동기와 과정, 그로부터 얻었던 교훈이 경험을 들려주는 이유이기 때문이다.

다음 표의 예시를 보고 자신의 경험과 비교해서 체크해보자. 경험이 있으며 'Y', 없었다면 'N', 경험이 없지만 해볼 의향이 있으면 'A'에 표시한다.

경험의 예시	나는?
1) 가족이 아닌 노인들과 특정 주제에 대해 대화를 나눈 적이 있다.	Ⓨ Ⓝ Ⓐ
2) 공모전인 경진대회에 참여하였거나 참여하여 입상한 적이 있다.	Ⓨ Ⓝ Ⓐ
3) 최고급 호텔에 투숙해본 적이 있다.	Ⓨ Ⓝ Ⓐ
4) 최고의 레스토랑에서 밥을 먹어본 적이 있다.	Ⓨ Ⓝ Ⓐ
5) 김치를 담가 본 적이 있다.	Ⓨ Ⓝ Ⓐ
6) 농촌, 어촌, 산촌 시골에서 일을 하거나 도운 적이 있다.	Ⓨ Ⓝ Ⓐ
7) 논문이나 논술문을 써본 적이 있다.	Ⓨ Ⓝ Ⓐ
8) 비행기가 지연되어 공항에서 기다려본 적이 있다.	Ⓨ Ⓝ Ⓐ
9) 비행기를 처음 탔을 때 느낀 특별한 기억이 있다.	Ⓨ Ⓝ Ⓐ
10) 신문이나 비디오를 제작해본 적이 있다.	Ⓨ Ⓝ Ⓐ
11) 아르바이트, 인턴, 직장체험을 한 적이 있다.	Ⓨ Ⓝ Ⓐ
12) 어떤 종류와 규모든지 사업을 해본 적이 있다.	Ⓨ Ⓝ Ⓐ
13) 어려운 문제나 프로젝트를 맡은 적이 있다.	Ⓨ Ⓝ Ⓐ
14) 특정 영화나 음악, 미술, 소설, 시에 빠져본 적이 있다.	Ⓨ Ⓝ Ⓐ
15) 운동선수로 뛰어본 적이 있다.	Ⓨ Ⓝ Ⓐ
16) 이질적인 조직이나 사람들과 협력했거나 협업한 사례가 있다.	Ⓨ Ⓝ Ⓐ
17) 일정 기간 (학교, 학생의) 교사 또는 보조교사로 활동한 적이 있다.	Ⓨ Ⓝ Ⓐ
18) 일정 기간 유치원이나 유아들을 돌본 적이 있다.	Ⓨ Ⓝ Ⓐ
19) 자원봉사를 한 적이 있다.	Ⓨ Ⓝ Ⓐ
20) 지역사회의 단체에서 활동한 적이 있다.	Ⓨ Ⓝ Ⓐ
21) 팀을 이뤄 프로세스를 개선하거나 프로젝트를 해본 적이 있다.	Ⓨ Ⓝ Ⓐ
22) 학교나 아르바이트를 하면서 특별한 보상을 받은 적이 있다.	Ⓨ Ⓝ Ⓐ

위의 예시에서 자신에게 해당되는 경험을 세 문장 내외로 요약해보라.

자기소개서

자기소개서는 자기광고다

서류로 하는 면접이다

앞서 언급하였듯이 자기소개서는 서류로 하는 면접이다. 자기소개서를 심사하는 기업의 인사담당직원이 지원자와 대화 없이 보는 면접이다. 그러니 자기소개서는 마치 면접관에게 발표하듯이 써야 한다. 자기소개서는 자기 자신을 소개하는 글이 아니다. 자신을 선택(구매)해달라고 하는 광고다. 분명한 구매 의향이 있는 구매자(면접관)에게 자신의 성능과 가치를 보여주며 사달라고 설득하는 단 한 번의 기회다. 따라서 구매자의 입장에서 쓰고 읽는다. 구매한 후에 하자가 있거나 마음에 들지 않은 상품은 교환하거나 환불하거나 사후서비스라도 받을 수 있지만 사람은 교환 환불이 불가하다. 사후서비스는 시간과 비용이 더 들어간다. 기업은 지원자의 자기소개서를 보고 그런 고민을 할 필요가 없는 사람을 우선 가려내려고 한다.

모범답안은 없다

독특하고 잘 쓴 자기소개서들을 어렵지 않게 볼 수 있다. 구직사이트 등의 합격후기에서 특정 회사에 입사한 지원자의 자기소개서도 찾을 수 있다. 그러나 이러한 소위 '모범 답안'은 되도록 멀리하기를 권한다. 그 사람에게 적합한 모범답안일 뿐이다. 선택되는 자기소개서는 잘 쓴 글 때문일 수도 있지만 그것만으로 합격되지는 않는다. 최종합격은 자기소개서를 잘 썼기 때문이라기보다 자기소개서 내용의 독창성(자신만의 이야기)과 진정성(입사 의지)이 면접에서 확인되었기 때문일 가능성이 크다. 비슷한 가격과 성능의 상품이면 구매자는 창의적인 디자인에 눈길이 간다. 채용인원 몇 배수의 지원자를 면접에 부르는 이유는 이력서의 사진과 실물을 비교하기 위한 것보다 자기소개서 내용을 구두로 확인하려는 목적이 더 강하다.

열정은 언제나 환영받는 가치다

자기소개서를 한두 번 쓰고 만족해서는 곤란하다. 초안을 만들고 읽고 고치고 보완해야 한다. 구매자의 입장에서 읽어보고 주위에 물어보고 코치를 받는다. 코치를 받을 때는 글의 방향, 구성, 표현력 등에 관해서만 조언을 구해야지 콘텐츠 자체를 지도받으려고 해서는 소용이 없다. 자기소개서는 결국 면접의 소재로 이어지는데 자신이 직접 쓴 글이 아니면 면접과정에서 드러나기 때문이다. 광고 내용을 구체적으로 설명하지 못하게 되면 구매자는 관심을 다른 곳으로 돌린다. 자기소개서에 담을 콘텐츠를 자신의 경험에서 찾고 자신의 이야기를 직접 써야 하는 또 다른 이유는 자기소개서를 치열하게 고민하고 작성하는 과정에서 자신의 새로운 역량을 발견할 수 있고, 부족한 점을 보완하는 방법을 깨우칠 수 있기 때문이다. 그런 노력과 열정만이 정제되고 가치 있는 자기소개서를 탄생시킨다.

항공서비스 직무 자기소개서 구성

항공서비스 분야의 회사들이 요구하는 자기소개서 항목은 다음 5가지로 분류된다.

① 성장과정
② 장단점
③ 지원동기 (또는 입사 후 계획)
④ 회사의 비전(또는 핵심가치)에 연결되는 자신의 역량
⑤ 서비스 개선 아이디어

성장과정

성장과정을 글로 표현하기는 쉽지 않다. 구직자들이 자기소개서를 작성함에 있어 가장 힘들어하는 부분이 성장과정이다. '성장'과 '과정'이란 말에 매몰되면 곤란하다. 회사는 지

원자가 어디에서 누구의 자녀로 태어나고 어떤 가르침을 받으며 커왔는지 같은 수동적 사실facts에는 그다지 관심이 없다. 지원자가 어떤 가치관을 가지고 있으며 그것을 자신의 생활 속에 어떻게 적용하며 살아왔는지 같은 능동적인 '사건episode'에 눈길을 준다. 사건을 거치는 과정에서 얻은 삶의 가치관이 회사의 비전과 목표에 도움이 될 수 있을지를 탐색한다. 따라서 자신이 지니고 있는 삶의 가치관을 제시하고 자신만의 경험을 설명한 후 그로 인한 교훈을 직무가치로 연결해야 한다.

| 삶의 가치관 | + | 자신만의 경험 | ⇒ | 직무 가치 |

확고한 가치관을 실천한 인물에는 물질적 안락함을 포기하고 '비움'의 가치관으로 평생 자연 속에서 살다간 '월든'의 저자 쏘로우H. D Thoreau나 우리나라 독립과 교육에 일생을 바친 안중근 의사가 빠지지 않는다. 쏘로우나 안중근과 같은 위인을 모델로 자신의 가치관을 정립하고 생활 속에서 실천하려는 자세도 훌륭하지만 가치관이라고 해서 정의, 자유, 양심, 공정, 평화와 같이 반드시 고상하고 거대한 개념이 아니어도 된다. 경제활동, 돈, 요리, TV 보기, 영화나 소설 읽기, 저녁마다 동네 한 바퀴 달리기, 소비생활 패턴, 미드 시청, SNS의 좋은 점, 걷기, 우정, 자립 등과 같이 일상에서 자기만의 의견을 가지고 표현할 수 있어도 뚜렷한 가치관의 소유자로 보인다. 어떤 내용이든지 가치관이 뚜렷한 사람의 표현에는 듣는 이의 관심을 끄는 힘이 있다. 토크쇼의 전설인 래리 킹Larry King은 게스트로 초대하고 싶은 사람으로 "분명하고 흥미 있게 이야기하는 사람"을 들고 있는데, 그런 사람에게는 질문을 통해 더 알고 싶은 무엇이 있으리라 기대하기 때문이다.

아래 표에 자신의 성장과정을 쓰는 데 도움이 되는 계기나 경험을 자유롭게 써보자.

가치관	계기나 경험	교훈 또는 느낀 점

장단점

장점과 단점은 서로 독립적인 별개의 성질이 아니다. 신중하면 답답하고 적극적이면 오지랖이 넓기 쉽다. 활달하다는 의미는 진중하지 못하는 느낌이며 강한 신념은 융통성이 부족함을 뜻한다. 장단점은 서로 보완되고 조절되어 한 방향으로 날아갈 수 있는 새의 날개와 같다. 따라서 자신의 장점과 단점을 인정하고 자신을 표현하는 받침대로 활용할 수 있는 노력이 필요하다. 최근에는 직접적으로 장단점을 쓰라고 하지 않고 어떤 상황을 제시하고 해결하는 글에서 장단점을 파악하려는 자기소개서 형식이 느는 추세이니 문맥 속에 장단점을 적절히 스미게 한다.

단점

장점보다 단점 쓰기가 어렵다. 솔직히 있는 단점을 그대로 쓰자니 두렵다. '저는 아침잠이 많아 지각도 하고 아침마다 허둥댑니다.' '저는 욱하는 성질이 있어 물건을 집어 던집니다.' '저는 남들을 잘 믿지 않습니다. 뭐든지 직접 해야 안심이 됩니다.'라고 쓴다면 좋은 인상을 남기지 못한다. 그래선지 단점을 드러내지 않고 단점으로 포장한 장점들만 나열한다. '저는 어떤 일이든 완벽을 추구하는 습관이 단점입니다. 친구들과 공동 리포트를 만들 때 마감시간이 얼마 남지 않아 제출하기 전 오타가 눈에 띄었습니다. 친구들은 수정 펜으로 지우고 다시 쓰자고 하였지만 저는 하나의 오타를 수정하기 위해…' 이런 식이다. 이 역시 심사하는 사람의 흥미를 끌기에는 진부하다.

단점 없는 사람은 없다. 단점을 인정하고 보완하려는 노력을 보여준다. 기업은 좋은 성격만 지닌 착한 사람을 뽑으려 하지 않는다. 완벽을 추구한다는 단점은 장점의 덕목에 가깝다. 차라리 '꼼꼼한 성격이라 빠른 실행을 요구하는 일에서는 일머리가 없다는 소리를 듣습니다. 공동 프로젝트를 진행할 때 제가 맡은 일이 아닌데도 제가 확인하지 않으면 잘못될 것 같아 만기를 놓친 적이 있습니다…' 이렇게 쓰면 심사관은 '이 친구 상당히 꼼꼼한 모양이네! 무슨 일이 있었지?' 하고 관심을 가진다. '… 그래서 최근엔 혜민 스님의 「멈추면 비로소 보이는 것들」이란 책을 읽으며 다른 사람의 장점을 보는 안목을 키우고 있습니다.' 이렇게 단점을 인정하고 극복하려는 노력을 보여준다. 장점은 장점을 쓸 때 드러내라.

장점

장점은 단점보다는 쉽게 써진다. 그러나 이 또한 상투적이고 당연한 것들은 피하자. '남의 말을 잘 들어준다. 한번 하면 끝까지 하는 성격이다. 친화력이 우수하다.' 이런 성격은 분명 좋은 점이기는 하나 자기소개서에서 주목을 끌기엔 식상하다. '남이 말을 할 때 리액션을 잘한다.' '정신적 맷집이 좋아 어지간한 스트레스는 받지 않는다.' '처음 만난 사람도 일 년 사귄 것처럼 느끼게 하는 성격이다.'라는 식으로 표현의 창의력을 고민한다.

직무 연결성

장점이든 단점이든 회사의 가치관과 직무의 효율성과 연결이 되어야 한다. 서비스 직무에서 차분한 성격을 장점으로 내세우려면 단편적 상황을 나열하는 데 그치지 말고 차분한 성격이 복잡한 서비스 프로세서를 이해하고 분석하여 직무효과를 내는 데 생산적이며, 문제고객을 응대하는 데 효과적임을 이유와 근거를 들어 주장한다.

자신의 장점과 단점을 세 개씩 찾아 그로 인한 사례와 직무연결성을 생각해보자.

단점	사례	극복 또는 응용 방법

장점	사례	서비스 직무와의 연결 이유

지원동기

서류를 심사하는 심사관들은 지원동기란을 주요 깊게 본다. '왜' 이 일을 하려는지[의제]가 '얼마나' 잘할 수 있는지[능력]보다 중요하게 생각하기 때문이다. 지원동기를 적는 칸이 별도로 없다면 자기소개서에 그 내용을 포함시킨다.

대부분 회사들은 회사의 존재 이유와 사업 방향에 대해 자세히 공개한다. 비전과 미션, 가치와 사업목표 등을 홈페이지 등에서 누구나 확인할 수 있다. 지원동기를 명확히 밝히려면 이런 통로를 이용하여 지원하는 회사의 사업내용, 그 사업이 추구하는 목표와 사회적 기여가치에 대해 알아야 한다.[Chapter 8 참고] 그리고 회사가 속해있는 업종 전체의 현황과 미래 전망에 대해서도 공부가 필요하다. 많은 회사 중에 '왜' 하필 이 회사에 가고 싶은지를, 같은 사업을 하지만 이 회사에서의 일이 자신이 가진 가치관과 부합함을 피력하는 데 증거가 되기 때문이다. 무턱대고 '업계를 선도하는 최고의 회사니까' '열심히, 뼈를 묻을 각오로' 하겠다는 것은 하소연에 다름 아니다.

다음으로, 원하는 직무에서 어떤 일을 하는지를 알아야 한다. 그래야만 '어떻게' 이 일을 잘할 수 있는지[생산성] 표현할 수 있다. 항공기 객실승무원이 목표라면 승무원이 하는 일이 무엇인지, 어떤 절차를 따르는지, 절차의 의미는 무엇인지 등을 알고 있어야만 그런 일을 수행하기 위해서 필요한 역량은 무엇이고 마음가짐은 어떠해야 하는지도 준비할 수 있다. 또 그런 역량과 마음자세가 되어 있음을 표현하고 서비스 직무에서 이루어지는 세분화된 일을 회사의 입장과 고객 입장에서 개선하고 향상시킬 수 있는 자신만의 아이디어를 제기할 수 있다.[Chapter 7 참고] 또한, 서비스직무라고 해서 봉사정신과 서비스업의 경력만을 무기로 고객 중심 사고로만 접근하면 심사관의 주의를 끌지 못한다. 고객 대면서비스에는 양면성이 존재한다. 다수의 고객에게 제한된 시간 내에 가급적 동일한 품질의 서비스를 제공해야 하는 상황에서 한두 사람 고객의 특수한 니즈에 과다한 시간을 투입하게 되면 다수의 고객에게 한정된 시간자원이 공정하게 분배되지 않는 피해가 돌아갈 수밖에 없다. 직무의 전체 프로세서를 읽고 비정상적 상황에서도 서비스 품질의 총량을 유지할 수 있는 역량을 보여주거나, 그런 역량을 키워나갈 수 있는 자세[서비스 역량]가 되어 있음을 주장해야 한다.

자신이 무엇을 하려는지 정확히 이해하면 이러한 역량을 개발할 수 있다.

지금 현재 자신이 관심을 가지고 있는 직무에서 어떤 일을 하는지 다른 자료에 의존하지 말고 10가지를 써보자.

관심 직무 :	
번호	하는 일
1	
2	
3	
4	
5	
6	
7	
8	
9	
10	

자기소개서의 채용과정에서의 역할

채용도구로서 자기소개서는 세 가지 역할을 한다.

1. 말이 통하는 사람인가를 확인한다

회사의 정책과 방침, 상사의 업무지시와 지휘, 동료와 거래처의 협업과 협상, 고객의 요구와 문제를 알아듣고 이해하며 적극 이행할 수 있는 기본 자질이 있는지 등, 즉 직무소통 능력을 파악한다. 기업들이 자기소개서를 항목별로 상당량(500자, 또는 1,000자)의 글을 쓰도록 하는 이유는 자기소개서 내용의 충실성, 일관성, 전달력 등을 통해 지원자의 학습능력과 직업능력을 파악하고 지원자들 간의 변별력을 높이기 위함이다.

2. 이력서의 내용을 비교한다

이력서는 연대기처럼 쓰여 있어 지원자에 대해 한눈에 파악할 수 있는 장점이 있지만 이력서에 적힌 간단하고 건조한 기록만으로 지원자를 평가할 수는 없다. 자기소개서는 이력서에 기재된 '사실과 사건'에 대해 구체적인 설명을 듣고 그 진정성을 확인하기 위한 목적이 있다.

3. 면접의 기초자료다

면접관들은 지원서류, 특히 자기소개서의 내용을 토대로 나뭇가지가 뻗어가듯 질문한다. 그러니 자기소개서에는 자신의 솔직한 경험과 자산이 들어가야 하며, 소개되어 있는 '자신'을 누구보다 잘 알고 있어야 한다.

자기소개서 쓰는 요령

1. 쉽게 읽히도록 쓴다

판매를 잘하는 사람들의 특징 중 하나는 솔직함이다. 상품이나 서비스를 팔 때 우수한 점, 좋은 점만 나열하면 소비자의 신뢰를 얻기 어렵다. 소비자들은 부족한 점, 좋지 않은 부문도 말해주고 대안을 제시하는 판매원의 말을 더 믿는다. 불필요한 옷을 사지 말라고 광고하는 아웃도어 재킷(파타고니애)에 열광하고 기능에 문제가 없는 안경이니 새로 맞추기보다 고치면 1년은 더 쓸 수 있다는 안경점을 단골로 삼는다. 이런 솔직함은 쉬운 표현에 묻어나온다. 난해한 어휘와 꾸밈이 많은 문장은 자기소개서의 진정성을 해친다. 솔직하고 쉽게 쓰려면 자신의 이야기를 소재로 쓴다. 쓰고 나서 읽고, 가까운 사람들에게 보여주고 그들의 의견을 반영한다.

2. 경험을 쓴다

기업은 왜 경험을 중요시하고 들으려고 하는가? 경험은 이력서와 자기소개서에 나와 있는 주장과 기록들의 증거가 되기 때문이다. 자기소개서를 심사하는 사람은 지원자의 주장과 의견을 믿고 싶지만 모두가 주장한다면 증거가 있는 쪽의 손을 들어준다. 그런데 구직자들은 내세울 경험이 없으니 경험 쓰기가 제일 어렵다고들 하소연한다. 경험에 대해 잘 쓴 남의 소개서와 비교하면 자괴감마저 느낀다. 그러나 낙담할 필요는 없다. 경험은 정보의 나열이 아니라 정보에서 추출한 이야기다. 헌법보다 헌법이야기를 좋아하고 삼국지보다 삼국지연의가 더 읽히는 이유가 무엇인가? 아메리카노, 카페라테, 프라푸치노 등등 수많은 커피음료는 커피원액 몇 방울로부터 만들어진다. 원액이라는 경험에서 만들어진 커피 이야기이다. 커피원액에 우유를 혼합하여 라테를 제조하듯 자신의 경험에서 맛있고 읽히기 쉬운 이야기를 만든다.

3. 하나의 역량에 집중한다

경험에 관한 스토리를 직무가치 또는 회사의 비전으로 연결시키고, 그 연결고리로서 하나의 역량만을 활용한다. 즉 경험 하나에 하나의 주제만을 나타낸다. 하나의 역량, 하나의 가치에 집중한다. 비슷하고 연관된 의미라고 마구 가져다 쓰지 않는다. 바구니 하나에 여러 종류의 과일을 담아 빨리 고르라고 하면 뭘 집을지 고민하게 된다. 심사관의 머릿속에 고민을 심어서야 되겠는가?

4. 이유와 근거를 제시한다

자기주장과 의견이 분명한 사람은 초대하여 이야기를 나누고 싶다[래리 킹]고 하지만, 그 주장과 의견을 받쳐줄 이유와 근거가 없으면 실망스러운 일이 된다. 이유는 사람을 설득하는 기술의 하나. 어떤 행동을 할 때 이유를 말하면 효과를 발휘한다. '힘든 일도 잘할 수 있습니다.' 보다 '체력이 강하기 때문에 잘할 수 있습니다.'가 설득력이 있다. 비록 그 이유가 주관적이고 합리적이지 않더라도 듣는 이를 설득하는 힘이 있다. 근거는 이유를 받쳐주는 보다 객관적 사실을 말한다. '매일 8km 등하굣길을 걸어 다녀서 지구력과 체력은 자신이 있습니다.'라고 하면 '잘할 수 있다.'는 주장을 '매일 8km 걷기로 만든 체력'이 견고히 지지한다. 자기소개서에 담는 모든 의견과 주장에는 반드시 이유와 근거를 제시한다.

5. 문장은 능동형으로, 표현은 간결하게, 칭찬은 적절하게

자기소개서는 광고다. 광고카피는 거의 능동형 문장이다. 능동형 문장이 호소력이 있기 때문이다. '훌륭한 인재가 되겠다.'보다 '기대한 성과를 만들겠다.'가 좋다. '주어지면 최선을 다하겠습니다.'보다 '할 수 있는 일을 찾아서 해결하겠습니다.'에 눈길이 간다. '되겠다.' 대신 '하겠다.'를 사용한다. 동사나 명사를 꾸미는 부사나 형용사, 또 추상적 표현을 가급적 절제한다. '매우, 아주, 정말, 솔직히, 무척, 대단히, 상당한, 뛰어난, 엄청난' 이런 말들, 그리고 같은 말이나 내용을 반복하지 않고, '하지 않을 수 없었습니다.'와 같은 이중 부정문 사용도 자제한다. 자신이 하고 싶은 일, 가고 싶은 회사를 칭찬하는 것은 부끄러워할 일이 아니다. 그러나 칭찬 대상과 표현은 적절해야 한다. 정우성에게 '잘 생겼다.'라거나, 항상 업계 1위인 회사에 일등이라는 칭찬은 의미가 없다. 칭찬은 상대의 장점 중 흔히 드러나지 않은 장점일수록 효과를 발휘한다. 직무와 회사의 숨어있는 장점, 회사가 자랑

하고 싶어 하는 점들을 찾는다. 적절한 칭찬은 이 회사를 선택한 자신의 자긍심을 고무시키는 효과도 만든다.

6. 결론부터 쓴다

자기소개서를 심사하는 직원은 바쁘다. 지금은 심사 업무에 집중하고 있지만 해야 할 다른 일도 있다. 비슷비슷한 수많은 자기소개서를 읽고 합격여부를 판단하는 작업은 적지 않은 피로감을 준다. 아무리 좋은 메시지가 담겨있더라도 전개가 빠르지 않으면 끝까지 숙독하기 어렵다. 하고 싶은 이야기의 주제부터 보이지 않으면 극적인 반전이 있더라도 계속 읽어나가기가 힘들다. 그렇다면, 주제가 뚜렷하고 결론부터 제시된 글을 발견하면 더 읽을 필요도 없이 합격서류로 분류할 가능성이 크지 않겠는가?

면접

    면접은 엄숙한 분위기에 근엄하게 앉은 면접관 앞에서 잔뜩 긴장한 채 꼿꼿한 자세로 앉아(또는 서)있는 구직자의 모습을 떠올린다. 면접장에서는 면접관이 일방적으로 탐색하고 구직자는 일방적으로 탐색당하는 과정 같지만 구직자도 면접관을 통해서 회사와 자신이 지망하는 직무를 수동적으로나마 탐색한다. 면접은 대화를 하면서 상대방을 탐색하는 과정이다. 단지 구직자에게는 면접관처럼 질문이라는 탐색도구가 (거의)없을 뿐이다.

    면접과정의 채용도구에는 발표(프레젠테이션)와 인터뷰(질의응답), 그리고 집단토론이 있다. 기업과 직무에 따라 인터뷰만 하거나 발표 또는 토론을 추가하기도 하는데 여기서는 인터뷰를 중심으로 면접을 어떻게 준비해야 효과적인지를 알아본다.

면접에 관한 오해와 진실	
오해	진실은?
■ 면접장에 들어오는 순간 80%는 결정된다. ■ 면접을 늦게 볼수록 불리하다. ■ 역량면접°은 형식에 불과하다. ■ 외워서 말하면 감점당한다.	?

°역량기반의 구조화 면접structured interview
면접관도 사람이라 지원자의 인상이 역량평가에 미치는 영향을 무시하기가 쉽지 않다. 특히 보이지 않는 역량은 면접관 개인의 선호경향에 따라 평가가 좌우된다. 이러한 면접관의 주관을 줄이고 객관성을 높이기 위해 구체화한 질문을 사용하는 면접기법 또는 질문기법을 구조화 면접 또는 구조화 질문이라고 한다. 좋은 면접관이란 자신의 주관을 가능한 차단하도록 훈련된 사람이다.
구조화 면접에서는 면접관이 즉흥적, 감정적 질문을 최대한 배제하고, 계획적이고 논리적이며 일관된 질문을 이어간다. 구조화 질문의 핵심은 질문의 초점을 '이유'에 둔다. 질문에 '그렇게 한 이유가 무엇이냐?'라는 말이 없어도 그런 의미를 포함한다.

구조화 질문은 다음과 같은 유형으로 분류된다.
- 개방형 질문(Open-ended Question)
- 폐쇄형 질문(Closed-ended Question)
- 가설적 질문(Situational Question)
- 자기평가 질문(Self-assessment Question)
- 유도 질문(Leading Question)
- 탐침 질문(Probing Question)

긴장감을 받아들인다

발표공포증Glossophobia이란 증세가 있다. 이는 "발표 상황 자체를 피한다. 발표하기 전에 타인(청중)의 판단에 미리 불안해한다. 발표를 잘못하여 비웃음을 받을 것이라고 걱정한다. 발표할 때 당황하고 호흡곤란을 느낀다."『[스피치의 기술』 피터 데스버그] 등의 증상에 비추어, 그 정도에 따라 판단되는데, 발언공포증이라고도 불린다. 조사에 의하면 10명 중 9명이 남 앞에서 발표할 때 긴장하고 잘못 말할 것을 두려워한다고 하니 대부분의 사람들이 면접장에서 긴장하고 떨리는 감정은 자연스러운 현상이다. 오히려 긴장감은 위기에서 아이디어를 만들어내는 자극제가 되고 산재한 능력을 모아 힘을 낼 수 있도록 도와준다. 면접에서도 적당한 긴장감은 발표와 답변을 잘할 수 있도록 동기를 부여하고 집중력을 끄집어낸다. 긴장하지 않고 유유자적하면 오히려 성의가 없거나 뭔가 문제 있는 사람으로 보이기 쉽다.

다만, 긴장감이 공포심으로 발전하여 질문을 듣지도 못하고 대답할 기회를 놓칠 정도가 되면 곤란하다. 긴장감을 자신감으로 바꾸는 2가지 방법을 제시한다.

연습하기

자신감은 준비와 연습에서 나온다. 연습은 자신감을 주고 불안감을 쫓아내며 아는 것을 말할 수 있도록 바꿔주고 이해한 것을 설득하는 힘으로 키워준다. 아는 만큼, 연습한 만큼 말할 수 있다. 알지도 못하고 연습이 부족함에도 나오는 자신감은 자만심일 뿐이다. '아는 것'은 관심과 호기심에서 출발한다. 많이 알게 될수록 더 좋아하게 되고 좋아하면 즐겁고 연습도 신난다. 연습하는 동안 자신감은 자연스레 만들어진다. 이렇게 만들어진 자신감은 면접에서 예상과 다른 질문을 받더라도 충분히 대응할 수 있게 해준다. 연습이 힘들수록 실전은 쉬워진다.

상상하기

결과를 예상하지 말고 당당하게 면접에 임하는 자신을 이미지로 그려본다. 인사하고 미소를 띤 채 대답하는 역동적인 자세를 눈으로 보듯이 상상한다. 그러면 실제에서도 재현할 수 있다. 운동 선수들은 시합 전에 이런 상상훈련을 한다. 골프,

양궁, 야구 스키 등 스포츠계에서는 상상훈련의 놀라운 결과들이 보고되고 있다. 심리적, 의학적 치료를 포함하여 광범위하게 활용되고 있는 과학적 근거가 있다. 상상훈련은 자신이 할 행위를 구체적으로 생각하게 함으로써 낯선 상황에 적응시키는 힘을 만든다.

질문을 이끈다

출근 시간에 젖은 머리를 만지며 미용실로 급히 들어온 손님과 점원의 대화를 보자.

A 미용실	B 미용실
손님 : 지금 드라이 할 수 있을까요? 점원 : 할 수 있어요. 손님 : 시간이 얼마나 걸리죠? 점원 : 20분 정도 걸립니다. 손님 : 시간이 급한데 10분 만에 안 될까요? 점원 : 제대로 하려면 10분은 곤란한데! 손님 : 아! 어쩌지~	손님 : 지금 드라이 할 수 있을까요? 점원 : 네! 출근하시는 모양이죠? 이리 앉으세요. 빨리하면 10분이면 되니까!

손님은 다음부터 어떤 미용실로 갈 것 같은가?

손님을 면접관으로, 점원을 지원자로 놓고 생각해보면 A미용실의 점원은 첫 대답에 탈락될 가능성이 높다. 면접관의 질문에 단편적으로만 답하면 대화는 멈추게 된다. 면접관은 서류만 보고 당신은 다음 질문만 기다린다. 그런데 면접관은 질문할 생각이 더 이상 없다.

질문의 맥락을 파악하고 질문을 유도해야 한다. 올바르지 않은 질문이라도 그 의도를 찾아서 올바른 대답을 한다. 그런 대답을 면접관도 기대한다. 면접관의 질문을 미리 알 수는 없지만 예측할 수는 있다. 면접관의 첫 질문에 잘 대답하면 두 번째, 세 번째 질문 방향을 알 수도 있으며, 면접관은 느끼지 못하지만 자신이 잘 아는 친숙한 답변들이 가득한 방으로 유도할 수도 있다. 그러면 그저 적당한 것으로 골라 공손하게 내놓으면 된다. 한 번의 대답으로 면접관의 기대에 응하면 더 좋지 않겠는가?

구조화 면접임을 유의하면서 아래의 면접관의 질문에 대해 대답해보자.

질문	대답
주말에 주로 뭐하며 시간을 보내나요?	
지난해에 가장 힘들었던 기억이 있다면?	

결론부터 대답한다

인터뷰 중의 면접관의 머리는 바쁘게 돌아간다. 적정한 질문을 찾고 대답하는 지원자들의 자세, 태도, 답변내용의 완성도를 그때그때 평가하는 일에는 상당한 집중이 필요하다.

기억에 의존하여 나중에 평가하게 되면 정확성과 공정성이 떨어지기 때문에 답변을 받는 즉시 평가하려는 경향이 강하다. 지원자들이 대체로 비슷한 답을 하고 차별된 내용이 없을 때 면접관의 머릿속으로 편견이 개입될 틈이 생긴다. 그러니 핵심단어를 사용하여 기억에 남을 수 있는 답부터 먼저 들려줘야 한다. 질문의 맥락과 의도를 파악하고 자신의 의견이나 주장부터 말한 다음 이유와 근거를 설명한다.

아래의 질문에 결론부터 말하며 대답을 해보자.

질문	대답
주말마다 패스트푸드점에서 아르바이트를 한 특별한 이유가 있나요?	

열정을 보인다

열정과 열심히는 다르다. '열정적'은 좋아해서 꾸준히 집중하여 몰입하는 '마음'이고 '열심히'는 좋아하지 않아도 집중할 수 있는 '태도'다. 열정이 없더라도 열심히 할 수는 있다. 열정적은 능동적이고 열심히는 수동적이다. 열심히 하는 피면접자는 괜찮은 평가를 받지만, 열정적인 피면접자는 선택된다. 인터뷰에서 열정을 보여주는 답변 자세를 익혀두자. 5가지 방법을 알아보자.

1. 크고 분명하게 말한다

목소리가 작고 낮으면 자신감이 없어 보이고 믿음이 가지 않는다. 직무에 진정한 관심이 있어 보이지 않는다. 너무 큰 목소리도 꾸민 것 같고 자연스럽지 않아 듣기에도 부담된다. 목소리를 음계 '솔'음에 맞추라고도 하는데, 작위적 시도보다는 평소 자신이 대화할 때의 소리보다 조금 더 크고 높게 한다는 생각으로 당당하게 말하면 호감을 끈다.

2. 긍정적인 단어들을 사용한다

부정적 단어사용의 빈도가 높은 것이 일반적[Chapter 4 직업가치관. 좋은 인간관계를 만드는 방법. 참조]이라도 면접 때만큼은 이런 습관을 주의한다. 면접장에 들어가기 전에 이를 긍정모드로 전환해보자. 긍정적 내용이라도 부정적 단어를 쓰면 면접관도 부정적 기분을 가지게 되고 불안을 느낀다. 부정적 내용이라도 긍정적 단어를 쓰면 듣는 이의 기분 역시 긍정모드로 변한다.

아래 왼쪽의 표현을 긍정적으로 바꿔 말해보자. 두 번째의 질문에는 긍정적으로 답변해보라.

표현	긍정적 표현(답변)
두 번째 도전에서도 실패하자 매우 실망스럽고 자괴감마저 들었습니다. 그렇지만 포기하지 않고 저는, ……	
[질문] 지난해에 아주 슬펐거나 우울했던 적이 있나요?	

"당신이 할 수 있다고 생각하든,

할 수 없다고 생각하든 당신의 생각은 항상 옳다."

– 헨리 포드(Henry Ford)

3. 목표의식을 나타낸다

목표의식이란 무엇을 얻고 어떤 위치에 '오름'이 아니다. 무엇을 위해 어떤 일을 어떻게 '행함'이다. 과정이자 행동이지 결과나 이론이 아니다. 목표의식이 뚜렷한 사람은 자신의 비전을 정하고 비전을 향해 회사에서 어떤 일을 어떻게 하겠다는 행동계획을 보여준다. '서비스의 달인이 되겠습니다.'보다 '5분 일찍 준비하고 한번 더 확인하겠습니다.'가 목표의식을 드러낸다. '끝까지 최선을 다하겠습니다.'보다 '매뉴얼과 원칙을 지키면서 고객의 입장도 함께 헤아려 문제를 해결하도록 노력하겠습니다.'가 과정과 행동에 가치를 두는 대답이다. 열정은 이런 답변에서 발견된다.

4. 성실함을 드러낸다. 단, 은근히

성실함은 모든 직무에서 가치 있는 덕목이지만 그만큼 믿기 어려운 덕목이기도 하다. 모두가 선호하는 성질이지만 당연시되어 식상하다. 따라서 노골적으로 '나는 성실하다.'라는 주장은 역효과를 낸다. 성실함을 말하지 않고도 그것을 드러낼 수 있어야 한다. 성실함은 어려움을 참는 힘, 끈질기게 버티는 힘이다. (정신적) 맷집이다. 기업은 맷집이 있는 사람을 좋아한다. 열정은 보여주기보다 면접관이 보도록 해야 한다. 어려움을 참고 압박을 견디는 인내와 끈기를 표현한 사례는 성실함을 드러내 준다.

"여행을 좋아하고 비행기에 관심이 많아서 이 회사가 저의 갈 길인 것 같습니다. 인생의 행복은 좋아하는 일을 하는 것이라고 믿습니다." 여행을 좋아하지 않고 비행기에 관심이 없는 청년이 있을까? 랩을 좋아한다고 모두 래퍼가 되고 게임을 즐긴다고 다 프로그래머가 되지는 않는다. 무리한 연결은 끊어지기 쉽다. 직무에 관심을 갖게 된 구체적인 계기를 말하고 지속적 노력을 증명한다. 열정은 말이나 생각을 넘어 경험과 행동에 의해 뒷받침된다.

"좋아하는 여행을 다니다가 ○○항공의 독특한 서비스에 대해 관심을 갖게 되었습니다. 특히 직원들 간에 서로를 부르는 호칭이 인상 깊고 즐거워 보이기도 하지만 우리나라같이 위계를 중요하게 여기는 사회에서 효과가 얼마나 있는지 확인해보고 싶은 마음이 있었습니다. ○○공항에 근무하는 직원에게 그런 호칭이 직장생활에 어떤 영향이 있는지 직접 물어보았습니다."와 같은 접근이 바람직하다.

5. 자연스러운 표정을 유지한다

면접이 끝나고 면접장은 물론 회사 문을 나갈 때까지 미소를 잃지 않는다. 자연스러운 미소는 서비스 직원으로서 중요한 평가 요소일 뿐 아니라 열정을 가

졌다는 무언의 표식이 된다. 자연스러운 미소 짓기는 쉽지 않다. 그것을 30분 이상 유지하기는 더 어렵다. 억지로 짓는 미소는 5분이 지나면 안면에 경련을 일으킬 수도 있다. 지금부터 거울을 볼 때마다 입꼬리를 올리고, 친구를 볼 때마다 미소를 짓는 연습을 한다.

주요 기업의 채용심사 포인트

서류심사

서류심사는 이력서와 자기소개서(지원동기와 입사 후 포부 등을 포함)를 심사하는 과정이다. 이력서를 정량적, 객관적 기준으로 심사한다면 자기소개서에는 정성적, 주관적 기준이 작용한다. 심사관이 자기소개서를 평가할 때 사용하는 정성적이고 주관적 기준은 다음과 같다.

첫째, 글이 쉽게 읽히는가?

글의 전달력을 의미한다. 내용이 아무리 좋아도 읽는 사람에게 전달되지 않으면 부질없다.

둘째, 글의 내용이 주제와 부합하는가?

성장과정에서도 지원동기를 쓰고, 장기계획에서도 지원동기를 강조하고, 지원동기에서는 지원동기를 나열하면 심사관이 끝까지 읽어주기를 기대할 수 없다.

셋째, 작성지침을 준수했는가?

지침을 만든 이유가 있다. 기준을 지키는 자세도 평가 대상이다. 최대 최소 글자 수, 페이지 수, 글자 크기와 폰트 등을 확인하고 재확인한다.

넷째, 지원자 자신만의 경험, 생각, 주장(의견)이 담겨있는가?

비슷한 에피소드라도 사람에 따라 다르다. 자신의 경험을 솔직하게 쓴다. 물론 표현하는 방법에는 고민이 필요하다.

끝으로, 지원자가 우리 회사(직무)에 들어오기를 진정으로 원하는가?

심사관이 어떻게 알 수 있느냐고? 심사관은 직관적(주관적)으로 안다. 면접장에서는 심사관의 직관이 무조건 옳다. 심사관의 직관을 자극하려면 237쪽부터 나오는 '자기소개서 쓰는 요령'을 다시 읽어본다.

면접

Chapter 8 [지원자격 요건]에서 살펴본 기본 자격 및 요건 외에 객실승무, 일반 사무, 지상서비스 등 직무를 대상으로 실제 기업들이 면접에서 중요하게 보는 포인트를 살펴보자(기업명을 직접 언급하지 않고 FSC와 LCC 구분).

항공사	직무	심사 포인트
F S C	객 실 승 무	■ 면접절차는 항공사마다 조금씩 다르나 대체로 아래 순서로 진행된다. 　– 1차 실무면접(Standing), 2차 영어구술 및 임원면접(Standing), 3차 경영진 면접 　　(Standing) + 체력테스트 ■ 지나치게 인위적이고 부자연스러운 외모, 말투, 인사자세는 진정성이 없어 보이고 단기속성 벼락치기 과외의 효과로 판단될 수 있다. ■ 바른 자세와 바른 말씨 사용 ■ 회사의 이미지, 유니폼에 어울리는 분위기 ■ 자신감을 가지고, 그러나 적당히 긴장감 있는 태도 유지 ■ 질문의 핵심 이해능력 ■ 간결하고 논리적 대답 ■ 직무와 회사에 대한 이해능력
	일 반 / 지 상 서 비 스	■ 면접절차는 1차 실무면접, 2차 임원면접으로 이루어지는데 경영진이 3차 면접을 보는 곳도 있다. ■ 면접은 대학 전공으로 구분하여 발표(Presentation) 또는 토론[또는 둘 다]을 포함하여 1시간 내외로 진행되므로 전공지식 및 항공 산업에 연계되는 지식과 아이디어가 중요한 판단기준이 된다. ■ 일반직 면접은 회사의 핵심자원으로 조직을 이끌고 담당 부서와 현장을 지휘하는 관리자를 선발하는 것이기에 리더십, 팀워크, 창의성, 성실성 등이 주요 평가요소다. ■ 입사 후 장기간에 걸쳐 교육을 받기에 면접 때 항공 관련 전문지식이나 실무경험을 측정하지는 않지만 산업계 동향과 주요 기업들의 정책 등 시사 상식은 익혀둔다. ■ 회사의 주력 노선 (여객과 화물 구분)

		■ 환율, 유가, 금리와 항공사업 연관성 ■ 고객, 서비스, 서비스 상품 등에 대한 자신의 생각, 아이디어 ■ 수입과 수익 증대 방안 ■ 최근 주요 시사 이해도와 항공 산업(항공사)과의 연관성 ■ LCC 동향과 전망, FSC와의 경쟁 ■ FSC의 LCC 진출 ■ 바른 태도와 어휘력
L C C	객 실 승 무	■ LCC 역시 면접 절차는 항공사마다 조금씩 다르지만 대체로 아래 순서로 진행된다. 　– 1차 실무면접, 2차 임원급 면접 + 체력테스트 ■ FSC와 비교하여 면접 단계는 간단하지만 항공사에 따라서 면접 강도가 FSC보다 센 　곳도 있으며 일부 항공사는 앉은 채 1시간 이상 본다. ■ 면접에서 자기소개서의 활용도가 높은 편이다. ■ 자신의 특기, 개성(끼), 참신성에 후한 점수를 주는 경향이 있다. (그렇지만 알맹이 없이 튀기 　만 하면 역효과이니 조심해야 한다) ■ 승무원 직업보다 '○○항공사'의 승무원이 되고자 하는 의지를 보여야 한다. ■ FSC와의 차별화 의견이나 아이디어도 중요하다. (단순히 기내승무원의 시각을 넘어 서비스는 물 　론, 기내수입, 노선, 마케팅 등에 관한 아이디어가 중요)
	일 반	■ 면접은 대개 1차 실무면접, 2차 임원(경영진) 면접으로 진행된다. ■ 신입직원 모집에도 항공업 경력자들이 다수 지원하기 때문에 FSC보다 실무지식과 역 　량을 더 깊이 보는 경향이 있으며, 수입과 마케팅 이해와 아이디어를 중요시한다. ■ LCC의 고객, 서비스, 서비스 상품 의견 ■ LCC의 안전성에 대한 객관적 근거 ■ 회사의 수입, 재무 구조와 수입 증대방안 ■ 도전정신과 인내력
지 상 조 업 사	지 상 서 비 스 사 무	■ 면접은 대체로 1회 실시하고 현장관리자와 임원이 함께 참여하여 협의하여 결정한다. ■ 공항에서 대면서비스가 주 업무이기에 서비스이미지, 의사소통이 주요 판단기준이 된다. ■ 스케줄근무, 대고객응대에 따른 감정노동, 다양한 대외 기관 업무 등으로 튼튼한 체력 　과 근성을 갖추었는지 확인하려고 한다. ■ 출퇴근, 교대근무에 지장을 주는 환경을 가지고 있지 않은지 ■ 회사와 직무 이해 (주력 사업, 전망, 업무 내용, 좋은 점 등) ■ 지원동기와 입사 후 계획 (승무원이나 항공사로 가기 위한 경력 쌓기가 목표가 아닌지) ■ 갈등 관리와 극복 방안 ■ 현장의 비정상적 상황을 가정한 질문 (승객이 탑승 전 수하물 요금 지불을 거부할 경우 어떻게 대처 　하겠는가? 등)

항공사들은 공항의 지상서비스 업무를 자회사 또는 전문 지상조업회사에 위탁 운영한다. 자국에서는 자회사 위주로, 외국에서는 모든 공항에 직원과 설비를 배치 운영하는 것이 비효율적이기에 그 공항의 전문조업회사에 위탁하는 것이 관례다.

인천공항을 예로 들면, 국내항공사들은 각 사에서 설립한 자회사(또는 계열사)에 서비스업무를 위탁하고, 외국항공사들은 국내항공사의 자회사(또는 계열사)나 조업전문회사와 계약하여 위탁한다.

- 대한항공, 진에어 – 한국공항, 에어코리아
- 아시아나항공 – 아시아나에어포트서비스, 케이에이, 케이큐 등
- 제주항공 – 제이에이에스
- 조업전문회사 – 스위스포트, 샤프 등
- 서비스인력공급전문회사 – 유니에스, 제니엘, 맨파워코리아 등

실전 질의응답 연습

다음 질문의 각 문항에 자신의 답변을 생각해서 100자 내외로 적어보라.

객실승무원	
왜 승무원이 되고자 하는가?	
왜 (다른 항공사가 아니라) ○○회사의 승무원이 되려는가?	
다른 지원자들에 비해 낫다고 생각하는 본인의 경쟁력은 무엇인가?	

LCC 승무원의 바람직한 자세는 무엇이라고 생각하는가?	
승무원에게 가장 중요한 자질은 무엇이며 그것을 갖추기 위해 어떤 노력을 하고 있는가?	
항공기가 만석인 상황에서 일행과 떨어진 좌석을 변경해달라는 경우 어떻게 대처하겠는가?	
항공기가 하강을 시작했다. 창문덮개를 올려야 하는데 한 승객이 직사광선이 싫다며 덮개 내리기를 거부한다. 어떻게 하겠는가?	

공항운송직	
왜 공항에서 일하고 싶은가?	
다른 지원자들에 비해 낫다고 생각하는 본인의 경쟁력은 무엇인가?	
공항운송 서비스 직원으로서 바람직한 자세는 무엇이라고 생각하는가?	
서비스에 가장 중요한 자질은 무엇이며 본인은 그것을 갖추기 위해 어떤 노력을 하고 있는가?	
수속마감이 된 후에 카운터에 나온 승객이 태워달라고 계속 주장하고 불만을 제기하는 경우 어떻게 대처하겠는가?	
선배나 동료가 안전규정을 어기며 일하는 것을 본다면 어떻게 하겠는가?	

Review – 취업전략

1. 최근 기업들이 채용 시에 요구하는 인재상이 어떻게 변화하고 있는지 설명하라.

2. 이른바 보이지 않는 역량이란 무엇을 의미하며, 어떤 것들이 있는지 아는 대로 적어라.

3. 자기소개서에서 경험을 중심으로 작성해야 하는 이유는 무엇이라고 생각하는가?

4. 열정은 쉽게 드러내 보이기 힘든 역량이다. 그럼에도 열정을 표현할 수 있는 방법은 어떤 것들이 있는지 설명하라.

5. 역량기반의 구조화 면접을 채용도구로 활용하는 기업들이 늘어나고 있다. 구조화 면접에 대해 잘 못 알려져 있는 사실과 현실에 대해 아는 대로 논하라.

intentionally blank page for your note

Chapter 10
고용계약과
노동 관련법 이해

학습목표

1. 고용계약근로계약의 법적 의미와 심리적 계약에 대해 이해한다.

2. 근로기준법의 주요 내용을 알아보고 근로자의 권리에 대해 파악한다.

3. 표준근로계약서의 세부내용을 이해한다.

☞ 법률용어 및 해석 : 근로기준법과 노동조합 및 노동관계조정법을 참고함

노동법! 넌 누구냐?

고용계약

근로계약과 고용계약

민법(民法)에 따르면 고용은 "당사자 일방이 상대방에 대하여 노무를 제공할 것을 약정하고 상대방이 이에 대하여 보수를 지급할 것을 약정함으로써 그 효력이 생기는 것"제655조(고용의의의)으로, 고용계약이란 노무자와 사용자 사이에 노무제공과 그에 따른 보상에 대해 서로가 이행할 조건을 서면으로 약속한 것이다. 고용계약은 당사자 간에 대등하고 독립적으로 이루어지며 계약의 자유가 보장되어 있다. 그런데 노동자와 사용자 사이의 고용관계를 법률상 계약의 자유원칙°에만 따를 경우 실질적 열위에 놓여있는 근로자가 불리한 조건으로 고용계약을 맺을 가능성이 있으므로 근로조건에 관해서는 국가가 개입하여 규정한 것이 근로기준법이다. 근로자가 취업을 하면 회사와 제일 먼저 맺는 근로계약(근로계약서)은 고용계약의 법적 용어다.

○ 계약자유의 원칙 : 당사자가 자유롭게 선택한 상대방과 그 법률관계의 내용을 자유롭게 합의하고, 법이 그 합의를 법적 구속력 있는 것으로 승인하는 원칙을 말한다. '소유권 절대의 원칙', '과실 책임의 원칙'과 함께 근대 민법의 3대 원칙을 이룬다. 계약자유의 내용으로는 '체결의 자유', '상대방선택의 자유', '내용결정의 자유', '방식의 자유'가 있다. [법령용어사전]

주요 개념

임금

사용자가 근로의 대가로 근로자에게 임금, 봉급, 수당, 상여금 등 그 밖에 어떠한 명칭으로든지 지급하는 일체의 금품을 말하며 여기에는 현물도 포함된다. 노임, 품삯으로도 불린다. 임금은 통상임금과 평균임금으로 구분되는데, 퇴직금은 일반적인 임금에 포함되지 않는다.

평균임금

평균임금이란 퇴직을 하거나 휴업을 할 때 지급할 급여를 계산하기 위한 기준임금이다. [급여일에 지급되는 급여가 아니다.] 평균임금을 산정하여야 할 사유가 발생한 날 이전 3개월 동안 그 근로자에게 지급된 임금의 총액을 그 기간의 총일 수로 나눈 금액이다. 퇴직금, 연차휴가수당, 휴업수당 등을 계산할 때 사용된다. 평균임금이 통상임금보다 적으면 통상임금액을 평균임금으로 하며, 근로자가 취업한 후 3개월 미만인 경우도 해당된다. [단, 이 조항은 현재 상시 300명 이상의 근로자를 사용하는 사업 또는 사업장에만 적용, 나머지 사업장은 순차 적용 예정]

$$평균임금 = \frac{평균임금의\ 산정사유\ 발생일\ 이전\ 3개월간의\ 총임금}{사유발생일\ 이전\ 3개월간의\ 총일}$$

통상임금

☞ 256p [근로기준법-용어 정의] 참조

노동자와 근로자

노동자(勞動者)와 근로자(勤勞者)는 같은 말이다. 대부분 국가는 노동자의 날을 공식기념일로 지정하고 있으며 우리나라에서는 기념일은 5월 1일이다. 원래는 노동절로 불렸으나 60년대 들어와 근로자의 날로 바뀌었다.

	노동자	근로자
사전적 정의(국립 국어원)	1. 일을 하고 받은 돈으로 생활을 하는 사람. 2. 육체노동을 하여 번 돈으로 살아가는 사람.	1. 정해진 시간에 육체적인 일이나 정신적인 일을 하고 돈을 받는 사람. 2. 직업의 종류와 관계없이 임금을 목적으로 사업이나 사업장에 근로를 제공하는 자(민법)

그럼에도 우리나라에서는 '노동자 또는 노동'과 '근로자 또는 근로'가 다르게 쓰이고 있는데 그 사례를 들어보자. 또 왜 그런 현상이 존재하는지 생각해보고 자신의 의견을 아래에 적어보라.

취업규칙

근로자(노동자)가 준수해야 할 규율과 근로조건에 관한 구체적인 사항을 정한 규칙을 말한다. 근로기준법은 "상시 10인 이상의 근로자를 사용하는 사용자는 그 사업장에 적용될 취업규칙을 작성하여 노동부 장관에게 신고해야 한다."고 규정한다. 취업규칙에 반드시 기재해야 할 내용은 근무시간과 휴식시간, 휴일과 휴가, 임금 계산과 지급방법, 승급과 퇴직금 등 기본적 조건 외에 교육과 보건, 재해부조, 표창과 제재 등 근로자 전체에 적용될 사항을 포함한다. 또 사업자는 작성된 취업규칙을 사업장에 게시 또는 비치하여야 하며, 취업규칙의 작성과 변경은 노동조합의 의견 또는 근로자 과반수의 의견을 반영하여야 한다.(근로자에게 불리한 취업규칙의 변경은 동의를 얻어야 함)

노동조합

노동조합(勞動組合. Union)은 노동자가 노동 조건의 개선과 지위의 향상을 목적으로 조직하는 단체이다. 노동조합법에 따르면 "근로자가 주체가 되어 자주적으로 단결하여 근로조건의 유지, 개선 기타 근로자의 경제적, 사회적 지위의 향상을 도모함을 목적으로 조직하는 단체 또는 그 연합단체"를 뜻한다. 노동조합은 조직 대상에 따라 기업별로 결성된 노동조합을 기업별 노동조합이라 하고 산업 직군에 따라 조직된 노동조합을 산업별 노동조합(산별노조)이라고 한다. [산별노조 – 민주노총 금속노조, 건설노조 등]

또 노조원들의 가입 유형에 따라 몇 개의 형태로 구분한다.

① 클로즈드 숍(Closed Shop) : 고용과 동시에 노동조합 가입, 즉 조합원 가입이 고용의 조건으로 조합원 자격 상실시 고용계약도 해지된다.
② 오픈 숍(Open Shop) : 노동조합의 가입 여부와 조합비의 납부가 노동자의 의사에 따르며, 우리나라 기업 대부분의 노동조합 운영 형태이다.
③ 유니언 숍(Union Shop) : 고용 시에는 조합가입여부가 상관없으나 고용된 후 일정 기간 이내에 노동조합에 의무 가입해야 하는 제도로 클로즈드 숍과 유니언 숍의 절충형태이다.

우리나라에는 전국민주노동조합총연맹(민주노총)과 한국노동조합총연맹(한국노총) 두 개의 노조연맹이 있다.

단체교섭

단체교섭이란 노동조합이 사용자(회사) 또는 사용자단체와 임금과 복리후생, 근로시간과 기타 처우 등에 관하여 단결력(쟁의권)을 배경으로 교섭하는 활동이다. 단체교섭은 민·형사상 면책이 되며 사용자가 단체교섭을 정당한 이유 없이 거부하거나 해태하는(게을리하는) 행위는 부당노동행위에 해당된다. 또한 노동자가 노동시간 중에 사용자와의 협의 또는 교섭을 사용자가 허용하도록 하여 노동조합의 단체교섭 행위를 보호하고 있다. [노동조합 및 노동관계조정법]

단체교섭에서 노사가 합의한 결과 또는 그 문서를 단체협약이라고 한다.

사회보험

사회보험은 '인간다운 권리'라는 헌법상의 가치를 국가가 실현하기 위해 만들어진 사회보장제도의 하나이다. 사회보장이란 "출산, 양육, 장애, 질병, 실업, 노령, 빈곤, 사망 등의 사회적 위험으로부터 모든 국민을 보호하고 국민 삶의 질을 향상시키는 데 필요한 소득과 서비스를 보장하는 사회보험, 공공부조, 사회서비스를" 말하는데, 사회보장의 핵심이 사회보험제도이다. 사회보장기본법에 따르면 "사회보험이란 사회보장의 일부분으로 국민에게 발생되는 사회적 위험을 보험의 방식으로 대처함으로써 국민의 건강과 소득을 보장하는 제도"라고 규정한다. 월 근로시간이 60시간 이상의 직업에 취업을 하는 근로자는 4개의 사회보험[국민연금, 건강보험(장기요양보험 포함), 고용보험, 산재보험]에 의무 가입된다. 장기요양보험을 따로 구분하여 5대 보험이라고도 부른다. 4대 보험의 보험료는 근로자의 기준 월 소득액의 일정 비율을 근로자와 사용자가 나누어 원천징수° 방식으로 납부하게 된다.

> ° 급여를 지급할 때 회사(원천징수의무자)가 직원(납세의무자)이 내야 할 세금을 미리 떼어서 납부하는 납세제도

4대 보험 납부 비율 (2019년)					
구분	국민연금	건강보험	장기요양보험	고용보험	산재보험
비율	9%	6.46%	건강보험료의 8.51%	1.55%	업종별 상이
근로자 부담	근로자와 사용자가 각 1/2 부담				–
사용자 부담					100%

노동관련 계약의 법적 정의

계약	정의
근로계약	근로자가 사용자에게 근로를 제공하고 사용자는 이에 대하여 임금을 지급함을 목적으로 체결된 계약 [근로기준법 제2조]
고용계약	당사자 일방이 상대방에 대하여 노무를 제공할 것을 목적으로 체결된 계약 [민법 제655조]
위임계약	당사자 일방이 상대방에 대하여 사무의 처리를 위탁하고 상대방이 승낙함으로써 효력이 생기며 위임인이 위임사무를 처리함을 목적으로 체결된 계약 [민법 제680조 외]
도급계약	당사자 일방이 어느 일의 완성을 약정하고 상대방이 그 일의 결과에 대하여 보수를 지급할 것을 약정한 계약 [민법 제664조]

고용계약의 의미

고용계약(근로계약)은 개인은 회사가 정한 근로시간에 자신의 노무를 회사에 제공하고 회사는 그에 따른 대가로 금전적 보상을 개인에게 제공하는, 주로 물질적 의무를 서로 교환하는 경제적 의미의 계약을 말한다. 실질적으로는 일(노무)과 보수(돈)의 교환을 넘는 복잡한 의미를 가진다. 고용계약을 물질적 경제적 의미로만 이해하면 사람들이 가장 선호하는 기업은 최고의 급여를 주는 회사이고 그런 회사에 다니는 직원들은 스스로 이직하는 일이 없어야 한다. 그러나 현실은 그렇지 않다. 의외로 여러 업종에서 업계 최고 대우의 회사의 이직률이 높음을 발견할 수 있다. 이는 고용계약이 경제적 의미 외의 겉으로 드러나지 않는 '어떤' 의미가 있음을 나타낸다. 실제 근로 환경에서는 이렇게 눈에 보이는 명시적 계약 내용 외의 고용자와 근로자 모두 상대방에게 묵시적 권리와 함께 그에 따르는 의무를 가지게 되는데 이를 심리적 계약이라고 부른다.

심리적 계약이란 법적 효력이 있는 명시적이고 객관적 계약 외에 암묵적 약속이나 합의로 맺어지는 상호 신뢰관계를 포함한다. 회사와 직원은 급여(회사가 근로자에게 주는 보상)와 노동(직원이 회사에 제공하는 노동력)의 교환 외에 서로가 상대에게 요구할 수 있는 권리와 의무가 있다고 생각한다. 회사는 직원이 맡은 일을 마무리하지 않고 퇴근하거나, 자신의 의무를 위험하다고 회피하거나 노력을 게을리하면 심리적 계약 위반이라 여기고 그에 따른 회사의 의무(보상 등)를 다하지 않는다. 회사가 타당한 이유 없이 급여나 복지를 줄이거나, 업무 개선을 위해 고민 끝에 짜낸 아이디어를 회사가 묵살하면 직원은 회사가 심리적 계약을 깬다고 간주하게 되어 근무의욕이 저하되고 태만과 책임회피 등과 같은 행동을 하게 된다. 직무열정, 충성심, 근로의욕 등 생산성에 직접 영향을 미치는 요인은 거의 심리적 계약에 속한다. 직원이 느끼는 회사의 심리적 계약 위반은 불공정한 인사, 불합리한 관행, 부패, 불공정한 보상과 기회 등 다양하다. 심리적 계약은 서로의 의무와 권리가 목표하는 방향이 같을 때 그 효력이 나타난다. 따라서 어느 한 쪽이 의무를 다하지 않으면 계약은 위태로워진다. 심리적 계약은 고객과의 상호작용이 중요한 서비스업에서 그 의미가 특히 크다.

심리적 계약은 거래적 계약과 관계적 계약으로 나뉘는데 학문적으로 다음과 같이 정의된다. "거래적 계약은 정형적인 형태의 계약으로 시간이 흘러도 쉽게 변하지 않으며 관심사항이 좁은 범위의 특정한 문제에 한정되고, 계약의 범위가 잘 정의되어 있고 따라서 노력에 대한 즉각적인 경제적 보상이 가능한 계약의 형태이다. 반면에 관계적 계약이란 무정형적인 형태의 계약으로 시간에 따라 변하고 관심사항이 매우 광범위하며, 금전적인 것도 일부 있으나, 개인적, 감정적, 가치함축적인 부분들을 포함하고 구성원들 간의 관계, 평판, 정의와 같은 사회적 관심 망 속에 존재하는 계약의 형태이다."[온라인 행정학전자사전]

심리적 계약의 특징과 분류

분류	거래적 계약	관계적 계약
특징	유형적 단기적, 외재적 보상 구체적	무형적 장기적, 내재적 보상 감정적
사용자 제공 의무 (근로자 권리)	급여, 복지, 환경, 표창, 승진, 훈련, 계발 등	공정, 평판, 사회 환원, 정의, 신뢰, 기업문화, 성장기회, 워라밸 등
근로자 제공 의무 (사용자 권리)	업무성과, 생산성, 공헌도 등	충성, 희생, 주인의식 등

서비스 직무 중 하나를 정해서 심리적 계약의 사례와 중요성에 대해 생각해보고 자신의 의견을 적어본다.

직무 내용	
심리적 계약 사례	
심리적 계약의 중요성	

근로계약서

근로기준법은 근로계약의 체결방법과 형식을 정하고 있지는 않지만 계약 당사자들의 권리를 보다 명확하게 보호하기 위해 근로조건을 명시하도록 규정한다. 이에 따라 사용자는 근로개시 전에 근로계약서를 작성하고 근로자에게 교부하도록 되어 있으며, 이를 이행하지 않으면 500만 원 이하의 벌금 또는 과태료를 부과받을 수 있다.

근로계약서에 명시해야 할 사항은 임금, 근로시간, 휴일, 연차, 유급휴가 등이며 회사마다 그 형식은 다를 수 있는데 고용노동부에서는 표준근로계약서를 만들어 기업들이 사용하도록 권고하고 노동자들도 참고할 수 있도록 공개한다. [다음 쪽의 '표준근로계약서' 참조]

근로계약 내용이 근로기준법에 미달되는 조건인 경우에는 미달되는 조건은 무효가 되고 근로기준법상의 기준이 적용된다. 그러나 근로계약 자체가 무효가 되지는 않는다.

근로기준법 제17조(근로조건의 명시)

① 사용자는 근로계약을 체결할 때에 근로자에게 다음 각호의 사항을 명시하여야 한다. 근로계약 체결 후 다음 각호의 사항을 변경하는 경우에도 또한 같다. 〈개정 2010. 5. 25.〉

1. 임금
2. 소정근로시간
3. 제55조에 따른 휴일
4. 제60조에 따른 연차 유급휴가
5. 그 밖에 대통령령으로 정하는 근로조건

② 사용자는 제1항 제1호와 관련한 임금의 구성항목 · 계산방법 · 지급방법 및 제2호부터 제4호까지의 사항이 명시된 서면을 근로자에게 교부하여야 한다.

퇴직의 자유와 강제근로 금지

기간의 정함이 없는 근로계약정규직 및 무기 계약직 등은 사용자와 근로자 쌍방의 계약이지만 사용자가 해고를 할 경우에는 '정당한 이유'가 있어야 하며 정당한 이유가 없는 한 해고할 수 없다. 그러나 근로자의 자유의사에 의한 퇴직 혹은 사직의 경우에는 이러한 이유가 필요 없다. 즉, 근로자는 언제든지 자의로 퇴직할 수 있으며[퇴직(사직)의 자유] 사용자의 승낙(허락)이 없더라도 일정 기간이 지나면 계약해지의 효력이 있다. 그런데 1년 미만의 근로계약에서는 그 기간 동안 서로가 성실히 의무를 이행한다는 전제로 계약을 체결한 것으로 보기에 정당한 사유나 상대방의 동의 없이 계약을 해지해서는 곤란하다. 다시 말해 근로자가 계약기간 내에 임의로 퇴직을 하였는데, 만약 사용자가 이를 승낙하지 않으면 계약불이행에 따른 책임과 손해배상 문제가 발생될 수 있다. 이때에도 사용자가 근로자에게 근로를 강요할 수는 없으며, 근로자의 임의퇴사로 인해 사용자가 어떤 손해를 입었는지 사용자가 구체적 증거를 제기해야 문제가 성립된다. 이 역시 신뢰와 책임을 전제로 하는 심리적 계약을 다하지 않음으로써 발생되는 경우가 많다.

표준근로계약서(기간의 정함이 없는 경우)

_____(이하 "사업주"라 함)과(와) _____(이하 "근로자"라 함)은 다음과 같이 근로계약을 체결한다.

1. 근로 개시일 :   년   월   일부터

2. 근무 장소 :

3. 업무의 내용 :

4. 소정근로시간 : __시 __분부터 __시 __분까지 (휴게시간 : __시 __분 ~ __시 __분)

5. 근무일/휴일 : 매주 __일(또는 매일단위)근무, 주휴일 매주 __요일

6. 임   금

 - 월(일, 시간)급 : _____원

 - 상여금 : 있음 ( ) _____원, 없음 ( )

 - 기타급여(제수당 등) : 있음 ( ),   없음 ( )

   · _____원, _____원

   · _____원, _____원

 - 임금지급일 : 매월(매주 또는 매일) ____일(휴일의 경우는 전일 지급)

 - 지급방법 : 근로자에게 직접지급( ), 근로자 명의 예금통장에 입금( )

7. 연차유급휴가

 - 연차유급휴가는 근로기준법에서 정하는 바에 따라 부여함

8. 사회보험 적용 여부(해당란에 체크)

 □ 고용보험   □ 산재보험   □ 국민연금   □ 건강보험

9. 근로계약서 교부

 - 사업주는 근로계약을 체결함과 동시에 본 계약서를 사본하여 근로자의 교부요구와 관계없이
   근로자에게 교부함(근로기준법 제17조 이행)

10. 기   타

 - 이 계약에 정함이 없는 사항은 근로기준법령에 의함

                            년   월   일

(사업주) 사업체명 :   (전화 :   )

     주   소 :

     대 표 자 :   (서명)

(근로자) 주   소 :

     연 락 처 :

     성   명 :   (서명)

근로기준법

개요

우리나라에서 노동과 관련된 대표적인 법률이 근로기준법(근기법)이다. 근기법은 근로자(노동자)의 임금과 근로시간, 해고제한 등의 기준을 규정하고 있는 사회법°의 하나다. 근기법 외에도 근로자의 고용안정과 실업급여 기준을 정한 고용보험법, 최저임금의 기준과 결정을 정한 최저임금법, 산업재해보상보험법, 노동조합 및 노동관계조정법, 파견근로자보호 등에 관한 법률, 산업안전보건법, 남녀고용평등법, 장애인고용촉진법 등을 망라하여 노동 관련법이라 부른다. 근로기준법은 고용관계에 관한 민법의 특별법과 같은 성격으로 4인 이상의 사업장의 '고용관계'에 대해서는 민법(民法)에 우선하여 적용한다. 근로계약, 임금, 근로시간 등에 관하여 일정 기준을 정하고 그 기준에 미달하는 근로조건에 대하여는 그 해당 부분을 무효로 한다.

> ○ 법(法)은 적용 영역에 따라 공법(公法), 사법(私法), 사회법(社會法)으로 나뉜다.
> ① 공법 : 국가와 국민 사이의 관계를 규율(헌법, 형법, 행정법, 소송법 등)
> ② 사법 : 개인과 개인 사이의 관계를 규율(민법, 상법, 주택임대차보호법 등)
> ③ 사회법 : 사법에 속하지만, 국가의 간섭을 허용하는 법규(근로기준법, 독점규제 및 공정거래에 관한 법률 등)「참조 : 한국인의 법과 생활」

근로기준법은 모두 12장 116조항과 부칙으로 구성되어 있으며, 근로기준법 시행령 및 근로기준법 시행규칙이 있다.

주요 내용 요약

주제		내용
용어 정의	근로자	■ 직업의 종류와 관계없이 임금을 목적으로 사업이나 사업장에 근로를 제공하는 자 ▷ 노동자와 같은 말이다.
	사용자	■ 사업주 또는 사업 경영 담당자, 그 밖에 근로자에 관한 사항에 대하여 사업주를 위하여 행위 하는 자 ▷ 고용주라고도 한다. 노사관계, 노사합의라 할 때의 '노사'가 노동자와 사용자의 첫 글자를 딴 말이다.
	근로	■ 정신노동과 육체노동 ▷ 노동과 같은 말이다.
	상시 근로자	■ 직업의 종류와 관계없이 임금을 목적으로 사업이나 사업장에서 근로를 제공하는 자로서 고용형태를 불문하고 하나의 사업 또는 사업장에서 근로하는 모든 근로자 ▷ 근로기준법에서는 사업체의 규모에 따라 적용하는 법규가 다른데 사업체의 규모를 판단하는 기준이 상시근로자이다. 즉, 회사에 몇 명의 근로자가 항상 근로하였는지를 확인하여 사업체의 규모를 구분한다. ▷ 상시근로자를 산정하는 방법은 한 달을 기준으로 정규직, 계약직, 시간제 등 고용 형태와 상관없이 한 달 동안 하루에 근로했던 자의 숫자를 다 더하여 근로일 수로 나눈다. 즉, 기준 달의 일평균 근로자 수가 그 회사의 상시근로자 수가 된다.
	통상임금	■ 근로자에게 정기적·일률적으로 소정근로 또는 총 근로에 대하여 지급하기로 정한 시간급 금액, 일급 금액, 주급 금액, 월급 금액 또는 도급 금액을 의미한다. ▷ 통상임금은 연장근로, 야간근로 등 초과근로수당의 계산기준이 된다.
	법정근로 시간	■ 「근로기준법」 제50조 등에 정해져 있는 근로시간으로 '1주간의 근로시간은 휴게시간을 제외하고 40시간을 초과할 수 없으며, 1일의 근로시간은 휴게시간을 제외하고 8시간을 초과할 수 없다. ▷ 2018년 6월에 개정된 근기법에 의하면 법정근로시간은 1주에 40시간, 연장근로 최대 12시간으로 '주 52시간'이 되었다. 이전의 68시간에서 16시간이 줄었다.
	소정근로 시간	■ 법정근로시간의 범위에서 근로자와 사용자 간에 정한 근로시간이다.
적용 사업장		■ 상시근로자 5명 이상의 사업 또는 사업장 ▷ 거의 모든 사업 또는 사업장에 적용된다.
차별		■ 균등한 처우 – 사용자는 근로자에 대하여 남녀의 성(性), 국적·신앙, 사회적 신분을 이유로 근로조건에 대한 차별적 처우를 하지 못한다. ▷ 예를 들어, '용모 단정한 여자' '키 160센티 이상' 이런 식의 채용공고를 낼 수 없고, 고향이나 출신학교에 따라 채용을 결정할 수 없다.

신체 위해 행위	■ 강제근로 및 폭행의 금지, 중간착취의 배제 ▷ 당연한 말이지만 사용자는 근로자에게 강제적 수단으로 근로를 강제할 수 없다.
최저 근로 연령	■ 만 18세 미만의 근로자는 그 연령을 증명하는 가족관계 기록사항에 관한 증명서와 친권자 또는 후견인의 동의서를 사업장에 갖추어야 하고, 만 15세 미만은 원칙적으로 근로를 금지한다. ▷ 미성년자의 근로에 관한 기준 엄격
해고	■ 근로자를 정당한 이유 없이 해고, 휴직, 정직, 전직, 감봉, 그 밖의 징벌(懲罰)을 하지 못한다. ▷ 정당한 이유가 있으면 해고 할 수 있다. 정당한 이유의 기준은 보통 회사의 취업규칙, 단체협약, 사규 등에 명시되어 있다. 다만, 사용자의 부당해고를 방지하기 위해 경영상 이유의 해고 요건을 강화하고 있다. ■ 근로자를 해고(경영상 이유에 의한 해고를 포함한다)하려면 적어도 30일 전에 예고를 하여야 하고, 30일 전에 예고를 하지 아니하였을 때에는 30일분 이상의 통상임금을 지급하여야 한다. ▷ 예를 들면, 7월 1일부로 해고를 할 경우 6월 1일 전에 해고할 것임을 알려야 한다.(해고 예고), ▷ 만약 6월 3일 통보를 하였다면 직원의 근무 여부와 상관없이 30일분의 통상임금을 지급하여야 한다.(해고예고수당). 단, 천재지변 등 불가항력적 이유, 또는 근로자의 고의로 사업에 막대한 지장을 초래하거나 재산상 손해를 끼친 경우에는 이런 의무가 없다. ■ 해고 통지는 반드시 서면으로 해야 효력이 발생한다. ▷ 전화나 말로 하는 해고는 효력이 없다.
퇴직금	■ 1년 이상 계속근로한 자의 경우 사용자(사업규모와 상관없이)로부터 퇴직금을 지급받을 의무가 발생한다. ▷ 사업규모와 상관없이, 즉, 퇴직금지급 조항은 4인 이하의 사업장도 적용된다.
임금 (급여)	■ 사용자가 임금지급에는 다음의 원칙 적용된다. ① 통화로 지급한다. ② 근로자에게 직접 지급한다. ③ 전액을 지급한다. ④ 정기일자에 지급한다. ▷ 특별한 사정이 없는 한 사용자는 근로자에 대한 채권과 근로자의 임금채권을 상계할 수 없다. 즉, 근로자가 회사에 손실을 끼쳤더라도 그 손실액을 제하고 임금을 지급해서는 안 된다는 의미. 그런 경우에는 일단 임금을 지불하고 손실액은 별도로 변제받는(돌려받는) 절차를 가져야 한다. ■ 사용자는 근로자가 사망 또는 퇴직한 경우에는 그 지급 사유가 발생한 때부터 14일 이내에 임금, 보상금, 그 밖에 일체의 금품을 지급하여야 한다. ▷ 당사자 사이의 합의가 있으면 지급기일을 연장할 수 있다. ■ 임금채권은 3년간 행사하지 아니하면 시효로 소멸한다. ▷ 임금채권이란 못 받은 임금을 말한다. 임금을 못 받았으면 3년 내에는 소송을 제기해야 효력이 있다.
취업 방해	■ 누구든지 근로자의 취업을 방해할 목적으로 비밀 기호 또는 명부를 작성·사용하거나 통신을 하여서는 아니 된다. ▷ 전 직장으로 평판을 조회하여 채용에 불이익을 주는 경우가 이에 해당된다.

근로 시간	■ 1주 간의 근로시간은 휴게시간을 제외하고 40시간을 초과할 수 없으며, 1일의 근로시간은 휴게시간을 제외하고 8시간(15세 이상 18세 미만인 자의 경우 7시간)을 초과할 수 없다. ▷ 주 40시간이 법정근로시간이다. (여기에 연장근로 최대 12시간이 포함된다.) ▷ 근로시간 내의 대기 시간은 사용자의 지휘 및 감독 아래에 있는 것으로 간주하여 근로시간으로 본다. 즉, 일을 하지 않고 있는 시간이라도 실질적으로 사용자의 지휘나 감독 아래 놓여있는 시간은 근로시간에 포함된다.
탄력적 근로 시간 (교대근무)	■ 사용자는 2주 이내의 일정한 단위기간을 평균하여 1주간의 근로시간이 40시간을 초과하지 않는 범위에서 특정한 주에 40시간을, 특정한 날에 8시간을 초과하여 근로하게 할 수 있다. 다만, 상호 합의가 있으면 3개월 이내의 단위기간을 평균하여 1주간의 근로시간이 40시간을 초과하지 아니하는 범위에서 특정한 주에 40시간을, 특정한 날에 8시간을 초과하여 근로하게 할 수 있다. ■ 단, 특정한 주의 근로시간은 52시간을, 특정한 날의 근로시간은 12시간을 초과할 수 없다. [50~300인 미만 사업장은 2020년 1월부터, 5~50인 미만은 2021년 7월부터 적용] ■ 15세 이상 18세 미만의 근로자와 임신 중인 여성 근로자에 대하여는 적용하지 않는다. ▷ 미성년자와 임신부를 제외하고 주 40시간, 일 8시간 근무를 기준으로 하되 일이 많은 주나 날에는 주 52시간, 일 12시간 이내에서 초과 근무가 가능하다는 의미 ▷ 특정 직종(운수, 보험판매, 청소 등)에서는 당사자의 합의에 따라 연장근로도 주 12시간을 초과할 수 있다.
야간 근로와 휴일근로	■ 임산부와 18세 미만자를 오후 10시부터 오전 6시까지의 시간 및 휴일에 근로시키지 못한다. 다만, 18세 미만자의 동의가 있는 경우, 산후 1년이 지나지 않은 여성의 동의가 있는 경우, 임신 중의 여성이 명시적으로 청구하는 경우 등은 예외로 한다.
휴게 시간	■ 근로시간이 4시간인 경우에는 30분 이상, 8시간인 경우에는 1시간 이상의 휴게시간을 근로시간 도중에 주어야 하며, 휴게시간은 근로자가 자유롭게 이용할 수 있다. ▷ 대기시간과 휴게시간의 차이는 근로자가 '자유롭게' 쓸 수 있느냐가 관건이 된다. 휴게시간 동안 집에 갔다 오든, 친구를 만나든 근로자 자유다. ▷ 휴게시간은 법적 강제사항이자 무급으로 취급된다. 다만, 운수, 보험판매, 청소업 등 일부 직종에서는 근로자와 합의 후 시간을 변경할 수는 있다.
유급 휴일	■ 근로자에게 1주일에 평균 1회 이상의 유급휴일을 보장하여야 한다. ▷ 유급휴일이란 일을 하지 않는 날이지만 급여에는 산정되는 날을 말한다. 이 날에 해당되는 임금이 주휴수당이다. 대개 주 5일 근무면 1일의 유급휴일이 보장된다.
연차 휴가	■ 입사 후 1년간의 출근율이 80% 이상인 경우 2년 차에 15일의 유급휴가일이 주어진다. 1년 미만 근무 또는 80% 미만 출근일 경우 개근 1개월에 1일씩의 유급휴일이 주어진다. (2018년 5월 개정) ▷ 1년 출근율이 80% 이상인 근로자가 쓸 수 있는 2년 차의 유급휴가일수는 1년 차에 1개월 개근마다 1일씩 발생한 유급휴가와는 별도로 15일이 된다. ▷ 따라서 입사일로부터 2년 동안 최대 26일의 연차유급휴가를 쓸 수 있다. ■ 연차휴가는 3년 차에 1일이 추가되고, 그 후 매 2년마다 1일이 가산된다. ▷ 연차휴가일수 계산 방법 연차휴가일수 = 15(1년 차 발생일) + (근속년수 - 1)/2에서 소수점 이하를 버림.

연장수당 야간수당 휴일수당	■ 연장근로와 야간근로(오후 10시부터 오전 6시까지 사이의 근로), 그리고 휴일근로에 대하여는 통상임금의 100분의 50 이상을 가산하여 지급하여야 한다. 단, 임금을 지급하는 것을 갈음하여 휴가를 줄 수 있다. ▷ 연장근로 내용은 다음 표에서 다룬다.
여성 근로자 생리휴가	■ 여성 근로자가 청구하면 월 1일의 생리휴가를 주어야 한다. ▷ 여성 근로자가 생리휴가를 신청했을 때 휴가 부여 의무가 있지만, 신청하지 않을 때(청구가 없을 때)는 휴가를 주지 않아도 된다.
출산전후 휴가, 유산· 사산 휴 가 제도	■ 임신 중의 여성에게 출산 전과 출산 후를 통하여 90일(한 번에 둘 이상 자녀를 임신한 경우에는 120일)의 출산전후 휴가를 주어야 한다. ▷ 이 경우 휴가 기간의 배정은 출산 후에 45일(한 번에 둘 이상 자녀를 임신한 경우에는 60일) 이상이 되어야 한다. ■ 임신 중인 여성 근로자가 유산의 경험 등의 사유로 출산전후휴가를 청구하는 경우 출산 전 어느 때라도 휴가를 나누어 사용할 수 있도록 하여야 한다. ▷ 이 경우 출산 후의 휴가 기간은 연속하여 45일(한 번에 둘 이상 자녀를 임신한 경우에는 60일) 이상이 되어야 한다. ■ 임신 중인 여성이 유산 또는 사산한 경우로서 그 근로자가 청구하면 대통령령으로 정하는 바에 따라 유산·사산 휴가를 주어야 한다. (인공 임신중절 수술 제외) ▷ 이러한 출산전후휴가 및 유산·사산 휴가 중 최초 60일(한 번에 둘 이상 자녀를 임신한 경우에는 75일)은 유급으로 한다. ▷ 다만, 출산전후 휴가급여(남녀고용평등과 일·가정 양립 지원에 관한 법률 제18조) 등이 지급된 경우에는 그 금액의 한도에서 지급의 책임을 면한다. ■ 임신한 여성근로자가 임산부 정기건강진단을 받는 데 필요한 시간을 청구하는 경우 이를 허용하여 주어야 한다. ■ 임신 중의 여성 근로자의 요구가 있는 경우에는 쉬운 종류의 근로로 전환하여야 한다. ■ 임신 후 12주 이내 또는 36주 이후에 있는 여성 근로자가 1일 2시간의 근로시간 단축을 신청하는 경우 이를 허용하여야 한다. 다만, 1일 근로시간이 8시간 미만인 근로자에 대하여는 1일 근로시간이 6시간이 되도록 근로시간 단축을 허용할 수 있다. ■ 출산전후휴가 종료 후에는 휴가 전과 동일한 업무 또는 동등한 수준의 임금을 지급하는 직무에 복귀시켜야 한다. ■ 생후 1년 미만의 유아를 가진 여성 근로자가 청구하면 1일 2회 각각 30분 이상의 유급 수유 시간을 주어야 한다. (5인 이상 사업장)

초과근로수당 계산 방법

항목	내용	예시
원칙	■ 연장, 야간, 휴일근로 시에는 통상임금의 50%를 가산하여 지급한다. ■ 즉, 통상임금에서 계산된 시간급의 1.5배를 연장근무시간에 곱하여 지급.	연장수당 = 시급 × 연장근로시간 × 1.5
시간급여 계산 방법	■ 시급은 급여명세서 항목 중 기본급을 소정근로시간으로 나눈 값이다. ■ 소정근로시간은 회사의 취업규칙에 명시되어 있다. ■ 회사마다 다르나 보통 209시간 또는 226시간이다.	시급 = 기본급 ÷ 209(또는 226)
연장수당 (1일 8시간 초과근로)	■ 시급이 9,000원 ■ 09:00~20:00 근무 (점심시간 1시간) 　▷ 2시간의 연장근로 발생	2시간 × 9,000원 × 1.5 = 연장수당
(1주 40시간 초과 근로)	■ 시급 9,000원 ■ 09:00~18:00 근무 (점심시간 1시간) ■ 월-토요일 근무 　▷ 주 48시간 근무로 8시간 연장근로 발생	8시간 × 9,000원 × 1.5배 = 연장수당
야간근로수당 (야간근로 = 22:00 ~06:00 사이의 근로)	■ 시급 9,000원 ■ 15:00~24:00 근무 (저녁시간 1시간) 　▷ 2시간 야간근로 발생	2시간 × 9,000원 × 1.5 = 야간수당
휴일근로수당 (주휴수당과는 별도임)	■ 시급 9,000원 ■ 휴일 09:00~18:00 근무 (점심시간 1시간) 　▷ 8시간 휴일근로 발생	8시간 × 9,000원 × 1.5 = 휴일수당
연장근로 + 야간근로 + 휴일근로 중복	(추가근로 요건이 중복이 되면 원 시급의 1.5배, 2배, 2.5배 가산됨) ■ 시급 9,000원 ■ 5월 1일 근로자의 날에 09:00~ 24:00 근무 (점심과 저녁식사 각 1시간 부여) 　▷ 휴일근로 8시간, 연장근로 3시간 (18:00~22:00), 　 야간근로 2시간 발생 (22:00~24:00)	① 8시간 × 9,000원 × 1.5 = 휴일가산 ② 3시간 × 9,000원 × 2 = ① + 연장가산 ③ 2시간 × 9,000원 × 2.5 = ① + ② + 야간가산 ① + ② + ③ = 휴일급여총액

[연장, 야간, 휴일근로 수당]

Review – 고용계약과 노동 관련법 이해

1. 취업규칙을 만들고 그 내용을 변경할 때는 회사가 근로자의 과반수 이상의 동의를 얻도록 규정되어 있다. 이렇게 취업규칙 운영에 대해 법적으로 엄격하게 해 놓은 이유는 무엇인가?

2. 평균임금과 통상임금의 차이는 무엇인지 설명하라.

3. 심리적 계약은 회사와 근로자에게 어떤 의미인지 설명하고 심리적 계약이 기업에 미치는 영향을 논하라.

4. 근기법 상의 임금 지급조건을 설명하라.

5. 취업규칙에 소정근로시간이 월 209시간으로 되어 있는 회사에서 시급 1만 원의 노동자가 야간근로 2시간을 포함하여 총 5시간의 연장근로를 하였다. 이날 이 노동자의 초과근무수당은 얼마인가?

참고도서

「기업활동조사용 산업(업종) 및 국가분류표」. 통계청. 2010.

「대학서열화와 기업」. 오호영. 한국직업능력개발원. 2006.

「한국 인력채용 방식의 특성분석 연구」. 산업인력공단. 2016.

「한국인의 법과 생활」. 법무부. 2015.

가토 마사하루. 「내 두뇌에 날개를 달아주는 생각의 도구」. 박세훈 옮김. 21세기북스. 2003.

게리 켈러·제이 파파산. 「원씽」. 구세희 옮김. 비즈니스북스.

구보아먀 데쓰오. 「서비스 철학」. 황소연 역. 넥서스. 2005.

권오상. 「직업상담학(직업상담사 2급)」. 서울고시각. 2010.

김두환. 「국제 국내항공법과 개정상법: 항공운송편」. 한국학술정보. 2011.

김병숙. 「직업상담심리학」. 시그마프레스. 2008.

김봉환 외. 「학교진로상담」. 학지사. 2005.

김재훈. 「노동과 조직 그리고 민주주의」. 한울. 2005.

김정택·심혜숙. 「16가지 성격유형의 특성」. 어세스타. 2015.

남미정. 「진로 취업 매뉴얼」. 학지사. 2015.

너새니얼 브랜든. 「자존감의 여섯 기둥」. 김세진 옮김. 교양인. 2015.

닐스 비르바우머·외르크 치틀라우. 「머리를 비우는 뇌과학」. 오공훈 옮김. 메디치미디어.

데니얼 카너먼. 「생각에 관한 생각」. 이진원 옮김. 김영사.

데일 카네기. 「대인관계 7가지 성공 시크릿」. 김용규 옮김. 다문. 2011.

데일 카네기. 「인간관계 지도론」. 이현정 역. 문진출판사. 1999.

로버트 우드·팀 페인. 「채용과 선발의 심리학」. 오인수·임대열 옮김. 시그마프레스. 2003.

롤란드 러스트. 「고객가치 관리와 고객 마케팅 전략」. 양병화·황흥선·차재성 옮김. 지식공
   작소. 2006.

루 아들러. 「100% 성공하는 채용과 면접의 기술」. 이병철 역. 진성북스.

마르코 폰 뮌히하우젠. 「집중하는 힘」. 강희진 역. 미래의창.

마이클 겔브. 「위대한 생각의 발견」. 정준희 옮김. 추수밭.

마이클 레빈. 「깨진 유리창 법칙」. 김민주 역. 흐름출판.

마크 프리츠. 「더 석세스-성공에 대해 우리가 알아야 할 진실 42」. 조자현 옮김. 예인.

메직 로젠버그·대니엘 실버트. 「사람을 읽는 힘 DiSC」. 이미정 옮김. 베가북스.

미츠오코다마. 「성공을 부르는 우뇌 트레이닝」. 김영숙 옮김. 현대미디어.

미하이 칙센트미하이. 「몰입의 즐거움」. 이해재 역. 해냄.

미하이 칙센트미하이. 「몰입, 미치도록 행복한 나를 만나다」. 최인수 옮김. 한울림.

바바라 캘러먼. 「팔로워십」. 김충선 외 옮김. 더난 출판사.

박윤희. 「진로 탐색 및 직업 선택」. 시그마프레스. 2013.

버트런드 러셀. 「게으름에 대한 찬양」. 송은경 옮김. 사회평론. 2005.

베나소우이찌. 「클레임 대책의 모든것」. 오의균. 한국능률협회. 1995.

사이토 다카시. 「사이토 다카시의 시간관리 혁명」. 이용택 옮김. 예인.

손자. 「손자병법」. 김원중 옮김. 휴머니스트.

송인섭. 「인간심리와 자아개념」. 양서원. 1990.

송인섭. 「인간의 자아개념 탐구」. 학지사. 1998.

스티븐코비. 「성공하는 사람들의 7가지 습관」. 김경섭 옮김. 김영사.

신인철. 「팔로워십, 리더를 만드는 힘」. 한스미디어.

아닐 아난타스와미. 「나는 죽었다고 말하는 남자: 자아의 8가지 그림자」. 변지영 옮김. 더퀘
   스트.

애덤 잭슨. 「책의 힘」. 장연 옮김. 씽크뱅크.

에른스트 카시러. 「언어와 신화」. 신응철 역. 지만지.

애이브러햄 매슬로. 「동기와 성격」. 오혜경 옮김. 21세기북스. 2009.

올리버 하트. 「기업, 계약 그리고 금융구조」. 오철 옮김. 한국경제신문.

왕중추. 「디테일의 힘」. 허유영 역. 올림.

우메다 사치코. 「최강의 자기분석 -당신의 천직을 찾아주는」. 박주영 옮김. 알키. 2012.

윤원호. 「실전면접노트」. 한올.

윤원호·강정현 외. 「항공운송실무」. 한올.

이유재. 「서비스마케팅」. 학현사. 2016.

이윤탁. 「노동법 조문노트」. 나눔에듀. 2018.

이진규. 「근로기준법 임금 퇴직금 4대보험 및 급여 세무실무(개정판 2판)」. 경영정보사.
    2018.

이토 마코토. 「이기적인 시간술」. 이동희 옮김. 전나무숲. 2008.

이현림. 「진로상담」. 영남대학교 출판부. 2004.

이혜숙 외. 「미래를 준비하는 진로 개발 로드맵」. 내하출판사. 2013.

일레인 해리스. 「고객 가치를 높이는 고객서비스 전략」. 이은희·김경자 옮김. 시그마북스.
    2012.

장선철. 「진로상담의 이해」. 태영출판사. 2017.

정주영. 「시련은 있어도 실패는 없다」. 제삼기획.

제러미 리프킨. 「노동의 종말」. 이영호 옮김. 민음사. 2009.

제시카 트레이시. 「프라이드 인생 최고의 순간을 만드는 원초적인 힘」. 이민아 옮김. 알에이
    치코리아.

제인 스완슨. 「사례로 배우는 진로 및 직업상담」. 황매향 옮김. 학지사. 2005.

제프리 페퍼. 「숨겨진 힘」. 김병두 옮김. 김영사.

조성암. 「서비스종업원의 직무만족이 종업원의 고객지향성에 미치는 영향에 관한연구」. 한
    국학술정보. 2008.

존 매키·라젠드라 시디어. 「돈 착하게 벌 수는 없는가」. 유지연 옮김. 흐름출판.

존 피에트로페사. 「완전한 카운슬러」. 이혜성 역. 이화여자대학교출판문화원.

지그 지글러. 「시도하지 않으면 아무것도 할수 없다」. 이구용 옮김. 큰나무.

최장집. 「위기의 노동」. 후마니타스. 2005.

퀀튼 신들러. 「시간관리 성공하는 사람들은 어떻게 하는가」. 김영선 옮김. 문장.

클라우디아 해먼드. 「어떻게 시간을 지배할 것인가」. 이아린 옮김. 위즈덤하우스.

토니 부잔. 「토니 부잔의 마인드맵 비즈니스 실전편」. 권봉중 옮김. 비즈니스맵.

폴 에겐 외. 「교육심리학」 6th Edition. 신종호 외 공역. 학지사. 2006.

피터 데스버그. 「스피치의 기술」. 이시훈 옮김. 커뮤니케이션북스.

피터 드러커·조셉 마시아리엘로. 「피터 드러커 일의 철학」. 피터 드러커 소사이어티 옮김. 청림출판. 2018.

피터 드러커. 「프로페셔널의 조건」. 청림출판. 이재규 옮김. 2001.

필립 코틀러. 「마켓 3.0.」. 안진환 옮김. 타임비즈.

필립 코틀러. 「시장의 미래」. 안진환 옮김. 일상이상.

하영원. 「의사결정의 심리학」. 21세기북스.

하이럼스미스. 「성공하는 시간관리와 인생관리를 위한 10가지 자연법칙」. 김경섭·이경재 옮김. 김영사.

한스-게오로크 호이젤. 「뇌, 욕망의 비밀을 풀다」. 배진아 옮김. 흐름출판.

한스-게오로크 호이젤. 「승자의 뇌구조」. 유영미 옮김. 황상민 감수. 갈매나무.

한스-게오로크 호이젤. 「이모션」. 배진아 옮김. 흐름출판.

할 어반. 「긍정적인 말의 힘」. 박정길 옮김. 엘도라도.

허희영. 「항공운송산업론」. 명경사. 2009.

황매향. 「진로 의사결정에서 나타나는 타협과정」. 한국학술정보. 2007.

한국철학사상연구회·정암학당. 「아주 오래된 질문들: 고전철학의 새로운 발견」. 동녘.

고용노동부. 「감정노동 종사자 건강보호 핸드북」. 2017.

Richard Shavelson, Herbert Marsh. 「Self-Concept: Its Multifaceted, Hierarchical Structure」. Educational Psychologist. 1985.

참고 website

K-Startup(https://www.k-startup.go.kr/)

NCS 국가직무능력표준(https://www.ncs.go.kr)

Pixbay((https://pixabay.com/)

DiSC Profile(https://www.discprofile.com/)

Simply Psychology(https://www.simplypsychology.org/)

Southwest, American Airlines, Air Asia, Norstrom, Ritzcalton Homepage

Success.com(https://www.success.com/)

Forbes. "Intelligence Is Overrated: What You Really Need To Succeed by Keld Jensen". Apr12. 2012. (https://www.forbes.com/sites/keldjensen/2012/04/12/intelligence-is-overrated-what-you-really-need-to-succeed/#14082735b6d2)

고용노동부(http://www.moel.go.kr/)

국가법령정보센터(www.law.go.kr/)

국토교통부(http://www.molit.go.kr/)

대한항공, 아시아나항공, 제주항공, 진에어, 티웨이항공, 에어부산 홈페이지

서비스산업총연합회(http://www.fsi.or.kr/)

워크넷(http://www.work.go.kr)

위키피디아(www.wikipedia.org)

전자공시시스템(http://dart.fss.or.kr/)

찾기쉬운 생활법령정보시스템(www.easylaw.go.kr/)

커리어넷(http://www.careernet.re.kr)

통계청(http://kostat.go.kr/)

한국고용정보원(https://www.keis.or.kr/)

한국직업능력개발원(www.krivet.re.kr/)

한국표준협회(www.ksa.or.kr/)

항공일자리포털(http://air-works.kr/)

윤원호

前 (주)에어코리아 대표이사
前 한양여자대학 겸임교수
現 부산여자대학 항공운항과 교수

저서

- 공항운영과 항공보안
- 실전면접노트
- 항공운송실무(공저)

항공서비스직무 중심의

진로탐구

발행일	2019년 11월 29일
지은이	윤원호
펴낸이	최민서
기획	추연민
책임 편집	신지항
펴낸곳	(주)북페리타
등록	315-2013-000034호
주소	서울시 강서구 양천로 551-24 한화비즈메트로 2차 807호
대표전화	02-332-3923
팩시밀리	02-332-3928
이메일	bookpelita@naver.com
값	18,000원
ISBN	979-11-86355-07-7 (93370)

본서의 무단 복제 행위를 금하며, 잘못된 책은 바꾸어 드립니다.

이 도서의 국립중앙도서관 출판예정도서목록(CIP)은 서지정보유통지원시스템 홈페이지(http://seoji.nl.go.kr)와 국가자료종합목록 구축시스템(http://kolis-net. nl.go.kr)에서 이용하실 수 있습니다. (CIP제어번호 : CIP2019048765)